两宋党争

The Fall of Song Dynasty

赵益 著

江苏人民出版社

图书在版编目(CIP)数据

两宋党争 / 赵益著.—南京:江苏人民出版社,
2021.6(2021.11 重印)
  ISBN 978-7-214-25571-6

Ⅰ.①两… Ⅱ.①赵… Ⅲ.①中国历史-宋代-通俗读物 Ⅳ.①K244.09

中国版本图书馆 CIP 数据核字(2020)第 190857 号

书　　名	两宋党争
著　　者	赵　益
责任编辑	朱　超
装帧设计	陈威伸　黄怡祯
出版发行	江苏人民出版社
地　　址	南京市湖南路 1 号 A 楼,邮编:210009
照　　排	南京紫藤制版印务中心
印　　刷	苏州市越洋印刷有限公司
开　　本	880 毫米×1230 毫米　1/32
印　　张	11.625　插页 4
字　　数	229 千字
版　　次	2021 年 6 月第 1 版
印　　次	2021 年 11 月第 2 次印刷
标准书号	ISBN 978-7-214-25571-6
定　　价	58.00 元

(江苏人民出版社图书凡印装错误可向承印厂调换)

目录

第一章　四战之地，悲剧一开始就已注定 …………………… 001
　　五代乱世 …………………………………… 002
　　定都汴梁：埋下悲剧的种子 ………………… 010
　　息事宁人就能安枕无忧？ …………………… 020
　　重拾斯文，道德标准放在首位 ……………… 030
　　养士与养兵之策 ……………………………… 041
　　穷则思变 ……………………………………… 051

第二章　势在必行的改革，谁来做推手？ …………………… 061
　　范仲淹：理想主义改革派 …………………… 062
　　宋朝不缺的是人才 …………………………… 071
　　王安石理财：经济基础规范一切力量 ……… 081
　　王安石变法的功与过 ………………………… 092
　　书生意气与快意恩仇 ………………………… 106
　　党同伐异，历史总在轮回 …………………… 119

第三章　南渡，只剩下半壁河山 ············ 133

　　宋徽宗：只怪生在帝王家 ············ 134
　　致命的诱惑：联金伐辽 ············ 144
　　靖康之难 ············ 158
　　高宗的四次大难不死 ············ 167
　　半壁河山，以柔道御天下 ············ 177
　　秦桧擅权，黑夜更黑 ············ 190

第四章　雍容与惨淡，安逸与痛苦 ············ 205

　　天子与秦桧 ············ 206
　　成功的防守和失败的进攻 ············ 215
　　临安：销了剑锋，雌了男儿 ············ 226
　　南渡帝国的新一代 ············ 235
　　朱熹：当学术与政治相遇 ············ 242
　　历史的合理性总是出人意料 ············ 254

第五章　败局：坏在根柢 ············ 265

　　三朝内禅：南宋皇帝的无奈选择 ············ 266
　　天子的权力凌驾制度之上 ············ 273
　　错误的北伐 ············ 283
　　雾失楼台：独裁、专权与腐败 ············ 292
　　史弥远"擅自废立"的真相 ············ 300
　　奸臣：翻不过去的篇章 ············ 309

第六章　天下：谁宾谁主 ····· 321

走向中国：文明的必由之路 ····· 322

市井无赖贾似道 ····· 333

襄阳之战：帝国的最后一搏 ····· 341

文天祥：殉国的开始 ····· 349

崖山海战：最后的悲壮 ····· 357

初版后记 ····· 363

第一章
四战之地，悲剧一开始就已注定

城上风光莺语乱，城下烟波春拍岸。
绿杨芳草几时休，泪眼愁肠先已断。
——钱惟演

五代乱世

中国最鼎盛的王朝大唐帝国于公元906年寿终正寝,代之而起的是无数个割据一方的短命政权。因中原地区先后有五朝立国,史家遂简称此为"五代"。"五代"之世,持续了五十余年。

日月如惊丸。

也只有经历了无数苦难无数离乱无限悲哀无限凄惨的人才能真正体会人生的意义,因为造物主喜欢将流光的推移放在渐变的法则下进行,使之宛如一条静静的河流一样悄无声息。倏忽之间,沧海桑田,世界已经不再是旧日的光景了。倘无身世之慨,便乏敏感之思。

幸运的是,乱世却多出忠臣义士,面对艰难的世界,他们远取诸物近取诸身,仰观天文俯察地理,最终在难以觉察的暑移寒暑中仍能够发现许多人间的真理。尽管也有一些超凡的智者视若无睹,悲哀的愁人空怀愤懑,但苍白的面容下其实都是心潮难平。

第一章 四战之地,悲剧一开始就已注定

看起来乱世也多隐者,然而真正的高人却是无法逍遥世外,无论是箪食陋巷抑或是垂钓江渚,他们皆如同身登蓬莱而遥望齐州,九点烟云中,往往慨然浩叹。所以说,总有一种潜在的力量决定了乱世是不会长久的,愈是黑暗,期望光明的程度也就愈为炽烈,尽管没有多少人能真正地知道从黑暗到光明的过程需要多么大的代价。

这种感慨却不是书斋里的无病呻吟,从公元906年开始以后将近半个世纪的岁月,连后来习惯于心平气和不动声色的史官们都常常用"呜呼"两字表达他们对这段黑暗时代的激愤之情,所谓"唐室既衰,五季迭兴,凡易八姓,纷乱天下五十余年"。确实,如果欲节省笔墨而一言以蔽之的话,也没有更好的句子能概括这段不平凡的历史。中国史家自古而来的直笔信条,是严格区分正统与僭伪、王霸与偏安的界限,用到这一场合,便就是把入主中原的五代王朝奉为正朔,但这却丝毫不能掩盖四海之内如火如荼的权欲之斗。五十余年中,山河破碎,生灵涂炭,一茬茬自封的僭位的傀儡的皇帝们杀人、剖骨,铜柱炮烙,酒山肉海,芙蓉帐暖,折磨着可怜的妃嫔们柔嫩的胴体;铜雀春深,聆听着战鼓伴奏下的《玉树后庭》。所有的人文伦理和道德信仰都已在博取生存的实用法则下被践踏殆尽。文明已久的中国何曾有过如此荒唐的岁月?天下势乱久必治,是到了结束的时候了。公元960年,"真命天子"终于登场。

照理,记叙一个新王朝的历史并非一定要把前因后果剖析如缕。但我们对"五代"却不能不提,且把它作为起笔来带出全书,

这个用意应该说是经过深思熟虑的,它的意义不久就可以随着叙述的深入而渐渐看出。一个极端荒谬的时代必定会带来一种前所未有的、伴随着矫枉过正的革新,这一浅显的道理恰恰又正是历史演进的不二法则,姑且在这里强调出这一点也就足够了。

让我们还是从大处着眼,从小处着墨。

据说,新朝的出现便就是许多大智大慧的人早就成功地预言到了的。比如,这个季世中有位疯疯癫癫的和尚就曾对人说,尔等渴望太平,若要太平,则须等定光佛出世。说这话的时候,狡黠的眼神让人一见便知其人佯狂欺世的本相来。遗憾的是听者大多是粗鄙的百姓,既不知定光佛是何方神圣,更不知去哪里祈祷真神的降临。听者既漠漠,言者更戚戚,于是无话,和尚收起褡裢,飘然而逝。这一走又是数年。

易代之际常常会有这样的故事流传,它们往往都是一些神秘的寓言,被用来揭示一种不可抗拒的未来,表明将要发生的事情都是上天的注定,不是人力所能左右的。当然这都是当时人或后来者别有用心的臆造,一言蔽之,无非是把世事变化定义为合理的演变而已。这在古代称为"谶",太平时期尚不多见,但每当革故鼎新之举成为必要时,它们便会纷纷出笼。

大宋朝的开国君主、令人景仰的"启运立极英武睿文神德圣功至明大孝皇帝"、史称"宋太祖"的赵匡胤在后周显德七年(公元960年)正月初四这一天,那一场突如其来的事变发生的当时,自己有没有当皇帝的意思,确实是不得而知。但追述已往,这应该是他心里存想已久并早就预谋准备的事情,这一点并无疑义。五代是有名的乱世,乱世的特征就在于人人都能取天子而代之。三十四岁的赵匡胤历仕二朝,随着知遇之恩甚重的周世宗南征北战,什么场面没见过?这一套对他来说,实在是太简单不过的了。不过,赵匡胤的愿望却很独特,他要的是兵不血刃而手到擒来。这位后来的新朝太祖皇帝在当时确有一般人不能望其项背的优势,一是因为他勇猛善战,功勋卓著,能做到国家辅弼的高位,业已拥有操纵废立的实力;二是他志存高远,苦心孤诣,有着常人所不能有的超然智慧。另外还有一条原因就是他身边有一批肯两肋插刀的部属,尤其重要的是,这些跟着他混饭吃的人都明白这样一个道理:有了赵匡胤的富贵,才有他们的功名利禄。所以,当后周显德七年(公元960年),检校太尉、殿前都点指挥使赵匡胤率军出京抵御契丹族入侵,兵次开封东北四十里的陈桥驿时,手下的不少人就要他做皇帝。

早在此前,开封城里就有一句民谣在流传,说的就是官为"策点检"的赵匡胤"将为天子"。看来一切早有准备,或者说无论发生什么事情也都是顺理成章的。但太祖为人仁厚,当然还要点面子,他不愿意落下个乘着少主冲幼而篡夺大宝的恶名,于是很巧妙地喝了几杯酒,略有醉意之后,自去睡觉,事情会有人去处理。其实晚上计议就已结束了,第二天是正月初四,一大早便有人把黄袍披在了太祖身上。

这与九年前的一幕何其相似!那时太祖还是后汉枢密使郭威的部下,当后汉幼主登基时,郭威是顾命大臣之一,手握重兵,独揽大权,与今天太祖的地位相当。也是在率兵御寇兵次途中之际,忽然间诸军将士鼓噪而起,伏拜马前,要郭威做皇帝。郭威当然也表示自己绝不敢当,甚至退居馆驿闭门拒之。可兵士们不依,登墙越室而入,涕泗并下,请为天子。其时乱军山积,登阶匝陛,扶抱拥迫,最终有人扯裂黄旗披在了郭威身上,刹那间山呼震地,郭威感极而泣。就是当年的尧荐舜让,大概也没有如许热闹的场面。

太祖的黄袍加身没有做戏做得如此过火,这是因为太祖弟匡义和后来成为新朝第一位贤相的赵普极懂事理,知道怎样控制节奏。不过太祖话说得太妙了,当一切都结束时,太祖说:

罢,就依你们了,你等要贪富贵,如是奈何!

是"你们"而不是"我",这是太祖"巧妙"之核心所在。所以他在说这话的时候,还由衷地叹了口气。这也是不能不叹的,因为潜台词表示还有话没有说。于是众人齐道:但凭吩咐。太祖便说出一番话来。太祖说:欲立我为天子,须听从我的命令,不然,我是万万不愿做的。千万不能小看太祖的这番言语,从某种程度上说,正是这个前提奠定了本朝立国的基础,三百年中,竟就没有发生过拥兵自重、犯上作乱的事情。当然这是后话。

太祖既然黄袍加身,理所当然地班师回京,当天即整军从开封仁和门入城,一路秋毫无犯。翌日,在崇元殿行禅代礼,太祖就龙墀北面拜受,此后,由宰相扶升殿,服衮冕,即皇帝位。因新帝初所领节度使在宋州,于是号天下曰"宋",改元"建隆",大赦天下。

《尚书》上曾把有文德才艺之古帝王称为"艺祖",这是对开国皇帝的一种美称。本朝人博古尚文，遂称太祖皇帝为"艺祖"，在另一方面，当然也是出于对太祖的崇敬之心。这和当时人们口语中常把天子称为"官家"的意思一样，"官家"来自于"三皇官天下，五帝家天下"的成语，同样表示了一种对皇帝的尊敬之情。确实，太祖皇帝自是与五代如走马灯般你方唱罢我登场的天子们不能同日而语的，他在很多方面当得起"艺祖"这个称号。

这一日禅代大典的重头戏是在殿上宣读禅代诏书，这当然是由饱受古训且文笔精湛的大手笔撰写，一个识时务者翰林承旨陶穀早就拟就了这道诏制。尽管就古有之例来看，这种无可奈何的文字并不能说明任何问题，但至少从表面上来说这道禅让诏还算是温婉平和，也给旧朝留了些面子。以后周幼主柴宗训口气所说的一句"予末小子，遭家不造，人心已去，国命有归"，更是一针见血地指出了活生生的现实。难怪华山隐士陈抟闻宋代周，十分欣喜地说："天下自此定矣！"

这无疑又是一个善良的谶言，因为天下当然不是一次黄袍加身就能太平了的。但艺祖没辜负天下渴望和平者美好的期望，远交近攻，辅以仁厚爱人之德，先定周境，继平荆湖，灭后蜀，再取南汉、南唐，最后吴越入朝归顺，江南大平。除了北面的北汉、辽以外，差不多也就算得上是天下一统了。不过，这一切用了将近十三年的时间。艺祖陛下完成了这百代功业，竟也就在吴越入朝的那一年，公元976年，驾崩仙逝。御弟匡义（建隆元年太祖即位时改名为"光义"，此际又改名为"炅"）即位，继续太祖未了的事业，在接下的几年里，又收服了江南泉、漳二州十四县，再灭北汉，基本上奠定了本朝的版图。只是连征辽国失败，不得已屈己议和，采取守势。难以预料的是，先知圣人孔子"克己复礼，天下归仁"的话却没能应验，这一守竟就是三百年！

世事虽不是完全不可预料，但天机又岂能处处泄漏。就是华山隐者陈抟，这位传说中创造了《太极图》《先天图》，发明了象数之学的得道高人，也未能指明三百年的后事，又何论奔走尘寰的芸芸众生？人们只是沉浸在新朝初政光宅天下的仁明化浴中怡然自得，饮酒赋诗，歌舞逍遥，享受着人文洋溢礼乐雍然的快乐和自豪。夷狄之辈又何惧许多，在文明的感召下远人来归，定将是迟早的事情。这是久乱而重新归一的时代，天德人文便不可阻挡地大放光辉。从太祖皇帝率兵回师开封，在崇元殿即位的那一刻起，这种基调就已经定下了。

人们常说，每一种事物从它诞生的那一天起就会显现出一种"气象"，这种气象是从涵养深处蕴育而生自然流露的，如同春风化雨一般无处不在。或雄壮高古，或粗俗卑陋，决定着攸化神运的起承转合、成住坏空。本朝的气象如何，虽然目前还不能遽下结论，但经历过五代乱世血淋淋的残酷后，新一代天子必须以仁德去征服天下，这是毫无疑问的，否则新朝的运祚就会像五代的王朝一般短寿而夭。不过，"仁"的力量并非是无往而不胜的，假如没有廓清四合、荡涤天下的雄威，一切仁德便只剩下徒具其表的外衣，好看而不中用。太祖显然是明白这一点的，因此在贵为天子后却常常不能安然入眠，他不止一次向他的忠直大臣赵普抱怨说:一榻内外,全是他人鼾睡。事实也正是如此,多年的痼疾并不会因为新朝的建立而一旦消亡。更可怕的是,如果矫枉必须过正的话,那就会带来新的问题,它们与此前的病端虽然不尽相同,但所有的疾病性质总是一样的,一切都以最终危及生命而结束。太祖的一生就是在仁与威的矛盾交织中度过的,不幸的是,它也同样会贯穿着本朝历史的始终。

还是回到大宋朝建立的那一天来。那是公元960年正月初五,这一天本是个平平常常的日子,既无日月星辰之变,也无五行灾异之象,除了任职旧朝的侍卫马步军都指挥使韩通因不从新朝,全家被杀外,由于太祖的严饬,诸如惊犯宫阙、侵凌朝贵及剽掠府库的事情都没有发生,一切都很平静。细述起来,本朝建立的这一天太祖皇帝自然有许多诏令,就像每一位承受天命的受禅者一样,给前所未有的新朝开辟一种崭新的气象,虽然都是形式上的,但却不能不做。比如内外军士赐赏,贬降者叙复,流配者释放,父母该恩者封赠,以及遣使遍告诸国,诏谕诸镇将帅等等;此后,告祭天地社稷,加官进爵不等。到了正月十七日,最后一项措施立太庙完成之后,新朝便可以说正式开始了。新朝政令没有提到国都的问题,原因也很简单,本朝受禅于周,自是以周之国都为国都,太祖既然是在崇元殿庭中拜受周禅,那么一切也就是顺理成章的了。于是,大宋的国都便就是开封。因其地旧属汴州,又名汴梁,相对于西京洛阳而言,本朝人遂又称之为东京汴梁。

从来都没有哪一个王朝像我大宋帝国,诞生之初,就是衰亡之始。从一座城池,走向另一座城池,演绎出一段凄苦苍凉的双城故事。

定都汴梁：埋下悲剧的种子

国家首都的意义就如同"宗庙"、"社稷"一样，也是一个原则上的事情，有很大的讲究。

首都常常又称作是"京都"、"京师"。都者国君所居，人所都会也，故曰"京都"；京者大也，师者众也，天子之居必以众大之辞言之，故又谓"京师"。汴梁本是唐代的汴州，后梁建为东都，后晋称为东京，本朝因其名，定为国都。于京都置开封府，京畿一路辖有五州四十二县，后虽稍有减损，也有十六县。

从古代"天下九州"的意义上来说，这里是"兖州"之域，春秋时为卫、陈、郑三国之境，战国时为魏都，居于中原要地，是有名的天下之冲，四通八达之郊。其中尤须一提的是其水路交通。黄河以外，汴梁周遭诸水，莫以汴河为重。据说大禹塞荥阳泽开渠以通淮泗，名莨荡渠，就是后来的汴河。汉时河、汴决坏，汉明帝曾遣使者修治汴渠；隋大业中更令开导，引河水入汴口，名通济渠，再东引入泗，连于淮，以通江淮漕运。炀帝巡幸江都，即乘龙舟泛此而往，故亦谓之御河。河畔御道植柳，郁郁葱葱。至唐，改名为广济渠。宋都汴梁，自此往扬益湘南至交广闽中，公私商旅轴轳相接，岁漕江淮湖浙米数百万，及运东南百物，下西山薪炭，不可胜计。

第一章 四战之地,悲剧一开始就已注定

帝国中心枢纽的地位,决定了东京汴梁的迅速兴盛。唐之汴州旧城,周回不过二十里一百五十步,本朝太平兴国年间大事扩充,新城周回增至四十八里又二百三十三步,称为国城,又曰罗城,使东京的面积增加了一倍,没过多久,便一跃而成为帝国最大的城市。东京陷落后,它的风华繁盛成为当时无数人心目中的美好追忆,并被发之笔端。孟元老的《东京梦华录》便是其中最出色的一种,人们从中可以看到正史记载里所无法具备的东京的生动形象。

不过,帝国首都却无险可恃。

汴州自古就是有名的"四战之地",即所谓四面平坦无险可守而极易遭受攻击。战国时的赵国也是立国于四战之土,就是因为这个原因,不得已采取一条"全民习兵"的政策,以作抵抗外侮之备,但最终还是被以关中险固之地立国的秦国所败。四战之地虽是兵家必争之要冲,却非帝王之居,这个道理是显而易见的。京师乃国家中枢所在,一旦有虞,那就是震动全国的大事,銮舆播迁,政令不行,这种灾祸将足以动摇宗庙社稷。

问题还不仅仅在此。本朝从立国那天起,对国家的威胁主要就是来自北方。太祖平复周境虽然未费功夫,但对北汉就已经有点力不从心了。北汉之地在黄河以北,离汴京就只是相隔一河而已,以太祖受禅后的实力,守虽然可以暂无大碍,但立时克服,却也不是件容易的事。所以太祖立下的国策是"先南后北",尽管极富谋略,但多少也是出于无奈。更何况北汉之外,还有辽国,夷狄之徒虎视眈眈,随时都有可能挥戈南下。以汴京平坦开阔四通八

达之地,又岂能轻易战守而游刃有余?自太祖时起京城陆续汇集了全国的精锐之师数十万之众,目的就是捍卫京畿,但即使是天险,也有险不足恃的时候,更何况汴京这个根本就无险可守之地!

其实在建国后不久,太祖就已经意识到了这个问题。

完全是一个偶然,开宝九年(公元976年)三月初四,太祖西幸洛阳。西京洛阳原本是太祖的出生之地,他在此度过了充满美好回忆的少年时光。不过,皇上自从十二岁离开后,十年仗剑漫游,十年戎马倥偬,君临天下后又日理万机,一直再也没能很好地重游故地。此番亲身体验到西洛山川关河的雄壮,一刹那间大生感慨。太祖想,据此险固之地而立都,则可以不繁冗兵而自固,岂非天赐之便?新朝开国皇帝这时开始后悔自己匆匆建都开封的草率,于是提出迁都。一代雄主发自内心地认为:一迁洛阳,再迁长安,效汉唐故事,应该是绝妙的霸策。可惜的是,从驾的大臣无不反对。首先是起居郎李符上疏不可,太祖不听。祭祀先祖罢,皇上赖着不肯起驾东返,那意思就是想造成既定事实。对此,群臣甚是惊骇,一时无有谏者,但有位不肯服输的大臣再度上言。

这是铁骑左右厢都指挥使李怀忠。他的话说得似乎很实在:东京有汴渠,因而便有了江淮每年数百万斛的漕米,都下数十万兵马仰给于此,陛下留居此地,米从何出?且府库重兵皆在大梁,安固已久,岂能动摇根本?

那就径迁长安!皇上的主意在那一刻还是坚决的,所以他赌气说出此话。

终于有人叩头了,凡是懦弱无识而又自命效忠的人最后总是会祭出这个法宝。这是晋王赵光义,皇上的御弟、新朝主要的军事统帅,同时也是太祖黄袍加身的始作俑者之一,他的话自然有着相当的分量。晋王以首叩地言辞恳切:陛下,安天下者,在德不在险啊!

太祖沉默了。他明白这件事情一旦错了就无法改正,一时间说不出一句话来,只能以沉默回答晋王。晋王退下,太祖长叹:不出百年,天下民力殚矣! 这是太祖第二次长叹了,这一次是英明的太祖陛下为顾全大局而作了一个灾难性的妥协。这件事情的影响是如此的深远,以至于它的是非功过,简直无法评说。新朝的开国皇帝在这件事情上确有远见卓识,可惜的是没能得到大多数人的理解。尽管后来也不断有迁都之议,但都不能付诸实施。

太祖于西幸洛阳七个月后去世,开宝九年(公元976年)十月二十一日,御弟晋王赵光义出乎意料又顺理成章地继承了大宝。说出乎意料,是因为历朝历代的继承原则是父丧子代,除非万不得已,没有兄终弟及的道理;但这又可以说是顺理成章的,因为赵光义是新朝的第一功臣,没有他就没有宋家江山,他的仁厚与统御才能更不让乃兄,在国家初立、外患未平的创制阶段,以他的地位与威望入继大统,当然也是很自然的事情。不过,这多少有点不正常,朝野有些议论和谣言也是事出有因。说起来也是光义有心要当皇帝,否则,有太祖谦虚仁慈的美德在前,即使天子猝死变故突发,朝廷内外一时没有准备而有传位于弟的意向,光义理所当然也还是必须谦让的。

新朝的第二位天子,史称"太宗"。

太祖时期,尚为奠定国统而南征北战,对首都的担心当然显得有些多余。相反,以四战之地取攻防要枢,纵横捭阖,倒有许多战略上的优势。更何况太祖取的是攻势,攻的意义就是在别人的土地上摆开战场,需要以决定性的战略决战一锤定音,于是进退自由的汴梁并非不是一个定都的佳选。可当太宗受挫于辽,国界渐渐确定后,这个问题就开始隐隐约约的严重起来。

太宗的对外国策以"歧沟之战"的失败为标志形成两个明显不同的阶段。

本朝的统一方略其实并不显得如何雄大。太祖的意思是南方基本平定后,帝国对北方的目标应该主要就是"燕晋"。"晋"是指太原的北汉,也就是后汉的一股残余势力在黄河以北建立的小朝廷;"燕"则是指后晋皇帝石敬瑭割让给契丹辽国的幽蓟十六州之地。特别是在辽国统治下的燕蓟,太祖甚至想先以金钱赎买,假如不果,再徐图以武力。太宗即位后首先于太平兴国四年(公元979年)灭掉北汉,这一胜利使得新朝的嗣皇帝开始对立时收复燕蓟产生幻想。平定北汉后没有多久,太宗便要下令乘胜进军。

但是辽兵的威猛给宋军的印象似乎非常深刻,大家都不能忘怀在攻伐北汉的过程中,辽军不时的侧翼进攻给我方造成了多么大的难堪。军中诸将的疑虑与天子的跃跃欲试形成鲜明的对照,这下,使得太宗本人也显得犹豫起来。幸好殿前都虞侯——领掌宿卫禁兵的中级军官——崔瀚说得斩钉截铁:

"乘此破竹之势,取之易如反掌。机不可失!"

太宗大喜，决心遂下。于是，宋朝大兵直趋辽境，进而包围了南京。辽国先后设有五京：上京临潢府、中京大定府、东京辽阳府、西京大同府、南京析津府。辽之南京在今北京市，公元938年设，是辽国逼视大宋的军事重地。宋军一路报捷，兵临南京城下，逼得辽守军几无生机，差一点就要大功告成。不幸的是，一个多月的时间里却久攻不下，宋军开始产生懈怠，加上大兵聚集，势力钝重，给了辽军反击之机。七月初六，辽宰相耶律沙率援军赶到，宋军不测其多寡，诸将疑惧，协调不力，被辽军分兵夹击，在城外高梁河一战即溃，太宗乘驴车仓皇南走，宋军大败。这一次北伐以优势而落败，给宋军上下又一次造成了沉重的心理压力。

宋军的惨败完全是相互之间不能机动协调的结果，太宗亦未能起到天子亲征所能带来的那种鼓舞士气、指挥得力的作用。在战事的关键阶段，最高统帅部甚至一度中断了与各军的联络，以至于产生一部分军将谋立他人的严重事件。这次事件的当事人是武功郡王赵德昭（太祖的第二个儿子，太宗之侄），还京后因为太宗的责怪，惶恐万分，跑到宫外的一间茶楼里，要了一把水果刀自刎而亡。战争成败的决定因素往往不单单取决于兵力多寡、国势强弱，它还需要心理上的稳定与成熟，更需要上下一心的同仇敌忾与众志成城的必胜信心。说实话，从这次战败来看，太宗并没能具备这样的条件，所以几年后遭受更大的失败也就是顺理成章的了。

"歧沟"是歧沟关的省称，位于辽境"南京道"之易州与涿州之间。雍熙三年（公元986年）太宗再一次大举北伐，东路军从雄州挥戈直指辽国南京,歧沟是其必经之地。这次北伐的规模是前所未有的,原因是大宋的第二代天子心有未甘,轻信了辽国正起内讧而势有减弱的不准确情报,兴三路大兵伐辽。除东路以外,西路军由潘美及北汉降将杨继业率领,目标是辽之西京大同;中路是田重进为统帅,兵出飞狐,穿插包抄,策应东西两路。这一次的失误在于矫枉过正,三路大军又相距太远,根本不能相互呼应。被辽军诱敌深入后,东路的曹彬部便先遭重创。

当时,曹彬已连克新城、固安,四月进围涿州,进兵神速。因辽军坚守,未能及时攻克,加之供给又被敌军切断,无奈之下,退还雄州。太宗接报,非常震惊。

皇上立即飞传诏令,命曹彬暂缓进军,沿白沟河慢慢向米信部靠拢,待西路潘美克复敌后数州,与中路田重进东移,再合力夹进。太宗的这个策略还是非常正确的,岂料西、中两路已率先奏捷的事实,给了曹彬所部上下以很大的压力,众将都认为本军拥有重兵而不能有所攻取,且已退兵一次而丧失战机,纷纷要求立即进兵再攻涿州。

曹彬是本朝杰出的开国将领之一,素来以诚实稳重、中立不倚著称,很得太祖赏识,在平西蜀、灭南唐中立有大功。此番以幽州行营前军马步水陆军统帅的身份领掌东路军北伐,接受的任务本来是佯攻。太宗也曾反复叮咛:"持重缓行,不得贪利。"然而曹彬在诸将喧闹之下,竟也没能坚持原则,以疲惫之师行不得已之役,发军再攻涿州,犯了兵家大忌。结果被辽军以轻制重,在歧沟将曹彬师老疲乏之众一战击溃。兵败如山倒,曹彬主力一败,整个东路军便全被冲垮,十万大军狼狈逃窜,从雄州一直退到高阳。此战宋军死者数万,人畜相踩践而死者则更不可胜数,可怜曹彬一世英名,毁于一旦。六月初八,败军之将曹彬等人被召回京师,诏鞫于尚书省。当曹彬素服长跪在殿前时,连太宗都忍不住长叹不已。

歧沟之战的失利,使得西、中两路的进攻丧失了意义。五月初九,太宗便命两军回师,潘美退还代州,田重进退守定州,由攻转守。但得胜的辽军却不愿善罢甘休,从六月开始,在诸路兵马都统耶律色珍的率领下,辽军十万人马南侵,一路连克云、朔、寰、应数州,将战场推至宋境。七月初九,杨继业临危受命于西路统帅潘美,知其不可为而为之,领孤军出击。行前与潘美及监军蔚州刺史王侁商定,先伏兵于陈家谷口,俟出战不力转至此地时,出兵相救。可王侁在继业出击后,等了三个时辰不见继业回报,使人登高瞭望,见色珍军佯败却以为是辽兵退走,王侁欲争功,便引军离开了谷口。潘美发觉,已不能制,干脆也逃之夭夭。黄昏时分,继业果然退到了谷口。以重伤之躯领数十残兵,望见无人,可以想见,那是一种何其悲哀、绝望的心情。回马再战,结果全军覆没。

杨继业原是北汉大将,被擒后太宗不仅不杀,犹委以信任,使杨继业深为感动,此番负伤被执后,表现出坚贞不屈的高尚风范,绝食三日而死,成为北伐中精忠报国的英雄代表,然而却也是死不得其所。此次战役的失败明显是因为潘美和王侁的渎职,按军法当治以重罪。但太宗却只不过将潘美降职三级,王侁除名发配而已,姑息了这种罪行。军律松弛是自五代石敬瑭以来养成的一个恶习,有时甚至严重到丧师蹙地者一概不问的程度。后来的周世宗虽有所整肃,可到了太祖,复又一味宽容,转战经年平定四合,始终未尝戮一大将。此后,太祖的子孙们遂相袭以为自然,他们似乎不明白一个最简单的道理:没有纪律的军队是无法取胜的,这与天子的仁德是否并没有直接的关系。

此次轰轰烈烈的北伐就这样以三路大军相继被挫后彻底失败了。这次失败的意义并不是一个简单的军事挫折,更重要的是它使得本朝北伐的意向从此泯灭,自上而下都完全丧失了与辽军战斗的勇气和信心。务实派如宰相赵普等更是以此为由反对丧师耗财而无一成果的徒劳之举,太宗也终于把一腔热血变成了安于现状的心安理得。这个结果对于太宗和立国未久的帝国来说也许是合适的,但对于王霸大业与国家前途来说,它却是一个无穷的隐患。

雍熙四年(公元 987 年)四月初七,太宗犹想发兵攻辽,殿前众臣无一赞成。最后殿中侍御史赵孚奏上一表,中心内容是八个字:内修战备,外许欢盟。这下天子龙颜大悦,嘉纳此议,从此奠定了本朝的对辽政策。不过,太宗的所谓"内修战备"在后来的实践中却只是表现为一个"守"字而已。

与辽事实上的分界在太宗后期大致定在今天的山西、河北的北沿,也就是雍熙三年(公元 986 年)三路大军的出发地代州至雄州一线,在本朝初期的行政区划上属于河北东、西路及河东路的范围,但实际上的防线却很含糊。宋军退守以后,辽师就曾经乘胜深入到深、德、邢等州，这些可都算是本朝北面的腹地了，离帝国中央政府的最后一道屏障——黄河已经非常的接近。这一带基本是一片广袤的平原，仍旧不好守。为此，有一位叫何承矩的边将提出了一条建议。

何承矩在太宗端拱年初出任河北沧州节度副使，颇有善政。此人幼年随其父何继筠转战黄河以北，对该地的山川形势非常熟悉。他的建议是：在顺安寨西挖开易河蒲口，导水东注于海，形成一条东西三百余里、南北五十至七十里的河渠塘泊带，就此筑堤贮水以作屯田，可以遏制敌人骑兵的奔逸之势；同时，岁闲时期又可播为稻田，所谓"收地利以实边，设险固以防塞"，"春夏课农，秋冬习武"，可以一举两得。他的这条计策最后被太宗采纳；结果在淘河至泥沽海口屈曲九百余里的范围内形成了一条二十六寨、一百二十五军铺、百余艘战船、三千余士兵的防线。这道防御屏障当然也起到了一定的作用，甚至到了真宗时期也还未敢轻废，但是它的致命之处却也显而易见。

太宗之所以采纳何承矩的建议，是因为自北伐失败后，从天子到大臣，在原则上已经完全放弃了进攻。河北东路这条防线的设立，基本上就把帝国在北方的军事活动范围定死了，只可坚守，而不能出战，更遑论北进。自此，整体防御的格局也开始形成，尽管这条沟塘湖泊弯曲陂泽之地姑且也算得上险固，但这正如同在家门口筑了道墙一样，假如持险固守而险不足恃，则必至于亡。

息事宁人就能安枕无忧？

辽是契丹族建立的国家。契丹源出鲜卑，是鲜卑宇文别部的一支。

鲜卑的宇文别部原居辽水上游，与其他二部慕容部、段部鼎足而三。南北朝时期宇文部不幸为慕容部所破，其残余分为契丹和奚。契丹屡受他族之侵，亦为北朝几代政权所轻视，不得已，从北魏太武帝时起，渐渐内附，岁致朝献。不过，由此也得以与中原交流日多，获得了宝贵的文明经验。唐朝建立后，契丹逐渐中兴，唐贞观二年（公元 628 年）背离突厥，归附唐朝，从此成为中华大家庭之一员。尽管在传统理念上来看，他们仍是异族，但客观上的存在胜于一切理论上的雄辩，在"四海一家"这个大背景下，他们也要不可避免地走进中国的历史中，虽然这个过程充满着血与火的洗礼和惨痛的创伤。

唐天宝十载（公元 751 年），契丹贵族中的遥辇家族取代了大贺家族，在后来的一百年中逐渐站稳脚跟，开始从逐寒暑，随水草，以车帐为家的游牧方式向农牧结合、居有定处的先进生产方式过渡，部落之间也不单单再是简单的军事联盟关系，国家的概念与形式也已开始形成。当十世纪初，世里家族的耶律阿保机登上契丹的统治地位时，表明契丹的勃兴正式开始。

阿保机属于那种不甘在蒙昧的环境中故步自封的人，他具有抬起头来放眼寰宇的天性,并能把握住周围一切变化的事物给他造成的感触,同时把这种印象转化成有益的启示。阿保机亲率部落多次南征,他在这些军事活动中不仅仅是获得了粮食、牲畜与奴隶,更重要的是开拓了自己的眼界,接触了一个崭新的世界,这是一个激动人心的成就。据说,阿保机能说汉话,通晓汉文,甚至工于书法,从他的作为来看,这些记载并非是夸大之辞。后晋之时,阿保机曾入关取平营二州,率汉人耕种,为治城郭,邑屋廛市一如汉人制度。这座城池名曰"汉城",在独石口北三十七里处,地可植五谷,有盐铁之利,汉人安之,竟不思归,可见他的气度与韬略非同一般。

先进力量总是能战胜愚昧,阿保机以他的果断与强有力的手腕再一次证明了这条真理。后梁贞明二年(公元916年),阿保机以一次骗局诱杀了另外七个部落的酋长,自称"天皇王",建立了契丹帝国。此后,不断内事统一,外事开拓,亲征突厥、吐浑、党项、小蕃、沙陀、阻卜等部,连战皆捷,平定西北;又转而东灭渤海国,开辟了契丹历史的新纪元。公元926年,阿保机去世,其次子耶律继光继位,史称"辽太宗"。辽太宗进而征伐中原,并于后晋开运三年(公元946年)占据后晋首都大梁后改号"大辽",把目标指向了广阔的中原。宋代周而入主中国,便不可避免地开始了与辽长达百多年的故事。

本朝究竟有无足够的力量使戎狄臣服,这本就是个不容易回答的问题。而本朝两位先王于无形中定下的基调,更使这个问题变得扑朔迷离。太祖、太宗的矛盾看起来似乎在于以德服人与以战屈人的两难选择上,而事实是早在本朝开启王运之初,种种迹象就已表明,中原的长久战乱使天下士庶之心逐渐把大唐以来以声威服人的雄伟魄力摒弃在一边了,他们要的是和平的生活而不是空图声名的穷兵黩武。所以在这种情况下,"和"的基本策略并不是仁德天子们的一厢情愿,而是人之常情和时势所逼的产物,应该是无可非议的。歧沟之战后十八年,宋辽之间终于实现了外交上的和解,这个结果可以说是与太祖以来的基本国策一脉相连。不过从另一个角度来说,假如帝国并不具备以战屈人的实力,那么这种和解就是苟且、脆弱和暂时的,更不能保证"修文德以徕远人"宏伟目标的实现。事实上,这次与辽国的和解虽然在客观上给帝国带来了宁静与繁荣,但也成了本朝彻底放弃对外用武的起点。

这是宋真宗,也就是本朝第三位皇帝时期的事。一切也都似乎肇自于辽国大军数月之中便打到了开封城下。景德元年(公元1004年)闰九月,辽军在辽主及太后的亲率下大举南进,定州首当其冲,告急文书一夕五次飞传至京。定州治所在真定府北百余里,一旦为敌所破,整个河北防线便要土崩瓦解,首都东京自然也将无所遮蔽地暴露在敌人的锋芒面前。

任相不久的寇准字平仲,以集贤殿大学士的身份与老一辈的毕士安并拜同中书门下平章事,是位有名的刚直不阿之士。他以敏锐的洞察力早就预见到事情的发生,因此他并不像其他人那样慌张。寇准在如此紧急的情况面前依旧神色自如谈笑风生,颇有当年谢安谈笑退敌之风度。不过,临阵不慌既需要勇气,更需要成算,同时还必须具备客观物质上的条件,寇准压下奏报隐而不发,固然表现出胸有成竹的气度,但却不能说明外在的成败因素是否具备。然而,像他这样的人在朝廷中毕竟还是少数,第二天,同僚中有人便忍不住了,朝会上便急急将严重的军情奏报皇上。这是典型的不能为君王分忧的表现。

天子龙颜大惊,急问寇准。寇准说得好:陛下欲解此忧难,五天的时间就够了,但要有一个条件,那就是亲征澶州。澶州是开德府的旧称,在黄河以北,是辽军矛头所指。早在近一个月前,寇准就以禁卫重兵已在河北集结的理由要求天子亲赴该地督战,真宗自己也曾明确表示过愿意前往。但眼下事态已有了不同,此时此刻天子龙銮渡河,便是决一死战的架势。寇准此话犹如平空响起一声惊雷,一朝之臣全被这个提议吓呆了。真宗心里更怕,要起身还驾内宫。寇准最后把话说得很绝,他以恐吓的口吻对皇上说:陛下这一走,大事去矣。

帝国目前的窘境自然不仅仅在于首都东京的难守易攻,细究原委,更深一层的症结是本朝建立后一系列国策上的变化。这当然也不是一事一地所决定的,所有的后果都是各种复杂因素综合作用的产物,东京的孱弱只不过是最后的表现而已。

太祖皇帝杯酒释兵权的故事常常为后人津津乐道,可耐人寻味的是,太祖收兵权的初衷却在于巩固天子的地位,一开始时并没有把天下的安危当作终极目标。尽管太祖在召问赵普,这位本朝第一位有所作为的宰相时信誓旦旦地把兵革不息、苍生涂炭作为他平息天下之兵的由来,但这话可听而不可信。赵普的回答是:"唐季以来,战斗不息,国家不安者,其故非他,节镇太重,君弱臣强而已矣。"正是这话道破了太祖的心事,所以赵普语犹未毕,皇上就说:卿勿再言,朕明白了。太祖明白了什么?在后来的事情中一目了然,皇上首先做的是除去心腹之患,以利害得失的劝谕威胁与恩威并重的手段把功臣石守信、王审琦从典守禁卫的要害之位一夕之间就变成了饮酒相欢终其天年的寓公。如此策略的核心是"强君弱臣"四个字,心腹之患既去,节镇强重的肢体之害便不难破除。太祖与赵普为完成后一个目标花了不少的精力和时间,其处心积虑的程度甚至比前一个举动要大很多。即使这样,最后完成却也是本朝太宗时期的事了。

当然,不论太祖此举的出发点如何,天下苍生受利的结果是不容怀疑的。中国自古战乱频仍,就是号称盛世的前唐,天子们的好大喜功,照样使黎民百姓痛苦不已,更遑论群魔争斗天下纷乱的五代。王道式微则乱臣贼子兴,本朝两位先王最伟大的贡献就在于他们使中央政权变得前所未有的强大。建隆四年(公元963年)的夏天,湖南并入新朝的版图,这时中央政府悄悄颁布了一项任命,以当时任刑部郎中的贾玭等人"通判湖南诸州"。通判一职设立的意义在于:它既是由京官出任,又以儒臣担当,更能与府州同理地方政事,客观上便大大减弱了地方藩镇的势力。在本朝初年,通判的权力甚至一度引起了地方军政长官的一致不满,每当两者发生冲突,通判常用的一句口头禅就是:我乃监郡,朝廷使我监汝。尽管太祖曾下诏劝谕,但州郡长官还是与通判格格不入。有一个笑话这样说:后来有一位叫钱昆的,世居余杭,因喜嗜蟹。一日,此人求补外任,人问其所欲何州,昆曰:但得有螃蟹而无通判处则可。这真是个不错的调侃,当然也是中央集权强盛最好的注脚。太宗在此基础上,更下令罢除藩镇领支郡之制,所谓支郡,就是指节度使间接治理之州郡。值得注意的是,这条措施的第一个对象却是倡言削藩镇之权的赵普。另外一位大臣高保寅在出知怀州时因不满于事事为领节度使的赵普所抑,上书太宗乞罢节镇领支郡之制。始作俑者其无后乎,赵普既不免作茧自缚,又遑论他人!太宗太平兴国(公元977年)二年八月,一道诏制中,全国三十余节镇中十八军所领支郡皆直属京师。所谓太祖杯酒之间就把藩镇痼疾一旦消弭的说法显然是一种美化,因为这不是一朝一夕就能解决的,也不完全是太祖个人德行见识的功劳。仔细考察这件事的始末,不难发现其间有着深刻的社会政治背景。

不唯如此。当年赵普为对付藩镇而建策太祖,还有另外两项内容:一是制其钱谷,二是收其精兵。此两条与夺其权柄一样不可或缺。设想地方藩镇若失去了犯上作乱的资本,又何愁其势不弱!此两项举动皆始于太祖乾德三年(公元965年),后人记载甚详:"申命诸州,度支经费外,凡金帛以助军实悉送都下,无得占留。……又置转运使为之条禁,文簿渐为精密。由是利归公上,而外权削矣。""令天下长吏择本道精兵骁勇者,籍其名送都下,以补禁旅之阙。"需要强调的是,从后来的进展看,这些都绝非是凭空记录。在军事制度上的改革也是随着这一总体思路而来的:集天下之精英者为禁军,领导机构是殿前司和侍卫司,设殿前都指挥使、步军都指挥使与马军都指挥使三帅分领。过于专权必然导致尾大不掉，这在地方与中央是一样的。因此，太祖又在中央设枢密院，主长者为正副枢密使，使之成为调兵机构，与统兵的三帅共掌军务。这样，本朝军事制度的最后格局形成了：在中央，宰相不问枢密军务，战时将领则临时委派，两者皆直属于皇帝；在地方，节度以下，坐食俸禄而已，方面有警，则总师出讨，事已则兵归宿卫，将归本镇。这种格局虽然在国家危难之后引起各方面的怀疑而有所修改，但大致不变，基本贯穿于本朝近三百年历史的始终。这就是所谓的"弱枝强干"，就内政而言，帝王基业和赵家江山在它的庇护下显现出一种从未有过的稳固之态。

所以，定都东京固然是一个无奈，甚至可以说是一个不小的错误，然而中央势力是这样的强劲，一定程度上应该是能够弥补首都四战之地的缺憾的。中央正规军禁军的数量在本朝初年大约是二十万上下，京城驻军即近十万，占了总数的一半。太宗时禁军总数达到三十五万，守卫东京特别是河北防线的部队至少也有十七八万人。此次辽军南下，在人数上并不比宋军优势。只是辽人善于骑射，马军的冲击力强劲，特别是能集中精锐而各个击破河北一带相对弱寡的地方城池，在气势上占了先手而已。宋军主力既已渡河，各道兵马也有合围夹击的可能，无论如何也不至于立时就想到退却的。

但本朝立国以来，朝廷大员中一直不乏那种懦弱于外寇入侵者，此际的典型代表是参知政事王钦若与金署枢密院事陈尧叟。这两位一是金陵人，一是四川人，此时竟分别密劝皇帝驾幸金陵、

第一章 四战之地,悲剧一开始就已注定

成都,开了本朝一个极为恶劣的先例。就原则而论,这种妖言惑主、动摇军心之举,是十足的奸佞行为,可在真宗眼里,他们的建议居然还颇合心意。这种现象是极不正常的,难怪寇准听说以后勃然大怒。寇准以为,以圣朝天子之神武,若车驾亲征,敌人将不战自遁。即使坚守河北,亦可以挠其谋、老其军,从而稳操胜算。岂能远之楚蜀而委弃宗社?寇准在这里稍微灵活了一下,以近似激将的语气使天子自入彀中。果然,真宗在寇准的吹捧中有点昏昏然起来,放弃东京的念头从此打消不提,甚至当辽国主动表示求和时,皇上还有点不大愿意。十一月二十日,真宗终于出京亲赴河北,二十六日,到达澶州。双方皇驾的亲征使这场战事不再仅仅局限于边境冲突的范畴,必将会带来一个具有决定性意义的结果,这就是一个极为著名的停战条约"澶渊之盟"。

这个结果的产生看起来似乎是一个偶然事件导致的。当真宗亲临河北走到卫南时,辽统军萧挞览所部已先后击败天雄、德清两军,进而三面包围了澶州。围城后,萧挞览自恃其勇,只以轻骑简从潜至城下巡视地形,结果被宋威虎军将张瓌用床子弩射死。

统军萧挞览是辽国著名大将,博学多智,极为辽主所重。此次南进,就是在他竭力倡导下实现的,因此他的死给了辽人上下极大的震动,在很大程度上动摇了辽军的斗志。辽太后亲临挞览棺车,恸哭失声,为之辍朝五日。相反,真宗在三天后及时赶到了澶州,当天子的黄龙旗出现在澶州北城门楼上时,宋军欢呼之声闻于数十里之外,士气大振。

本来,辽国也并没有久战之意。同以往数年的情形相同,此次南侵的目的,也不过就是攻城略地炫耀武力而已,且目标也就只是河北北线一带。辽军在边境战斗中之所以屡屡取胜,一是因为宋军以固守为主,二则也是因为辽师本身采取了灵活机动的巡略方针。若以大军深入直逼东京,恐怕也没有这个实力。因此辽人从心底是想与宋廷媾和的,只要捞到了实惠,一纸和约的确是无可无不可的事。十二月份,双方开始实质性接触。

但谈判的过程还是很微妙。早在辽军大举深入之际,辽太后就曾辗转送来一封带有求和意味的书信,但真宗认为彼大兵在后,疑为欺诈而未予置信。倒是宰相之一的毕士安坚持说这是辽军受挫后耻于自退之举,所以劝皇上不妨答复。于是真宗手诏回复说:若真有此意可以议和,但宋廷是不能先派使者的,必须是辽国方面"即附边臣闻奏"。这就是在外交上讲究起大国的面子了,辽国自然也不会同意。这时,一位宋朝降将起了关键性的作用。此人姓王,名继忠,真宗在藩邸时即委以亲信,即位后一直将他擢升到镇、定、高阳关三路钤辖兼河北转运使的职位,也算是个统帅一方的封疆大吏。不幸的是,在咸平六年(公元1003年)的一次战役中兵败,下落不明。朝廷方面本以为继忠业已殉国,直到辽人致书议和之际,才发现王继忠是陷敌被俘,不仅没死,连辽国的求和之议竟也是他一力促成的。于是,王继忠从一位兵败被擒的降将一跃成为双方的红人。有了此人的折中,宋辽的和议在面子上的障碍似乎便少了许多。最终是宋廷方面先派了使者,几经周折,恰好在萧挞览死后不久到达辽营,停战的时机最终成熟。

双方的使者宋廷方面是曹利用,本官是右班殿直,因为恰好赴行营公事,被枢密院推荐出使。此人机辩无伦,慷慨有志操,确是个佳选。在辽国方面,飞龙使韩杞被辽主充以大任,此人也是个不可多得的人才。两国由战而和,交际仪节之间,就成为新的战场。本朝自是中国的正朔,与辽约以兄弟之国,大国之邦的体面绝不可失。所以还必须有人制定仪式,此际充当此职的是翰林学士赵安仁,在行营当中也只有他能熟记有关体式,因此受命出任。

其实所有的这一切都已是无关紧要的了,因为宋家天子乃至朝中大臣都早已把息事宁人的方针摆在了首位。真宗本人根本就无心再战,所以当韩杞在廷前扬言辽军还要南进时,皇上便迫不及待地予以让步,答应以输送银两绢帛的方式许和。就是忠直刚勇者如寇准,此际也不过就是把曹利用拉到帐中说:天子虽许你以百万,若此去结果超过三十万,回来就砍你的头。于是双方和平之议变成了讨价还价的拉锯战,最后宋帝国以每年输绢二十万匹、银十万两的代价换取了辽国的一纸盟誓和班师北还。就以此每年合计三十万岁币的数目而言,恐怕还得归功于寇准的坚决态度和曹利用的不辱使命。

当然,这在本朝大多数人眼里自然谈不上什么丧权辱国之类,相反却是天朝圣明与大度的写照。照天子的观念来看,中国得天下风土之宜,地饶物丰,助尔犷憨小国若许军旅之费,不仅是大国的本分,实在也是小事一桩。千年前的汉世,早就开了先例,可见中国之风范就是以大家胸怀庇护四夷众生,德之尚者,又敢不遵之！至于三十万两的数目是否过大，不是原则上的事情。老臣毕士安说得好：不如此，和事恐不能久也。

怕只怕无关愁绪，最恨是在心深处。共遵诚信，虔奉欢盟的皆大欢喜之外是"沿边州军，各守疆界，两地人户，不得交侵"的实际约定，加上三十万两岁币的具体现实，本朝仁厚与大度的背后也许就是强咽痛楚往心里去。但是，天下太平是真的，君不见天子驾返东京了，大赦天下的诏书颁布了；河北给复二年，壮丁归农，行营罢除，戍兵减半，四边警戒人不安枕也已成为过去了。

既如此，复何求焉。

重拾斯文，道德标准放在首位

东京的故事可以说从现在才真正开始。

帝国的历史已将近五十年了，即使从帝国平定四境的大业完成之时——太宗太平兴国三年（公元979年）五月北汉被灭——算起，到真宗景德元年（公元1004年）澶渊之盟，也有二十五年的光景。帝国廓清四合应付外寇的风云际会，仁明圣德的沐浴教化，已经彻底改变了天下四海的风貌。

窥一斑可知全豹。单以本朝京师而论，除了"四战之地"的无奈外，与旧时相比又有了许多不同。

第一，东京汴梁有内外三层，由外向内，分别是外城、里城、宫城，所谓城垣三道，重重环卫，拥立着巍峨的帝京。当然，这倒也

第一章 四战之地,悲剧一开始就已注定

不算是什么特别,不同的是,东京外城的形制并非是方正如矩的旧象,而是顺着地势高低上下,走了一条纡曲蜿蜒的线路。据说,这是太祖皇帝的主意,如此迂回纵斜的城墙蓝图还是艺祖亲笔所绘。当时有许多人不解:缘何本朝京都第一道拱卫之垣,不效仿公正方直、经纬有序的自古京城之相?其实这正是太祖的高明之处。取法天象而建立的城制只是人文的需要而没有防御价值,东京既无天险可恃,就必须赖以城池之固。建城曲宛如蚓而顺地势,正是得朴素坚固之防卫要领。

第二是东京城有四条运河穿城而过,谓:五丈河、金水河、蔡河、汴河。东京一地河渠贯连而四通八达,这来自于历朝历代的不断疏凿,而本朝却终得其利。舳舻绵连千里不绝的好处不仅仅是漕运贡输而已,最重要的是它把帝京和四海九州紧密地联系在了一起。这可是前无古人的事!难怪太祖把此数河比做圣朝天子腰间的玉带,他的意思很明显:玉带飘扬之间,天下尽在手中。

太宗当政年间的淳化二年(公元991年)六月,由于淫雨连绵,汴河发生了一次水灾。十八日,大水坏堤,泛滥民田,一直淹到东京附近的浚仪县。太宗得报,按捺不住,一大早便亲自出城。宰相及枢密使等当朝大员迎谒于路,力谏不必劳动皇驾。太宗的话语发自内心:

东京养甲兵数十万,居人百万家,转漕仰给在此一渠水,朕安能不顾?!

这就是东京的另外一个特殊之处了。确实,东京的人口之多,是前朝数代所无法比拟的。漕运的重要是因为帝国的中枢承

受着沉重的负担,仰给赋税者除了天子和中央政府以外,尚还有着数十万的禁军。这在以前是不可想象的。前代的兵员,大都分散在四地,天子辇毂之下,不外乎就是一些承担护卫的禁卫部队而已,一旦有急,则有待于四方勤王之师。本朝却很不同,经过太祖太宗两朝天子的努力,天下精兵都已汇集京师,禁军数量大大增加,已经成为帝国绝对的军事力量。保守估计,本朝京师户籍的数目,已至少是前唐的十倍,这还没算上驻守京城的这若许禁军。天子百官、皇亲国戚乃至天下四方之客,给这座新朝国府,增添了无限的繁荣,也带来了一个无法挣脱的包袱。这就是说,帝国首都之势重,业已到了一个相当的程度了。

东京不仅是大宋的中心和天下安危的关键,也是帝国风华的象征。

它开始变成一座真正是属于黎民百姓的城市。流水潺潺,长桥卧波,梨白桃红,荷绿杏黄中自然有着无限的秀丽妩媚,而即使在宫城巍峨凝重、金碧辉煌的赫赫皇仪里,仍然不失些许清幽和欢愉之象。宣德门正南大道上馥郁芬芳的如锦繁花,正是把天子的化雨春风,从沉沉如海的宫禁内苑里洒播开来,昭示着"与民同乐"的辉煌仁政。更不用说元宵之夜五彩斑斓、锦绣交辉的上元灯节了。都城的宵禁渐渐开始流于形式,自古而来的坊制也已不像旧时那样谨严;四时不绝的江淮扁舟带来了市的兴旺,柳陌花间里的叫卖吃喝,茶坊酒肆中的丝竹管弦,人声鼎沸中更是一番融融之乐。

东京也是文士们精神的家园。春花烂漫、秋叶静美,小园香径、楼台亭阁,日暮黄昏独自徘徊中,一缕心事岂堪怅惘。同志者于心既有戚戚,以是次韵相酬、唱应赠答,杯酒光景间,清苦幽闲、雕采巧丽,亦常能使人回味无穷。

东京更是才人们的温柔之乡。与位于里城西北部的皇宫相对,外城之内,朱雀门东南、南熏门东北一带位于京城东南角的区域是东京乃至全国最繁华热闹的地方。此地叫做"蔡河湾",繁华的商业和娱乐场所都集中在这里。妙的是,贡院、太学、国子监与教坊乃至妓馆、瓦舍相近。青衫愁苦,红粉怜才,每邂近于风尘,必多殷勤之思,依红偎绿浅斟低唱,花衢幽巷中往往不胜沉浮。

诸王毕,四海一,妃嫔媵嫱,王子皇孙,辞楼下殿,辇来于汴。然而他们与古时降王降臣的命运却不可同日而语了,湖南周保权、荆南高继冲、南汉刘、南唐李煜、西蜀孟昶、漳泉陈洪进、吴越钱俶、北汉刘继元等一方霸主,纳土受降后,无不保全首领,封爵赏官之外,又皆于京师颁赐甲第。其子弟臣僚,或居肘腋之地,或职州郡兵民,从未有因猜防疑忌而至于杀戮者。虽然后蜀孟昶来京后不多时即暴卒而亡,南唐李煜最后亦郁郁而终,但有关两人不幸遭遇的故事都是出于野史的传说,可信程度不大。至少,其辈子弟臣僚大都平安地入仕新朝并终其天年,却是无可置疑的事实。惟有宽容,才能兼收并蓄。四海之大,无所不有,没有超凡胸怀,又如何能并包天下?可见,这一现实虽然是出于五代丧乱之后人道斯文重归环宇的一种必然,但更主要的是我朝君臣的恢弘气量之所致。世事轮回中,本朝的开国天子终于认识到仁德往往是真正的神威,这是所有人都应该额手加庆的事情。

西蜀和江南自古是富贵之乡，几代以来又殊少战乱，人们赖其地利，子孙相乐，歌诗之风昌盛。自从前唐以来，民间又流行一种叫"曲子词"的歌行，渐渐成为新制。文人士大夫进而厕身其中，更予发扬光大，于是倚声填词之文学形式由此而生，与诗对称，名之为"词"。较之于格律谨饬、端庄持重的五七言诗而言，词之一体以其声词结合、结构松散而独树一帜，它的形式似乎更适于表达儿女情感和幽怨心绪，更能抒写活泼性灵的情感流露。职是之故，词人既层出不穷，词作亦愈做愈工。在词的创作方面，即以西蜀、南唐独领风骚，从人主至大臣，每每乐此不疲。其中南唐后主李煜最擅胜场，西蜀人韦庄、南唐人冯延巳等紧踵其后，并由此而集开了一代新风。

天下复归于一统，车船舟马带着亡国君臣、后宫嫔妃、词士乐工辇来新朝，也把伴随着悠扬声调的清词丽句带到了东京。东京的繁华和温柔，既是一帖醇厚的催化剂，把望乡的哀怨、失意的惆怅、闲适的心绪和得意的放浪统统融入了词的声声舒缓里；同时它也像一乘奇妙的仙槎，把那柔婉美丽、缠绵悱恻的词境带到了现实生活当中。文学从庙堂重回人间，这是世事沧桑中可歌可泣的进步。

照理，天下武以靖之，文以持之，两者不可或缺。但从严格意义上来说，本朝从立国之始一直到当今时代，却都侧重于文治。即使太祖的所谓以武定邦，也只不过是表面的内容而已，本朝的皇帝们从根子里始终将道德人文的基本准则放在了第一位。尽管他们的初衷和目的并非是完完全全的纯洁无私，但在客观上却符合着古代先王——或者说是上天——的垂范。在这里我们也许要再次感谢五代那并不算太短的战火丧乱和斯文扫地了，正是这惨痛的代价换来了天下人的觉醒。

澶渊之盟九个月后，景德二年（公元1005年）九月二十二日，真宗皇帝下诏，令资政殿学士王钦若、知制诰杨亿纂修历代君臣事迹。这是本朝第二次修纂大部头的典籍了。盛世修书，是历来文治昌隆的必然产物，也是时代的一种象征。前一次是在太宗皇帝陛下主持下进行的，时间大致从太平兴国三年（公元978年）至雍熙四年（公元987年），修成的结果共有三部，后来分别题作《太平御览》、《文苑英华》和《太平广记》，总数量在二千五百卷左右，天地万物之理、政教法度之原、理乱废兴之由、道德性命之奥，无不包罗其中，真可谓洋洋大观。但真宗此次修书，资治备鉴的目的似乎更为明确，单从"历代君臣事迹"这一内容界定上也可看出。所以，官家亲自删定义例，给予了极高的重视。王钦若等受命后自不敢怠慢，遂请以直秘阁钱惟演等十人同修。诏从之。

王钦若此人的品德和学问并不怎么样，但杨亿和钱惟演却算得上是忠清鲠良的才学之士。杨亿七岁时即为太宗赏识，后赐进士及第，时任翰林学士、户部郎中并知制诰。钱惟演更有来历，他是五代时吴越王钱俶之子，时授为太仆少卿。参与者还有一位叫刘筠的，进士出身，精工诗文，与杨亿并号"杨刘"，才思不让人后。其他编纂人员也都是一时之选。

众人在秘阁里工作，有时难免枯燥寂寞，一时兴来，便免不了做些诗歌消遣。杨亿出了个主意：既如此，何不彼此唱和一番，以作同值秘阁的纪念？这个倡议得到众人赞同。于是大家或就同韵，或拟一题，相互酬唱起来，日子倒也过得自如潇洒。三年后，杨亿把这些作品汇编成册，题作《西昆酬唱集》，刊布流行，一时反响颇巨，"西昆体"竟也蔚为风尚。

真宗一朝大致就是在这种轻松的气氛中度过的。在景德三年（公元1006年）九月，天子甚至下诏：由于稼穑屡登，机务多暇，自今群臣不妨职事，并听游宴，御史勿得纠察；上巳、二社、端午、重阳并旬时休务一日，初寒、盛暑、大雨雪议放朝，并著于令式。确实，澶渊之盟以后，平和清静的形势持续了有近十几年的时间。造成这种祥和局面的原因很多，但有几点很明显：一是澶渊之盟后宋辽战争基本消歇；二是几年来各地风调雨顺，岁致丰稔；此外就是自今上登基以来，朝中的人事相对简单，这似乎是任何一种政治平稳所最最需要的东西。

自景德年间起，朝中宰执大臣先后主要有李至、李沆、曹彬、周莹、张齐贤、吕蒙正、向敏中、寇准、毕士安、陈尧叟、王钦若、冯拯、李迪、王旦和丁谓出任，他们在某些事务上虽然存在着不少矛盾，但总的说来还算相安无事。明显的例子就要算与辽国的和战一事，尽管有着这样那样的不同意见，但最后毕竟达成了一个结果，也就是"澶渊之盟"的签订。能够产生实效，就表明政治处于良性运转当中。可从另一方面来讲，如果这种实效不属于合理的范畴，和谐的结果便往往是暂时的。所以，十几年的太平无事，也并不能保证真宗皇帝在后期就不做出一些不伦不类的事。

真宗皇帝一度常常援以自豪的就是与辽国的媾和，但这件事情不久却又使他心绪不宁，原因是王钦若对他说，寇准主持签订与辽国的所谓和约，在实质上是个"城下之盟"。

这话把事情的性质整个就颠倒过去了。"城下之盟"是指敌军兵临城下，被迫与其签订的休战条约，是以丧权辱国为代价的。古有明训：易子而食，折骸以爨，城下之盟，不能从也！

王钦若为人倾巧矫诞，其人的劣迹早在景德元年（公元1004年）辽兵入侵时就已暴露无遗。此刻，他说这番话完全是出于对寇准的嫉妒。钦若和后来的一位宰执丁谓一样，是真宗在位期间汲汲于排挤他人的典型代表，在当时即被视为奸佞之辈，他们与刚直者寇准的矛盾也是相对平和的朝廷人事中的一个不和谐音符。政治环境中的丑恶行径往往来自于两端：一是出于个人私利，一是出于妒贤嫉能，这两者也是人性中所有缺陷的根源。当然，德行不正者如钦若之辈所以能站住脚，是因为他们还有一套取媚于皇帝的妙法，以保证自己的利益不在人下。

有一次，官家做了首《喜雪诗》，赐予几个宰臣，其中有处韵脚用错了一个字。宰相王旦看了出来，想说与皇上知道。君臣切磋诗艺，本来是件普通的事情，但钦若却故作危辞：天子之诗岂是礼部所定诗律所能校正的？大家一听此话，不由得不作罢。岂料钦若私下里却自己去告诉皇上，说某某字错了。不久真宗在朝会上笑对宰相、枢密道：前番所赐一诗，若不是钦若指正，怕要为众人所笑了。王旦听了，真是哭笑不得。

错误的根子总是出在天子本身，然而灾难的产生却一定是奸佞之臣诱导的结果。自从钦若讲了"城下之盟"一番话后,皇上心里一直都排之不去。作为太祖太宗的继任者和帝国的圣明天子,他不能容忍费尽心机所造就的和平现实却是出自于一个与夷狄的"城下之盟"。若此,大宋皇帝的颜面将置于何处?有损王霸大业倒还在其次,如果因此而遗臭万年,那就是非同儿戏了。于是,他开始想要补救,可一时又没有什么办法。大约是在景德四年(公元 1007 年)下半年的某个时间,皇上召来钦若问计:"今将奈何?"

"陛下发兵取幽蓟,可洗刷此辱。"钦若知道真宗一向是讨厌兴兵的,所以先故意说得一本正经。

果然,皇上道:"河朔生灵,始得休息,吾不忍复驱之死地。贤卿再思其次。"

钦若答:"陛下苟不用兵,那就必须做一件大功业。如此才可以镇服四海,夸示戎狄。"这就是引入正题了。

不出钦若所料,天子十分好奇:"何谓大功业?"

那就是封禅,钦若为皇上道破玄机。封禅之事天子当然省得,此乃告祭天地的圣典,在东岳泰山筑坛祭天称"封",在泰山之南梁父山辟场祭地称"禅",自秦汉以降,一直是国家的大典。一般来说,这种圣德之事非有德之君不能为,也就是说,天地所能接受的祭祀,必须来自于圣明天子之所为,并不是随便哪个称孤道寡者都可以做的。所以,封禅尚必须有天瑞昭示,方能进行。但是,钦若说得好:天瑞虽不能必得,但也可以人力为之!

这分明就是要皇上做伪了,亏他也能说得出口。但是真宗目前急需摆脱内心的苦恼,恢复失去的自信,动机既出于私意,是非的概念自然便就趋于模糊。其实,自古而来的封禅大典倒也并不一定都是天地圣灵所同意的,王钦若的话有一定的道理。但在理论上讲这毕竟是个原则问题,古代先王们对此就特别谨慎从事,没有十足的自信,谁也不敢遽行这一大典。因此,真宗确是犹豫了很久,他怕大臣们有意见,特别是宰相王旦。王旦此人是个持重之士,办事尚还有自己的原则,天子对他是否能赞成这样一个师出无名之举,心里实在没有把握。

钦若不以为然。他认为天子若以圣意宣谕王旦,王旦不敢不答应,并且为此还去做了王旦的工作。可即使这样,真宗还是犹豫不决。最后,是一个偶然促使皇上下了决心,这是有一天晚上皇上心绪不定,亲自来到秘阁征询意见。当晚值日的是右谏议大夫、龙图阁直学士杜镐,皇帝骤然问他:卿博通典籍,知道所谓河出图、洛出书是怎么一回事吗?杜镐是个老实的儒士,不测天子此问何意,就事论事地答道:此也不过就是古代圣人以神妙之道垂示教化而已。这话的意思是,所谓河图洛书等天示祥瑞,实乃圣人借造化神妙弄出来的东西,目的不外乎是以此教化天下。杜镐的话恰好与王钦若的意思不谋而合。真宗听后龙颜大悦,主意遂定。接着,天子在一天晚上召来王旦欢宴,并颁赐了一尊佳酿嘱王旦带回。王旦回宅打开,里面竟藏了一颗价值连城的明珠,这下王旦还有什么话说!

这件事情究竟是何人具体经办并不太清楚,准备工作是在极其秘密的状态中进行的。但殿中侍御史赵湘明显参与了真宗的

"做伪",因为是他首先在景德四年(公元 1007 年)十一月十七日上言请天子封禅。赵湘是宗姓大臣,一直得到皇帝的信任,而其人虽然此时代理三司的部分工作,但还算不上是宰执大员,由他先倡议封禅,确是十分恰当,看来皇上真为此下了番苦心。到了第二年的正月初三,真宗正式开始了这场"大功业"行动。

皇上先是对宰执大臣们说,自己早在去年十一月二十七日就做了一个梦,梦中有神人告曰下月三日,也就是十二月初三,当降天书三篇,名为《大中祥符》,因此宜于正殿建道场一月。皇上说:目前道场已建好了,虽已过了整整一个月,但仍不敢罢去。刚才恰好看到皇城司有奏,说左承天门屋之南角,有黄帛曳于鸱吻之上,朕细细想来,怕就是神人所谓天降之书了。

于是王旦、王钦若皆山呼万岁,敬贺灵文果降。随后真宗亲自步至承天门,焚香受书,命陈尧叟读之。结果这封"天书"的文辞与《尚书·洪范》及老子《道德经》很类似,内容也不外乎就是始述当今皇帝能以至孝至道绍世,次谕以清净简俭,终述以世祚永久之意。看来作书者也并不十分高明,最后还是模仿了一下现有的成例,而《尚书·洪范》和《道德经》实在也是最普通的两部古代典籍。

天降祥瑞的事情一解决,下面便就是封禅。真宗当然还要推辞一番,最后自然也是耐不住天下所请,宣布十月有事于泰山。在此之前,已大赦天下,加恩百官,改元为"大中祥符"。这件事情最后弄得轰轰烈烈,成为帝国的头等大事,一直到十一月二十日皇上从泰山还京,始告结束。这次东封泰山直接耗资达八百余万贯,其他用度还不算在内。若从这个角度说来,确乎是一个不折不扣的帝王盛事了。

后来的人们曾煞费苦心地猜测真宗和满朝文武汲汲于做这件奇怪事情的真正目的,但始终是不得要领。因为像真宗这样一个尚算不上是昏昧的皇帝,恐怕还不至于愚蠢到自己欺骗自己的程度。唯一一个勉强说得通的假设是:当时的敌对方契丹人特别敬畏天地神灵,真宗君臣乃是希望以此神道之言动敌听闻,而潜消其觊觎之心,所谓"假鬼神以雪前耻"者。假如真是这样的话,那真是令人要长叹一声"呜呼哀哉"了。

养士与养兵之策

真宗"大中祥符"年号持续了九年,名如其分,这九年的基本调子也就是不断而来的天书、祭祀、建观、崇道而已,整个国家都在为此而大事忙碌。喧闹的庆典冲淡了一切,即使真宗皇帝御极期间天下有什么隐患的话,也必然被这些华丽的装饰掩盖掉了。

社会稳定的基础归根结底是由经济状况所决定的。真宗之所以能在执政后期无所忌惮地弄出这些花样,其深层的因素也就是帝国的经济尚还差强人意。当景德四年(公元1007年)十一月间皇上正为封禅事犹豫不决之时,曾专门就经费之事问过当时负责财政的三司使丁谓,丁谓表示经费不成问题后,真宗这才大胆地放开手脚。真宗统临寰宇近二十年岁月,正处在一个十字路口,恰巧在走向歧途的关头,幸运地结束了。历史总会让一些人成为时代的宠儿,这是无可奈何的事。

但东京汴梁的故事,不会永远像这样波澜不惊的。

真宗在公元1017年又改元"天禧",这自然是"天书"又降的结果。五年后,又改元"乾兴"。乾兴元年(公元1022年)正月十九日,真宗崩于延庆殿,享年五十五岁。皇太子赵桢柩前即位,后来的庙号为"仁宗",时年只有十三岁。因为嗣君年幼,继代大事均是在皇太后主持下进行的,辅臣草制遗诏,自然也有"军国大事兼权取皇太后处分"的字样。顾命大臣之一、刚被先帝封为晋国公的丁谓要去掉此句中的"权"字,遭到一致反对。权,代理也。正如另一位辅臣王曾所言:皇帝冲年,不得已太后垂帘。政出房闼,这已是国运否背了,如何再能删一"权"字!本朝力矫前代之弊,对后宫干政,一向是防范极严,太祖所定下的一些基本原则就包括了这一条。因此王曾此话是理直辞正,丁谓也只好作罢。这是本朝第一次出现新帝冲幼的局面,由于制度的谨严,终于没能酿成恶果,倒还是值得称道的。

新帝仁宗直到十年后的明道二年(公元1033年)才亲临朝政,在这先后围绕着垂帘听政九年的明肃太后以及当朝皇后的废立之事掀起了一场不小的政治风波。这件事同真宗晚期的一次宫廷事故一样,给朝间许多宰执大臣造成了不少隔阂和冲突,也给后来的麻烦埋下了种子。从那时开始,仁宗后来的朝廷政治便波澜四起,揭开了东京汴梁惊心动魄的政治斗争的浩瀚篇章。但尽管如此,我们却不得不暂时把它放下而从东京移目向外去放眼寰宇,这是因为,世事的发展已经开始让人大出意外。

让我们不妨从庆历年间——这是仁宗的第六个年号——开始。时间上,若从庆历元年(公元1041年)算起,新一代天子业已即位了十八年,而本朝立国正好度过了八十年的岁月,似乎是到了水落石出的时候了。

这一年,有一位叫张方平的官员向天子上了一道数千言的奏疏。方平字安道,少颖悟绝伦,读书过目不忘,一度被朝间重臣视为天下奇才,此时的身份是以集贤院学士知谏院。谏院是专掌规谏讽谕的官署,与御史台合称"台谏",知院官如以他官兼领,则称"知谏院"。近年来,方平一直不断就国家急务上书皇上。方平以无比的挚诚和独到的眼光尽着自己"既居谏垣,事无不言"的职责,他的这封千言书归纳国家自祥符以来的弊端有五:一是务为姑息;二是取士失道;三是命将养兵,皆失其正;四是国用窘迫;五是政出多门。这个精辟的分析基本概括了帝国近二三十年以来的现实。

对此当然还要费些口舌。

自黄袍加身时说"须听我号令"一番话的那一刻起,太祖皇帝就一直为国是殚精竭虑而夜不能寐,他和继任者太宗一起奋斗了几十年,终于有了一个可以自豪的结果。但这是一个什么样的结果呢?

重文治,讲究以仁德怀远不能算错,由此而来的重用文臣,限制武将,削弱藩镇等一系列相关政策当然也是极端明智之举,但一味姑息迁就于外敌就大错特错了。文明总是建立在物质的基础上,从来就没有放弃生存而一味追求理想的道理,更何况这本来就是弱肉强食、适者生存的世界。同理,不任官而任吏,不任人而任法,分官设职,不使专权,可以保证威柄归于人主而帝国无内变之忧,这一个官家天下的妙法自是赵家天子的血泪总结。但是,为人臣者若要从此因循守旧,不思进取而尽听命于独夫,这又是有悖于圣贤教训的。于是,太祖为了"朕之天下"而创立的祖宗之旧和天子家法,不可避免地带来了两个极其严重的后果,这也就是张方平所说的"国用日迫"和"政出多门"。不言而喻,其中最最要紧的是前者:经济的败坏。

真宗东封泰山弄得沸沸扬扬,花了几百万贯,其实还算是小样。国家财政的日益窘困,人口的增加和土地过于集中使税收减少固然是一个重要因素,但真正的根子是在于冗兵和冗官的不胜负担,国家的支出实在太大。

太祖曾为他的养兵之策而颇为得意。那是建国不久,他问赵普等几位辅弼大臣:当今何事能为百代之利?

赵普等人七嘴八舌,说了许多。

太祖只是摇头:"再思其上者。"

赵普等苦苦思索仍不得要领:"愿陛下道之。"

太祖说:"可以利百代者,唯有养兵。凶年饥岁,有叛民而无叛兵;即丰年不幸有变,则有叛兵而无叛民。"

太祖的意思是,只要把兵养好,即可以使天下无叛民之忧。而无平民之乱,又何惧叛兵呢?这真是聪明绝顶的办法。事实证明,太祖后来一直以此为基本国策,甚至不惜在荒年招募饥民入伍，供其衣食，以防其啸聚山林。更进一步的，为了使叛兵也不至于产生，太祖还不吝于厚待士兵，同时在兵制上分化将与兵的天生联系，使将不知兵，兵不属将，并且将天下精兵齐集京都，而在境内各州惟设不加训练、仅充劳役的所谓"厢兵"。太祖也并非不知来自于北方的威胁和东京的缺陷，但他自作聪明地认为，有了拱卫京都的强大精卒，似乎也不至于惧怕外来之寇。他没有想到的是，国家的强大不是以一地一兵决定的，举国的力量才是真正可靠的力量，东京固然是一只铁拳，但也只是一条臂膀而已。尤为重要的是，国家的强盛也不单是兵员多寡决定的，没有良好的政治经济，所有的军事设置都只是空谈。所以说，太祖的聪明才思都用在了他身下的天子宝座和自家江山上罢了，在这一点上，他的子孙们当然也未曾少让。随着时光的推移，到了今年——庆历元年（公元1041年），全国兵员的数量已臻至一百四十余万，这是令人咋舌的数字。

国防从来都是以金钱为基础的。国家财政部门长官三司使蔡襄在十年后曾做过一次统计：若按禁军一人每年耗费五十千、厢军三十千计算，军队每年总支出达四千八百余万，占整个财政收入的六分之五。这个难以置信的比例表明帝国的财政必然面临极其严重的危机。

养士与养兵其实是一个问题的两个方面，都是太祖精心设计的百代良法之一。据说，太祖曾誓书金匮，坚嘱子孙不杀一士。这种宽大忠厚固然超迈前古，但养士既须优厚俸禄，又须给予政治特权，所以冗兵之外冗官的形成也就不可避免。本朝的官制虽然大体上继承前唐旧式而来,但却起了明显的变化,从实质到形式都像个闪烁无定的万花筒,虚实相交、纷乱繁杂,令人目眩神迷。比如汉唐以来有所谓"官"与"秩"的分别,官以任事,秩以定级,互为关联而各有其名,本是一个井然有序的系统,可在本朝却被打乱,突出点就是正官成为阶位,与所事之职完全分离,而别立所谓"差遣"以治事。这就是说,某一官职并不代表具体职务,而职事高下又与俸禄无关,并且俸禄之外还有职钱。官擢品未必升,官贬阶亦未必降;差遣——也就是事权——被罢但官、职尚在,职落而待遇如故,这真是令人啼笑皆非的事情。在这一制度下,官员又怎能不多,庸碌之徒又如何能免!同时,分化事权已使官署机构叠床架屋,而太宗以后科举大开,进士及第后不经礼部再试即可释褐,因此每科平均七八百的新人均要授官,又反过来促使机构的膨胀。真宗年间内外官的数字已臻一万多员,到庆历年间,保守的数字也不下一万五千人。经济再发达,也无法忍受如此沉重的负担。尽管近几十年来各种赋税都以几何级数递增,但据张方平在另一封奏表中所估计的,庆历元年的财政赤字,就已经至少在三百万缗以上。

花费如此金钱和代价建立起来的军事力量究竟是怎样一个状况,仁宗即位以来的这二十年,便是最好的说明。

中国的西部地区,有一个古老的族群羌族,它的起源甚早,一直可以追溯到远古时期。东汉时,羌族被迫迁徙西南,其中的"发羌"一支建立了吐蕃,另一支"党项羌"历经磨难,后来迁移到今天的甘肃和陕西北部一带，最后其首领拓跋思恭降唐并随李克用出兵攻黄巢，为唐王朝赐姓李，封为"定难军节度使"，拥有银、夏、绥、静、宥等五州地区。本朝立国后，太祖继续承认党项的地位，并授其首领李彝兴以太尉的称号，彝兴亦历年进贡，对宋臣服。然而好景不长，随着其内部的分裂，事情有了变化。

公元980年起，党项内部发生争斗。太平兴国七年（公元982年），首领李继捧率众入朝，献出银、夏、绥、宥、静五州之地，并愿留居东京。这一放弃祖宗旧业和部落权利的举动遭到了其弟李继迁的拒绝，继迁率本部逃入夏州东部，抗宋自立。在宋军的攻势下，经过数年的战斗，不断破败，不得已于公元986年附辽，被封为夏国王。此后，与宋和和战战了近十几年。这十几年中，李继迁不断内事统一，外事扩张，实力得到加强。继迁死后，子德明继位，采取外和辽、宋的政策，专力向西扩张。到了公元1031年克服回鹘后，党项进入了一个新的时期，于北面的辽国之外，成为本朝西北的一个强劲的威胁。

德明死于宋明道元年（公元1032年），其子元昊继夏国王位，并于宋宝元元年（公元1038年）正式称帝，建号"大夏"。元昊与他的父亲有所不同，他有着强烈的叛逆性格和民族自信心，不愿意永远依附他人。同时，元昊也具备革故鼎新的雄才大略，他善绘画，通晓蕃汉文字，精于汉人故实并能有所创新。元昊在位的十六年间，大夏占领了东近黄河，西临玉门，南接萧关，北控大漠的一大片地域，拥兵十五万，并建立官制礼仪，创造文字，发展自身文化，以自己独特的禀性无可辩驳地走进了中华的大家庭中。

宝元元年元昊称帝的消息两个月后才传到东京,给了朝廷不小的震动。因为自宋、夏于景德三年(公元1006年)签订和约以来,帝国在西边撤备也有几十年了,天下安于无事,武备废而不修,眼下一旦有警,无论如何不是一个容易消靖的事情。然而在内心仓皇、茫然无措的心情下,朝臣们却众口一词地说元昊不过一小丑而已,可即诛灭,这真是自欺欺人得可以了。事实的发展证明,元昊的反叛,使帝国的弊端彻底地暴露于光天化日之下。

从康定元年(公元1040年)到庆历二年(公元1042年)间,帝国与这个叛乱的藩国之间有三次大的战役,全部以失败告终。第一次是康定元年初的延州之役,这次的失败首先是延州知府范雍在敌人大兵压境时错误地估计了形势,没有进行有效防备的后果,导致夏军长驱直入,直抵延州城下。其次是驰援的鄜延路军军将只求自保,互不应接,仅剩的一个坚守职责的军官又是文人出身,素不会打仗,最后全军覆灭。幸好一场大雪及时降临,使元昊不得已退军,延州城才得以不陷。帝国近三十年来的第一次用兵,便遭致如此惨败,使朝野上下一片哗然,主持军事的枢密院三长官王鬷、陈执中、张观全被解职。而延州地方将领为推诿责任,聚讼纷纭,朝廷又派侍御史文彦博、天章阁待制庞籍赴延州处理。最后延州平民诣阙告急,为皇上召问,兵败诸将的过失才无可掩盖。但就是这样,天子仍没有严肃军纪而杀一儆百。其中的道理不言自明,因为太祖以来的祖宗教训就是以宽仁治军,这条法则的基本核心说白了就是宁愿要不打胜仗的军队,也不要能打胜仗的叛兵。凡是聪明的皇帝,都懂得这个道理。

第一章 四战之地,悲剧一开始就已注定

延州战役的失利虽然导致了两位杰出的大臣范仲淹、韩琦出长西北战局,但仍然没能扭转整个态势,紧接着在第二次战役中又遭败绩。这一次失败的原因与上次有所不同,主要是朝廷计议迟缓而地方主将又意见不一的结果。另外,中央与西北前线联系的不便,在一定程度上贻误了战机也是一个重要的因素。本来,在延州兵败后,康定元年(公元1040年)十二月二十四日,仁宗即下令于来年正月上旬主动出击,但在具体战略上,范、韩二人却有分歧。仲淹用兵谨慎,力主未可轻兵深入,而韩琦则主张两路大军齐出,合力猛攻。仲淹反复判断利害后,先写了一封信给夏主元昊,谕以逆顺之理,劝他罢兵;然后上疏皇上,坚持正月寒冬之季起兵伤亡必大,请于春暖时出军。朝廷接到奏报,虽同意仲淹的请求,但仍不想放弃立刻进军的初衷,下诏仲淹与韩琦云:"可以应机乘便,不拘早晚。"这一含糊不清的命令再加上朝廷所派的特使经略安抚判官尹洙已经出发的事实,决定了此次战役的胜机又将是微乎其微。西陲延州离东京道路遥远,庆历元年(1041年)正月二十六日,尹洙方到达延州,然而仲淹说已得诏令,坚持按兵不出。尹洙在延州劝了仲淹近二十天不果,二月二十二日返回到庆州,这时才得知另一路的韩琦却单单领会了诏书中"应机乘便"的旨意,在十天前派环庆军副部署任福率领临时招募的一万八千兵马出击,结果被敌军诱至好水川,大败,死伤近万人。消息传开,邻近的关中地区物价腾涌,人心骚动,东京满朝文武亦皆为惊骇,参知政事宋庠还紧急上疏,请求立即整修潼关,以备敌东进。

仔细分析起来,也有几条内在原因可以归纳。一是军人久不

习战,又无将帅督责,帝国的部队已变得骄惰不堪,甚至连武器都要雇人荷担。兵士既日事游嬉,又还在军官的组织下参与各种生意,弄得与廛市百姓几无二样。如此军队,又岂能打仗! 二是太祖有所谓"更戍法",规定军队赴边防戍或到其他重镇驻泊就粮,三年一调。结果造成军队常年流动,兵帅不合,遂使战斗力大大下降。韩琦好水川之役,败就败在几道梯队都是临时拼凑的人马,乌合之众,自然一战即溃。

范仲淹在西北先后有好几年,他所做的即是针对上述弊端而来,诸如加强训练,抚教士兵,同时注重防守,不断筑城建寨等,基本上没有犯错误。夏人称他"胸中有百万甲兵"、"不比大范老子(指范雍)可欺"。但除了韩琦,再也没人能像仲淹这样有所作为,整个战局连遭败绩也就不奇怪了。仲淹、韩琦有心杀贼,但也无力回天。

此次兵败后,韩琦上章自劾,诏罢招讨副使之职而改知秦州。而范仲淹因擅自移书元昊,也被解除招讨副使而知耀州。继任的是陈执中,当时也是枢密院首脑之一,四月份以同知枢密院事改"陕西同经略安抚招讨使"。陈执中做事极端保守,同原经略安抚使夏竦一样,都是怯于用兵的懦弱之辈。此番受任,一无建树,只知采取守势而已。十月,两人同罢,而夏竦更是自请解除兵柄,其为国奔走之志和效忠之心,似乎还在执中之下。此后,范、韩两人又被起用,与知渭州的王沿、知延州的庞籍同兼招讨使,但在武备废弛、兵不能战的基本态势面前,也是一筹莫展。同年,辽国又趁火打劫,以屯兵境上为要挟,要求增加岁币,并还要求宋朝在外交字眼上不称"遗"而称"纳"。帝国迫于无奈，又只好吞下这样一个苦果。接着在庆历二年（公元1042年）闰九月，夏军再次出击，又获全胜。帝国继在北面失利于辽四十余年后，又一次遭受外敌的重创。这是中原大朝从来就没有受过的奇耻大辱。

国家柔弱如此，朝中的政治又如何呢？

穷则思变

自明道二年（公元1033年）仁宗亲政起到庆历二年（公元1042年）对夏用兵失利，帝国政坛的风云人物首推吕夷简。

夷简字坦夫，祖父吕龟祥曾任寿州知府，父亲吕蒙亨也做到大理寺丞的职位。他的堂叔吕蒙正，在太宗、真宗两朝曾三次入相，是当代的名臣，夷简正是由于他的推荐才为真宗赏识。夷简进士及第后，先在朝任职，后因河北水灾，选为滨州知府，因被真宗誉为"有为国爱民之心"，擢为刑部员外郎兼侍御史。此后大部分时间担任京官。仁宗束发即位，明肃太后垂帘听政，夷简因辅弼有功升至宰相。仁宗亲政后一反明肃太后之政，凡太后亲任者悉罢之，由于一个误会，夷简不幸也在其列，但不久又复起为相。

宰相一贯是政治波澜的中心，本朝更不例外。

到目前为止，本朝中央政府机构呈现出中书省政事堂与枢密院两府双峰互峙，总理财政之三司又独立其外的基本格局。政事堂相沿唐制而来，以中书门下平章事为宰相，总领行政，以"参知政事"副之,称"副相"。参知政事又常称为"执政",与宰相合称"宰、执",两者的地位渐渐相当。枢密院的职责与唐时已迥然不同,成为最高军事机关,掌军国机务、兵防边备等,皆以文臣充任。其长官称枢密使,或称"知枢密院事";副长官为副枢密使,或称"同知枢密院事",若担任副职者资历较浅,则称"枢密直学士签署院事"、"同签署院事"。

三司是盐铁、度支、户部的合并,也曾经几度分合,因总领财政,号称"计省",其长官为三司使,也称为"计相"。计相在地位上仅次于参知政事,同样是中央政府的主要首脑之一。

宰相在一人之下万人之上,受命天子总理万揆。古往今来的无数事例表明,它与皇帝在制度上的关系影响着天下的兴衰,相权的消长是政治得失的一个关键所在。在某种意义上说,宰相甚至比天子更为重要,因为皇帝虽然代表着一种理念,一种原则,而宰相却是道德和忠诚的象征,它是天下四海的基本准则不被损坏的一种保证。因此,它又必须拥有经验和技巧,在"道"与"器"之间充当桥梁。从理论上讲,宰相是士的精英,由此它还必须无愧于这种信任。天降大任于斯人,他们的第一要务是坚守自己的信仰,更要寻求到一种合理的制度来保证这一道德准则本身不被邪恶异端所玷污。帝国目前的政治制度是否有利于宰相实现理念所规定的目标,现在还很难说,不过有一点很耐人寻味:从行政、军事、财政分职的情况来看,相权存在着被分割的危险;但分权互制使政务处理趋于专门,使权威趋于分散,由此宰相的权柄无疑又是百官中最有影响力的,处理得好,还能在实际运作中得到进一步加强,尽管这种加强的权力在本朝来说对天子并没有什么影响。这确实是既矛盾又统一的事。

吕夷简第一次罢相的缘由是仁宗皇后郭氏给皇上吹了一次枕头风的结果,为此,他十分嫉恨这位参与朝政的年轻皇后。后来,天子由于恩眷别移而废黜郭氏,重新入相的夷简从中出了大力。不过,仁宗此举实在是有些孟浪,夷简的不顾原则也有失宰相的风范,因此遭到以范仲淹为首的一部分朝中大臣的反对。从此,夷简便与仲淹结下了怨恨。更麻烦的是,因为这个事件,朝中大臣围绕着吕、范两人渐渐形成了两个不同的派别。

事态的表面化发生在景祐二、三年间(公元1035—1036年)。

夷简复相时五十五岁,以资格较老且圣眷恩渥,处事颇专横,使同相的李迪感到事事不合,甚为尴尬。夷简的复出得力于御史中丞范讽在朝间的一力援引,范讽此人风流倜傥,不拘小节,做事说话都很随便,因与当时的宰相之一张士逊议论不合,所以一力使吕夷简重出江湖。两人起初倒还融洽,一起参与了仁宗废黜皇后郭氏的过程,但后来也有了矛盾。起因是范讽自恃有恩于夷简,便要他把自己也弄到宰相或枢密的位置上,夷简没有答应。范讽意有不平,诡激的毛病又犯,时常骂人,在皇帝面前也敢肆无忌惮地说出"陛下朝无忠臣"之类的话来,弄得大家都很不满,更不用说吕夷简本人了。

其时庞籍为御史,数度弹劾范讽不拘礼法、败坏风俗。宰相李迪与范讽关系不错,彼此又是姻亲,自然袒护范讽。庞籍被降职后,在夷简的授意下,干脆穷追不舍,追劾不停。范讽亦奋起反击,公开声言请求朝廷公断。此事最后终于弄到天子出面的程度,景祐二年(公元 1035 年)二月,仁宗诏命宰相吕夷简、参知政事宋绶殿前核裁,结果庞籍降为知临江军,处理最轻;范讽则再降为武昌行军司马,并以其罪申饬中外。李迪受牵连,罢相出知亳州,其他与范讽关系亲密者也一概黜削。夷简推荐同辈的枢密使王曾入相接替李迪,宋绶调任枢密副使,给事中蔡齐、翰林学士承旨盛度人为参知政事。夷简取得这一回合的胜利后,开始独操国柄。王曾虽然受恩于夷简,但夷简事不少让、独断专行的作风,却又使王曾甚为不满。两人意见既有不合,便经常在天子面前争论,但王曾始终不占上风。两位副相中,宋绶与夷简友善,蔡齐则颇附王曾,朝廷派系的苗头已渐渐抬头。

景祐三年(公元 1036 年),因反对仁宗废黜皇后而被吕夷简贬到睦州、苏州任职的范仲淹调回京城,权知开封府。仲淹回到东京,便对夷简主持下朝廷政治的不良局面,特别是对夷简单凭一己好恶进退人物,使侥幸之徒奔走其门的情形表示不满,并大胆与夷简辩论,使夷简甚为不快。仲淹对夷简的公开发难是上了一道《百官图》,他把目前的人事状况详细地画了张图,指着其中次第告诉仁宗,谁谁是循序而迁,谁谁是不次而进,谁谁属于公正,谁谁则属私心,并要皇上"不可不察"。在专制政治中,仲淹的这种"百官图"是最为执政者所忌的东西,当然也就是动摇腐败的最有力武器,在任何情形下,当政者都是不可能在这上面让步的,一定会千方百计地压制。仲淹言事无避到了这种程度,注定又会招来新的迫害。

这时,正好有一位龙图阁学士孔道辅建议迁都洛阳,仲淹为这事又上书皇帝,表示反对。仲淹虽然是个充满激情并富于变革精神的慷慨之士,但同时却又极端务实不尚空谈,他在地方和京城开封的政绩就处处显示出他的这一性格特色。仲淹认为,此时再议迁都毫无意义,但却无妨做两手准备:未来数年里以充实洛阳储备为主,"太平则居东京舟车辐辏之地,以便天下;急难则居西洛山河之宅,以保中原。"不难看出,仲淹提出的方法是一个既能够解决东京后顾之忧,同时又不影响帝国根基的最佳途径,也是一条既有可操作性,又不乏战略意义的良策。然而皇上拿它去征求夷简的意见时,夷简却说:仲淹此人迂阔,务名无实。仲淹得知后,再次向皇帝进言,内容大抵讥讽时政,矛头全指向吕夷简。这下,终于使夷简勃然大怒,开始反击。

两人先是交上章疏辩论于天子之前,但最后还是夷简得势,原因是夷简使了一招撒手锏,这就是控告范仲淹荐引朋党、离间君臣。这一着厉害!

先知先圣们早就说过:朋党比周,以环主图私为务,是篡臣者也。这就是说:结党则必然排斥异己,必然以营私为最终目的。此话怎讲?人动则争竞,争竞则必结朋党而打击异己;如此则必诬罔,诬罔则臧否失实,所以导致真伪相冒,主听迷惑,故谓之"奸之所会"。朋党为害既烈,所以为人主所深痛,忠直之士所不屑。可也正是因为如此,自古以来,朋党之论却常常被一些别有用心的人利用,借以打击别人,标榜自己。甚至恶人先告状,用这个有道之士最讨厌的东西倒打一耙,掩盖他们自身结党营私的丑恶。

远的不说,前唐时期就曾出现过一次历时四五十年之久的惊涛骇浪,多少人在"朋党"二字的重负下或终生沉沦,或不得善终,朝廷纲纪也在彼此往复不休的争评中渐渐颓丧。时间不会倒流,历史永远重复,从这时开始,"朋党"又一次成为政治斗争中一个绝妙的武器。

仲淹每论天下事,往往奋不顾身,辞论切直无所避讳,出发点也是为了天子和社稷。即使有一些同志在他的感召下厉尚风节,纷起响应,也是出于对正义的向往。说他荐引"朋党",这从哪里说起?不错,意气相投者免不了来往亲密,但这是"朋"而非"党"。仲淹有很多知己,都是因为志节的相近和相互认同,就像他爱好音乐而有不少知音一样,如果这样的关系也要被视作朋党的话,那天下也就没有道义可言了。

然而权力的作用是压倒一切的,既然天子点了头,一般容不得商榷和探讨。从道理上讲,此时也只有谏官们还能上言谏诤,但实际情况却是没有一个谏官站出来说话。本朝的谏臣已经养成了一个陋习,他们似乎忘记了其掌谏王恶、补阙拾遗的本职,不敢极谏天子,倒一门心思去纠绳其他官僚,这就是台、谏不分了。如此,则下情又如何上通,皇帝又怎能从善如流?夷简既收拢了台谏之臣,独持国柄也就更为方便。御史韩缜在夷简的授意下上疏,请以仲淹朋党之罪公布朝野,诫百官"不得越职言事",事情便定了案。结果不仅仲淹被贬,所谓"朋党"的事情也被夷简大肆渲染,一时朝廷上下人人自危,谁要是提到范仲淹,马上就被目为朋党之徒。东京的空气刹那间寒意逼人,大有滴水成冰之感。

岁寒而知松柏之后凋,越是关键时刻,越是能够考验人的品格。夷简严酷的政治迫害,反而使真正的志士顿生同仇敌忾之心。秘书丞、集贤校理余靖首先上书仁宗,直指天子有过;太子中允、馆阁校勘尹洙更是自称与仲淹"义兼师友",结果两人同被罢贬。其他站在仲淹一边的还有馆阁校理蔡襄、馆阁校勘欧阳修和正在服父丧的光禄寺主簿苏舜钦等人。另外一位值得一提的是龙图阁学士李纮,当仲淹被贬出京时,无一人敢送,独李纮饯之郊外。有人问他:为何自陷于朋党?李纮笑答:范希文贤者,得为其党人是我的荣幸。李纮这话,无论是于公于私还是于情于理,都无懈可击。可见真正的贤者,并不惧怕黑暗的摧残,因为他们对自己的信仰和原则有强烈的自信。

在这种情形下,朝廷政治一无生气是很自然的。在接下来的两年里,宰执换了一批人,但这批人似乎还不如吕夷简,既无应务之才,又相互不和,也不乏因私害公之举,同样无所建树。到了康定元年(公元1040年)西边战事爆发,内外矛盾终于一旦显现,帝国的时势变得十分严峻的时候,仁宗不得不开始调整政策。其中一个主要的措施就是在这年的二月下诏罢除越职言事之禁,并把范仲淹和韩琦调到了西北。不幸的是,在帝国窘迫的现实面前,对夏战争还是以失败告终。最近的一次是庆历二年(公元1042年)闰九月,夏主元昊先使人伪诈求和,然后突然大举入侵。镇戎军副总管葛怀敏受命率兵抵御,结果尚未接战即被敌包围,全军覆没。这位葛怀敏好大喜功,刚愎自用,被范仲淹认为是怯懦而不知兵的典型,不可大用。朝廷众议也同意仲淹的意见,但一时无人，又难更易，遂不得已而用之，导致又一次惨败。此次失利使夏军乘胜直抵渭州，大肆焚掠，城垣之外为之一空，其惨状比诸上几次有过之而无不及，连吕夷简都不得不长叹：真是一战不如一战。

是仁宗自上而下做了一个决策。康定元年的战事一起，他就罢免了时誉很不好的宰相张士逊，又重新命吕夷简主持政务。皇上知道，夷简与范仲淹两人有着一些过节，在夏人叛乱的严重态势下，迫切需要朝廷的和谐，于是在起用范仲淹的同时，专门晓谕仲淹，要他主动与吕夷简讲和。仲淹不是那种斤斤计较个人恩怨的人，在天子的浩荡恩遇面前，仲淹很受感动，顿首上表请皇上放心：自己以前的言论，都是为了国家之事而绝非私人争斗，更与夷简无隙。这时，吕夷简也表现了自己身为国家重臣和老资格宰执的应有风范，主动提议超格擢用仲淹。仲淹得知，又去信自咎，更是表现了一种磊落的气度和大度胸怀，两人从此尽释前嫌。范吕两人的和解不仅表明了政治上的一种团结，也预示着帝国进行政治变革的条件渐渐成熟。

庆历三年（公元1043年）春，吕夷简身患重病，不能上朝。在最后时刻，夷简开始反省自己，对国家的忠诚和道德的信仰终于战胜了私心，上表辞位，并推荐范仲淹、富弼、韩琦、文彦博等一班激昂慷慨之士人居中枢。夷简退出政治舞台，固然是迫于舆论的压力，而西边战争无功，对辽又事妥协，海内重困、民益弊苦的国家现实也是他不得不引咎退位的原因。但尽管如此，夷简晚年不惜补过而收之桑榆，虽未出于至公，天下却实被其赐，还是值得称

第一章 四战之地,悲剧一开始就已注定

许的。夷简既去,章得象、晏殊为相,贾昌朝、范仲淹参知政事,杜衍为枢密使,韩琦、富弼为副使,欧阳修等为谏官,政治局面为之一新。而最主要的,仁宗已经习惯了天下无事的生涯,对连年的用兵更是深恶痛绝,他想要重振威德以服四海,修正百度以致太平,终于要求变革。这年的九月,天子专门召来中枢大臣共八人,赐座,授以纸笔,请他们畅言天下之要、当世急务,并命其一一条奏。天子赐座,这在本朝是前所未有之殊礼,事起仓促,大家都惶恐万分,不敢下笔。皇上见状,又专门指定姓名,责成仲淹、富弼等条列大事而实行,心情十分迫切。一个月后,仲淹挺身而出,领衔条陈十事上奏,揭开了东京汴梁崭新的一幕。东京汴梁的舞台上,一个惊心动魄的高潮已渐渐到来。

穷则变,历史亘古不二的永恒主题。

第二章 势在必行的改革,谁来做推手?

有情风万里卷潮来,无情送潮归。
问钱塘江上、西兴浦口,几度斜晖?
不用思量今古,俯仰昔人非。
谁似东坡老,白首忘机。

——苏轼

范仲淹:理想主义改革派

变革的要求由来已久,只不过在庆历年间开始表现出来。

改革的意义在于一反陈规、扫除旧弊,这样一种性质决定了它的具体内容其实是次要的。改革的关键在于:它对旧有的制度变革到什么样的程度,对人们相沿而来渐以为常的积习有多大的冲击。范仲淹的新政并没有达到这样的高度。但是,仲淹在短短一年不到的时间里却享受到了自古而来一切锐意改革者的所有遭遇,其事业也和前贤们一样落得个无疾而终的最后下场。帝国近半个世纪的拯救运动,竟从一开始就染上了凄壮悲凉、云诡波谲的色彩。

范仲淹的道德操守极佳,对天子和社稷的忠诚有目共睹。他做事相当谨慎,虽力图革故鼎新,兴致太平,但也知道一切并非唾手可得。仲淹所倡导的新政更非过激之举,他所条陈的十事亦不外乎明黜陟、抑侥幸、精贡举、择官长、均公田、厚农桑、修武备、减徭役、覃恩信、重命令而已,把这些变革之举放到任何一个时候,在原则上都能站得住脚。在具体措施上,仲淹也都是从防患于未然出发,并不一味追求天翻地覆的效果。即使为了澄清吏治、限制官员骤得高位而修订太祖以来实行已久的磨勘法和荫子制,也没有对原有的规定一概予以否定,而不过是使其更加严格细密罢了。

但是,范仲淹从本质上仍是一个理想主义者,他有政治家的胆识和气魄,却不具备谋略家的手腕。他在人事处理方面似乎更为糟糕,与吕夷简等宰执大员的交恶倒还在其次,最麻烦的是,仲淹和周围的一些人过于冲动直率。这固然是出于坚贞的信仰而对衰败现实忍无可忍的缘故,但是拍案而起一飞冲天,无形中便把自身与他人分别开来了。在传统观念中,过分的激昂慷慨总是能让自诩持重的人感到无法理解,更不用说能使那些品性不佳的小人们嫉妒眼红不堪忍受了。

仲淹倒也并不欣赏那种自视清高、孤芳自赏的名士习气。庆历三年(公元1043年)四月,一时俊秀不次进用而入主政坛后,国子监直讲石介按捺不住喜悦,作了一首《庆历圣德诗》,称"众贤之进,如茅斯拔,大奸之去,如距斯脱",显得过于狂放,仲淹就很不满。他不无忧虑地对韩琦道:"这些怪鬼之辈要坏大事!"话虽直了一点,但却不幸言中。

吕夷简虽生病致仕,但反对者也还大有人在,妒忌不满者的谤訾之言亦纷纭而至,夏竦是其中的代表。

夏竦此人无论从哪方面讲都实在是不足称道。他仗着自己才术过人,急于进取,尤喜交结权贵;性又好色,为人则倾侧反复,唯己是重。夏竦虽然在地方上有些政绩,但却是因走了宦官的路子才得以入朝为官。他的品性与当时身为宰相的王钦若趣味相投,自然也得到钦若的赏识,一步步做到枢密副使、参知政事、三司使。夏主元昊反叛,命知永兴军,可夏竦意在朝廷,不愿久在塞外,竟数度上疏请解兵柄。在国家多事之秋忘记臣子的本分,自然不能被御史们所原谅,庆历年初,仁宗终于召他入京时,欧阳修、余靖等谏官、御史便交相上章,坚决反对。夏竦人都抵达了东京,仍被诏还归镇。正是欧阳修等新一辈当政者的努力,造成了他"奸邪"的公论,石介那首诗中所指的"大奸",也就是指他,以夏竦的秉性,对此又焉能不怀恨在心!庆历四年(公元1044年)年初,夏竦便首先鼓动一帮人声言欧阳修、范仲淹等树党结派,又一次掀起"朋党"之论。

天子当然又很疑惑:"从来都是小人多为朋党,君子也有朋党?"

仲淹当廷回答:"臣在边塞时,就曾亲眼见到过勇敢者自成一党,胆怯者也自成一党。在朝廷自然也有正邪党派之区别。若结党从善,对国家又何害之有!"

仲淹这话与欧阳修在这期间所奏上的那篇著名的《朋党论》的核心是一样的,都以无畏的精神,并不讳言他们实为同志。在他们看来,小人们以利益结伪党,而君子则以同道为真朋,若天子圣心能察,进君子之真而退小人之伪,则更能达治天下。

然而深层的道理和正确的逻辑并不能打动高高在上的天子,

皇帝害怕"朋党"的心态从来就是相通的,因为他们坚信朋党必然危害君权这个古老的箴言。这也难怪,所有的伦理原则本来就是为了维护天子的存在而产生的,再高明者,也转不出这个奇妙的轮盘。

六月,夏竦便以石介为对象展开新的攻击。这次他下了一个重手,竟伪造了一封废立诏书,署名石介,并散布流言道此乃石介为富弼所撰。富弼时任枢密副使,是范仲淹倡导改革的主要帮手,反对者真正的目标是不言而喻的。谋事废立是大逆不道之罪,尽管仁宗不太相信这些谣言,但却使范、韩两人大为紧张。就在这时,辽、夏两国又发生了战争。

本来,宋夏之间的和议已经到了一个关键阶段。两国的和议起自去年年初,一方面既是两国人心厌战的结果,一方面也是受辽宋之间重归于好的影响。元昊几年来虽然取得了不少胜利,但物质消耗也相当巨大。两国交兵,互不通市,损失犹在夏国一方。西疆的军事统帅之一庞籍认为,夏人饮无茶,衣无帛,求和确是出于真意。然而,正如当年宋辽之间订盟一样,双方在有关国家体面的外交辞令上又不免存在着严重分歧,元昊只肯称"子",而仁宗君臣则坚持必须称"臣",由此和议一再迁延不决,一直拖到今年五月方始完成。宋夏一旦媾和,辽人却不愿意夏国就此坐大,辽帝遂亲率十万大军西征。辽夏交战,使帝国又面临新的抉择,朝廷意见很不一致。在这种情况下,范仲淹力主增派部队保卫河东,预防辽国乘我不备突然南下,并请求亲自出任陕西河东。仲淹这一次出京,固然是不能忘怀于西北两边之警的缘故,但另外一个主要目的也是想避一避朝廷上下正纷纷而起的谗谤之言。然而他所没有料到的是,自己这一走,新政竟也就随之结束。

赴任途中,仲淹顺道造访已退居林下的吕夷简。

夷简很奇怪,问仲淹:"何事遽出?"

仲淹答道:"暂往经抚两路,事毕即还。"

夷简一听顿脚:"君眼下正蹈危机,既已出京,又岂能再入?!即欲经抚边事,当然也是在朝方便。此显见之理,如何不省?!"

到底是在宦海中沉浮了大半生,夷简此语真是一针见血,说得仲淹愕然变色。

八月,富弼亦被命为河北宣抚使,石介也上表请出,被命为濮州通判。改革派的势力一旦减弱,政局马上就突生波澜。两位年少冲动不拘小节的新派人物苏舜钦、王益柔首当其冲,前者因在进奏院召一帮新派名士宴集,并以伎乐娱宾,而后者又醉后即席狂语,被人抓住辫子不放,穷追猛打。宰相章得象、晏殊虽不反对仲淹之辈,但两人老成持重,平常对事情一贯无所可否,此时更是不发一言。而贾昌朝、张方平、宋祁都站在了反对派的一边,只有韩琦一人在孤军奋战。结果此事闹得很大,苏、王两人被贬外,其他赴宴的新派人士同时受到不同程度的打击,连远在京外的范仲淹也被迫上表乞罢参知政事之衔。达到了这些目的后,反对中坚御史中丞王拱辰忍不住手舞足蹈,竟发出"终于一网打尽"的叫嚣,同样一点也不掩饰自己的激动情绪。

平心而论,范仲淹条陈十事而施行的新政,不仅算不上什么

第二章　势在必行的改革，谁来做推手？

重大变革，而且时间很短，效果也十分有限。仲淹一派的余靖就承认，朝廷一年来的所作所为并没有达到修举法度，以兴治道的目的。无所建设自然也就无所破坏，这个事实就等于从反面证明：一年左右的改革并没有打乱原有的秩序。可就是这样，仲淹等仍然无法躲避汹涌而来的谤议大潮，迫不得已而采取了一条息事宁人的路线。归纳起来，除了仲淹等人本身的因素之外，士大夫之间意气用事的毛病是一个重要原因。

士者，有知识有抱负的有志者；大夫，辅弼天子治理国家的臣僚。士大夫合称，便指的是超拔于芸芸众生之上的一个精英阶层。古时其辈多出于贵族，随着历史进替，起于寒微者也不乏其人。但不管其出身如何，他们所能选择的道路总不外乎两端：一是兼济天下，一是独善其身。而真正的君子，则能允执其中，臻至最高尚的境界。不过，这毕竟是一种理想的人格，能够达成者微乎其微。本朝历行文教，重于德行，士大夫崇儒学、尚名节一时蔚然成风，但他们似乎仍然缺乏某种踔厉奋发的精神斗志，进而在和熙富足的生活中变得越来越温文尔雅、端重持默。而太祖所定下的那种宽容纵许的原则，更赋予他们甘于自守的借口和理由。矛盾的是，道德伦理又一贯要求士大夫们不得忘怀于庙堂社稷，不能老在理论上空谈而不事实践。在这种两难的境地下，他们便选择追求性命真谛来遮掩甘于逍遥的劣迹，借批评他人来证明自己并未推卸责任。他们做不来大事，但却不容许别人做事时犯一点错误。于是，在不少徒具其表的人那里，品藻人物的名士之风不免演变成相互攻讦、争名好胜的俗陋之习。他们平常自诩正色不阿、鄙斥浮薄,可一旦有人奋发而起出乎其意,却又无法泰然处之。操守可称者不免如此,就更不用说等而下之者搀杂私心于其间,往往做出诬评陷害等下流之事了。

范仲淹成为众矢之的就是这样一个风气的产物。在这种大环境下,即使以兴治天下为共同理想而成为同道的新派人士,彼此之间也免不了意见偏杂。梅尧臣对仲淹的态度,是比较典型的一个例子。

尧臣字圣俞,是侍读学士梅询的侄子,赖叔父之荫得官。初未为人所知,但由于诗写得好,被钱惟演引为忘年交。欧阳修当时也在惟演洛阳幕府,特别激赏尧臣的诗才,加上一批年少才俊迭相师友,互为倡和,渐渐使尧臣知名于当时。尧臣的确有很高的文学才能,他对诗的标准很高,曾对人发表诗见曰:"凡诗,意语新工,得前人所未道者,斯为善矣。必能状难写之景如在目前,含不尽之意见于言外,然后为至也。"确乎至论。仕途的失意使他刻意于诗作,用力极勤,甚至日课一诗,焚之以求更精。尧臣的精思刻厉,勤于创制,一变西昆浮靡旧习,从而开创了本朝一代诗风,也博得了很高的诗名。

大凡才子,都疏于修诚立身。尧臣也有这个缺点,喜谈笑,好臧否人物,诙嘲刺讥往往托于诗中。屡试不第,一生未得高官的遭遇反过来又使他晚年轻儇戏谑的毛病更加突出。梅、范两人结交甚早,尧臣在仲淹第一次因越职言事被贬后,曾有诗赠范,对仲淹有很高的评价。但当仲淹入主朝廷从事政治改良后,尧臣却对他的所作所为不以为然,曾当面写诗劝仲淹作为一个南方人不要过分矜夸而致丧身。仲淹当时也就原题答复一诗,表示见解不同,但无妨殊途同归,两人的关系尚未至于破裂。

范、梅交恶的导火索即是庆历四年(公元1044年)十一月导致革新派垮台的苏(舜钦)、王(益柔)"奏邸之狱"。这场冤案的告发者是晏殊的外甥李定,时任太子中舍人,因为想参加这次宴会被舜钦拒绝而怀恨在心,遂向御史中丞王拱辰密报。李定是托梅尧臣去见舜钦的,事情一发生,仲淹当然连带怪罪到尧臣,由此对他大生反感也就顺理成章了。尧臣自感委屈之余,认为仲淹等人不检点行为反而怀疑故友,亦对范不满,便写了一篇《灵乌后赋》与仲淹公开决裂。这场过节虽是整个庆历新政的余波,但多少反映了士大夫之间常以意气而坏事的结论绝不是危言耸听。

庆历五年(公元1045年)正月,范仲淹、杜衍、富弼同罢。仲淹自上表乞罢参知政事之衔后,宰相章得象还认为仲淹素具"虚名",若其一请遽罢,会使天子落下个轻黜贤臣的名声,因此建议仁宗下诏不允,若仲淹上谢表,即是挟诈君上,届时再罢不迟。仲淹哪知是计,见朝廷久无回音,以为皇上有意挽留,果真奉上谢表,仁宗这卜越发相信章得象之言不虚。章得象平时于事不置可否,但这一希上求宠之着却相当巧妙,而对仲淹来说,却不啻于落井下石。杜衍为人清正谨严,好荐贤士,去年由枢密使而拜相,也因为新一任参知政事陈执中的谗构被罢,仅在职一百二十天。富弼一向以忠义知名,曾出使辽国,正辩屈敌,享有很高声誉。前段时间出巡河朔半年之久,事毕甫回,就落职而外任闲郡。

韩琦为此很不平,他不便为仲淹辩解,遂上疏替杜、富两人说情。韩琦从国家利益的立场出发,希望朝廷至少能以富弼全权负责北边,以仲淹全权负责西边。由于疏入不报,再加上本人也时受讥讼,韩琦无奈,亦求补外。三月初五,韩琦罢枢密副使,出知扬州。同时在一个月前,仲淹创制的有关新法,也被天子下诏罢除。

就在这个月,于去年底暂赴外任的欧阳修上疏皇帝,力辩范、杜、富、韩等无党,并无可罢之罪。此举使朝中对立方甚为恼恨,对欧阳修的攻击也越来越烈。八月,在谏官钱明逸、知开封府杨日严的诬陷下,贬知滁州。三个月前,余靖也因侍御史王平、监察御史刘元瑜的劾奏而罢职,出知吉州。

仁宗公开排斥仲淹等人后,转而起用所谓的持重之人如贾昌朝、陈执中等,朝廷纷争如麻、无所立事的局面依旧没有改善,更遑论去达治天下了。所幸三年后的庆历八年(公元1048年),夏竦终于一罢不起,退出政治舞台,算得上是唯一一个可以称道的事情。就在这一年的八月和十二月,河北京东西发生水灾,河北民死者十之八九,仁宗于是改元"皇祐"。此后的近十年里,台谏与宰执之间的议论争吵显得越发厉害,就是宰执大臣本身,意见也始终无法统一,人事更替如走马转灯,不得安宁。直到至和三年(公元1056年),先后数度入相位居中书达八年之久的陈执中罢相后,朝野人情方才稍为融洽。这一年又改元"嘉祐",在嘉祐八年的时间里,韩琦、富弼、欧阳修都重新受到重用,另外一些宰执大臣如文彦博、刘沆、曾公亮、宋庠,台谏大员如包拯、胡瑗,都不仅是公忠直亮、深沉周密之士,重要的是他们有同心为政的共同想法，彼此之间能够保持基本一致而求同存异。由于这个缘故，嘉祐年间的政治面貌才终于有了一些起色。这从另一个方面证明，对帝国的长治久安来说，士大夫的团结同心是多么的重要。

当然，朝野上下的意气用事和权力之争绝非是造成帝国政治风云变幻的唯一因素。政治斗争从来都是一场原则的较量，这在帝国后来的历史中将一目了然。不过，以范仲淹之高风亮节与处事有道，进行一些谨慎的改良，竟会带来这样一种连锁反应，还是让人大吃一惊。本朝立国至今亦不过百年，保守和惰性的力量如此强劲，也是人所始料未及的。

聊以欣慰的是，改革的要求一旦产生，便将势不可当，王安石的出现，便是这个趋势的最好反映。王安石，字介甫，出生于江南西路的临川县，庆历二年（公元1042年）中进士，出任"签书淮南节度判官厅从事"入韩琦幕，五年后改知鄞县，此后历任舒州通判、群牧司判官，嘉祐二年（公元1057年）又知常州，次年改"提点江东刑狱公事"，十月，入为三司度支判官，寻迁知制诰。但这时的王安石，尚还不大为人们所知，甚至在嘉祐四年（公元1059年）夏天向仁宗上了一封长达万言的言事书，也未曾被天子所充分注意。

宋朝不缺的是人才

嘉祐八年（1063年）三月二十九日，仁宗皇帝崩于东京汴梁宫城后苑福宁殿,享年五十四岁,在位共四十二年,是至今为止本朝御极天下时间最长的一位天子,这个纪录看来在今后也很难被打破。大行皇帝的庙号最终拟定为"仁宗",这在某种意义上还算是恰如其分。不过,史官们说他恭俭仁恕出于天生,倒有一点夸大。仁宗之世外有夏人犯边、契丹渝盟,内有刑法纵弛、吏治偷惰,国家贫弱的现象亦愈趋严重。虽有秕政而未至于乱,当然天子的行为处事是一个主要原因,但这却并非是由于他具备与生俱来的仁厚天性,而是天下积重难返的积习使其顺乎其然而已。继承总是易于创造,庸碌者无过即是功,所以看起来此辈似乎有所谓忠厚之德,其实根本无从谈起。乱久必治,治久则安逸之心生,假设这还不失为一个简单归纳的话,那么真、仁两帝终不免治倦而放任,就不足为奇了。

三月二十九日的白天,患病有时的仁宗饮食起居尚还正常,到了晚间,皇上突然起床索药,并急唤左右传召皇后。皇后到时,仁宗已不能言。火速召至的御医们投药、灼艾,竭尽全力,亦无力回天,中夜时分,皇上驾崩。照旧例,此时应立即召翰林学士及宰执大员入宫商议继嗣大事,于是仁宗身边几位贴近的宦官便传令开宫门召辅臣。就在此时,发生了一个插曲。

皇后突然发话,不同意传召大臣:"宫门岂可夜开?且至黎明再召不迟!"

更令人惊奇的是,皇后传下懿旨后,又亲自到御厨去取了些皇上用过的稀粥回来,同时召回御医,命人看守。不用说,这明显是对医官们有所怀疑了。此情此景令惊悸的宫人不免联想起一个传说中的故事,那是八十七年前的一个大雪纷飞之夜,当时福宁寝殿只有太祖与太宗两兄弟对饮,烛影摇动中,太祖就忽而仙去。看来本朝宫闱防卫号称谨严,似乎也不是没有漏洞。

此事后来虽不了了之,可种种迹象表明,仁宗大行后帝国的继代之事将会有麻烦。果然在第二天早晨,皇子赵曙竟拒绝嗣立,这可真是石破天惊之举!

仁宗一直未曾立嗣,为此不少大臣颇有微辞,但皇上却总是以"朕已有分寸"之类的话来答复众人。确实,仁宗心里已经定下了人选,这就是堂兄濮王赵允让的儿子赵曙。但是濮王赵允让是高王赵元份之子,赵元份则是真宗之弟,所以赵曙以"小宗"入继"大宗"是个颇麻烦的事,为此仁宗君臣还专门议了一个名号专供其使用,并赐名"宗实",但是赵曙却一直惧不敢当。诏书已下,犹坚卧称疾不受,他的谦虚谨慎,更使仁宗君臣欣慰不已。从此以后,其作为未来嗣君,已为大家所普遍认可。

四月初一这天,当皇后及众臣告以皇帝晏驾,请皇子嗣立时,赵曙又一次惊恐万状,连呼:"某不敢为!某不敢为!"掉头就走。但众大臣却一拥而上,或上前解其束发,或被以御服,强行将他拽上了天子的宝座。这或许算得上是本朝第二次黄袍加身的故事,不过赵曙这次的推卸却是完全出于真心。宗法之制乃立国之本,历来昭穆有序,长幼有别,始祖嫡长子一系为大宗,更是万世不易之法。赵曙是书生气十足的人,又生在讲究礼法的治世,他实在也是太过于明白了,所以疑惑恐惧而至于想要逃避。逃避既未能得逞,属于他个人的悲剧便不可避免。新帝后来的庙号为"英宗",即位后先坚持为先帝仁宗守孝三年,不果;后又开始装病,亦未能改变现状。最后勉强听政,但始终忧疑在心,三年后就去世了。英宗心态如此,注定他干不了大事,所以当政期间每次处事,辄问臣下是否合于朝廷故事,是否与古治相宜,然后以群臣所议裁决。新一代天子的这种作风,当然要比那种觊觎神器、矫诏夺嫡的恶劣者神圣得多,但除此之外,实在也是乏善可陈。

英宗御宇只有三年,朝廷政治在一定意义上与仁宗后期是一个概念,它的特色是老资格的大臣当政,除了范仲淹、杜衍、刘沆以及两宋兄弟之一的宋祁去世外,韩琦、富弼和欧阳修都回到中枢主事,他们与相对后起的一批台谏官员又形成了某种对立。在经历过一系列的宦海风波后,韩、富等人包括欧阳修都多少改变了十几年前的作风,转而倾向于保守,尽管他们的年龄尚还没有达到老态龙钟的程度。英宗的年号是"治平",治平年间宰执与台谏的往复争议十分剧烈,最厉害的一次就是因为英宗的身世而引起的:天子究竟应该称生父濮王赵允让为"皇考"还是"皇伯"。礼法之争与其他一些不起眼的议论一样,往往都是政治斗争的反映。与王安石相关联而成为帝国后来历史的关键人物之一的司马光,因为此次事件而闻名天下。

司马光字君实,陕州夏县人,比王安石大两岁,入仕也比安石略早,自考中进士后大部分时间都在朝任职。治平年间的这场争议中司马光崭露头角时,安石正以丁忧去职而在金陵居丧。令人感兴趣的是,假如安石此时仍在度支判官知制诰的任上,不知对此会采取什么样的态度。安石虽在金陵服丧,但并未因此闲居,而一直在收徒讲学,从事著述,他的学生先后有陆佃、龚原、李定、蔡卞等人。在这几年里,王安石的治国之术不仅开始成熟,声望也与日俱增,甚至迥然超过了许多老辈。特别是他坚守孝义,累召不起,尤为时人所称道。到了英宗不幸去世,新天子即位后,"金陵王安石"已经呼之欲出。

安石的成名与欧阳修有很大关系。

欧阳修字永叔,和安石一样都是江南西路人。十几年来,欧阳永叔不仅是朝廷政治中一个举足轻重的人物,并逐渐成为帝国文坛的盟主。早在天圣八年(公元1030年)擢甲科进士后,即与尹洙、梅尧臣等一批年轻文士歌诗唱和,开始变革西昆体以来的浮华旧风。永叔尤其推崇和提倡自前唐韩、柳开创的古文传统,继承创制不遗余力,给本朝七八十年来专以剽剥故事、雕琢破碎的骈俪文风以强大的冲击。每当他有文章写成一出,天下士无不向慕,效仿惟恐不及。特别是嘉祐二年(公元1057年)永叔知贡举,以行政手段推进文风改革,终于大获成功,从此使文质并重的新文学蔚为风尚。文统与道统向来是与时代紧密相关的,永叔等人开创本朝一代新风,亦未尝不是时势变革的必然结果。

同古代文质彬彬的贤君子一样,欧阳修重交游,爱奖掖后进,就在嘉祐二年那次知贡举中,苏轼、苏辙兄弟,曾巩、曾布兄弟,吕惠卿、程颢、王回、张载等一时俊秀皆在榜中。曾巩是安石的同乡,两人于景祐三年(公元1036年)秋在东京邂逅,一见如故。十年后的庆历六年(公元1046年),曾巩第一个郑重地把王安石推荐给欧阳修。欧阳修一见其文,爱叹有加,立即希望与安石会晤。至和元年(公元1054年)九月,两人终于在京城相见,欧阳修对安石极为赏识,有诗赠曰:"老去自怜心尚在,后来谁与子争先。"并同时向朝廷推荐。但不幸的是,尽管欧阳修及其门下士如曾巩、两苏兄弟等人都十分推重安石且交情甚厚,但由于见解的不同,最后都与他分道扬镳。

欧阳修为安石延誉,称他"学问文章,知名当世,守道不苟,自重其身,论议通明,兼有时才可用,所谓无施所不可者",促成了他的知名。但安石之所以能成为本朝历史上最著名的人物之一,关键还是他不懈于修炼自身的结果。安石几乎继承了古代贤者所有的优点,他的道德操守近似于无懈可击。就是自始至终都对他恨之入骨的政敌和反对派,对这一点也都不得不自叹弗如。安石自幼随父亲王益宦游四地,他的成长取决于十七岁那年的猛然发奋,开始树立大志,刻苦学习。虽寝食之间,亦手不释卷,读书往往通宵达旦。更重要的是,安石披阅虽广,但从不为书本所束缚,而能够断以己意,去抓住知识的真谛,这是所有聪明人共同的特点,也是安石不同凡响的最根本原因。

他早年的一些诗文就曾让人大出意外而惊叹不已,比如嘉祐四年做的那首《明妃曲》,这本来是个咏史诗的老体裁,可安石却能出其不意,以别样口吻写昭君之事,从中表现出具有叛逆意义的内涵。这首诗让许多人震叹,其中有欧阳修、梅尧臣、曾巩甚至包括司马光,并且纷纷步韵相和,但都不赞成王安石诗中之旨,当然也不可能赞成。王安石《明妃曲》表现了其强烈的叛逆性格应该毫无疑问,后来人攻击此诗"无父无君"固然无稽,但确是从侧面反映出他对传统的怀疑和叛逆精神。此诗与他的另一篇短文《读孟尝君传》在这一点上是一脉相承的。

安石对生活无所苛求,他从不修饰,甚至经岁不洗沐,衣服虽敝,亦不浣濯;同样对功名利禄亦视若闲云野鹤而从不为意。无欲则刚,这使得他从不畏忌谤议猜忌,处事一贯刚毅而坚强,具有百折不回、不屈不挠的精神和斗志。许多人因此说他固执犟拗,这话可能有一点道理,但若像范仲淹那样遇事妥协,又如何能从事大业?这也许是他唯一的缺点,但同时也是王安石最最独特的素质。安石长相也有点奇特:牛耳虎头,目睛如龙,视物如射。朝中有一位大臣就曾拿安石做例子说:如此面相者就是勇往直前,敢当天下大事的人。

治平四年(公元1067年)正月初八英宗晏驾,太子继位,史称"神宗"。新帝很年轻,只有二十岁,正是血气方刚有志进取的年纪。即位不久,便有诏起用服丧期满的王安石。这固然是安石在金陵著述讲学而声名大振的缘故,但最主要的原因是韩绛、韩维兄弟的影响和宰相曾公亮的推荐。韩氏兄弟是真、仁两朝时期的著名人物之一,是曾入知枢密院事、参知政事的韩亿的儿子,素来与安石友善。新帝在藩邸时,韩维为其记室参军,每讲说天下事而为神宗所称,韩维必云"此吾友王安石之说",这使年轻的藩王心里有了一种强烈的印象。神宗立为太子后,韩维拜太子庶子,又荐安石自代,更使神宗对其想慕日甚。在安石的不断辞谢下,新帝仍坚持曾公亮的力荐命安石入知江宁府,并开始有将他推向宰辅高位的想法。神宗曾就此试探屡请辞职的韩琦:

"卿去谁可属国？王安石何如？"

韩琦答："安石为翰林学士则有余，处辅弼之地则不可。"

韩琦的话代表了相当一批资深大臣的看法，他们对见解迥异、锋芒甚劲的王安石一开始就抱有怀疑态度。谏职出身素以强直著称的吴奎是第一个表示强烈反对的人，他以自己曾与安石在群牧司共事的体会反对起用王安石，理由是安石"自以为是"、"所为迂阔"。吴奎早年不惧豪强，遇事刚正，但成名以后却养成了一些矫情卖直的毛病，无事不与人争。这种习气在最近十几年很流行，台谏之辈以外，有些中低级官员也以此作为进名之阶，他们的共同心态就是惟恐朝廷太平无事。正锐意于进取的神宗对此当然不满，甫即位时就破口大骂过一位弹劾欧阳修的官员蒋之奇，说他不言大事，却好抉人闺门之私。天子的批评如此鞭辟入里，说明当今皇上确是个有主见的君主，吴奎等人的反对并不能起到什么作用。当年闰三月，安石出人意料地不再称病辞谢，应诏赴江宁府视事。几个月后，神宗召王安石为翰林学士并兼侍讲。"侍讲"是本朝专设为皇帝进读书史、讲解经义并备顾问之职，一般以学养醇深者兼任。以安石的高见卓识和聪明睿智，一旦进入天子之侧，其意义自然可想而知。第二天，新帝改元元"熙宁"，是为熙宁元年（公元1068年），一个百年壮举从此开始。

事情起初进展顺利不仅仅是因为新一代天子有意兴图大业的志向很坚定，另一个不容忽视的因素是当今的一些朝廷老臣不能契合圣心而使皇上十分失望。韩琦已执意辞去，张方平也以父忧罢职，而富弼于这一年四月入朝时竟首先是劝说皇上求稳，并要天子二十年口不言兵、不赏边功。这就是要神宗放弃对外寇的抵抗,与他二十六年前出使契丹时不屈不挠的斗志真有天壤之别。就是新一辈大臣中的佼佼者如司马光,他能给予皇帝的治国忠告也只有六个字:"官人、信赏、必罚。"司马光认为平生所学尽在此六字箴言,其实仍不过是一些空洞无物的大道理罢了。只有文彦博,这位同样是历相三朝并在仁宗后期起过一些作用的六十二岁老臣,对神宗承认:天下事已如琴瑟不调,须解而更张之。这是唯一一位曾在口头上流露出变革意思的朝廷元老,但也仅仅停留在认识的水平上而已,甚至几年后还是自己推翻了自己的看法。在这个当口,满朝文武既然没有一人能具有像王安石那样的激进精神和求治信念,天子倾向于安石,已是顺理成章。

实际上,天子的决策也是大多数人想法的最终反映。司马光在这前后给王安石写了第一封信,两人虽然从一开始就在政治上有重大分歧,但彼此之间的友谊和相互尊重却终生不渝。司马光为人虽然过于持重谨慎,但同样不失为是个有道之士,他反对以辩说相高的纵横之术,所以他的话也从来都不危言耸听。信中有道:

"窃见介甫独负天下大名三十余年,才高而学富,难进而易退。识与不识,咸谓介甫不起则已,起则太平可立致,生民咸被其泽也。"

这个评价已经不能再高了,尽管他在后来多少改变了自己的想法。

熙宁元年(公元1068年)四月初四,皇上与富弼谈话后三天,诏翰林学士王安石越次入对,这是他们的第一次对谈。神宗向他索解心中的一个疑惑:祖宗守天下,能百年无大变,粗致太平,其中道理何在?

这是自真宗起几代天子的一个共同情结,他们有时并不讳言国家的某些衰败现实,但更多的时候则认为天下无大变、无大事是无可置疑的事实。这种想法虽不能说是无源之水,但却是一种天子所独有的逻辑。确实,本朝立国已百年,有一些为害猛烈的地方暴动,但没有大的内乱。可是在外敌压境下屈辱求和则是事实,由此而带来了一系列后果更是无可回避,又如何能说"天下无事"、"粗致太平"?这种重内患而轻外忧的逻辑在本朝而言是太宗奠定的,太宗说过:外忧不过边事,皆可预防,而奸邪共济为内患,则最为可惧。这话如放到国力强劲致力开边的唐代,似乎还有一定的道理,但拿到孱弱而不能平灭夷狄的当今帝国来,那就大错特错了。它的症结在于:本朝君臣们都没有能想到,时代已经大大不同了,天下大势也许就会发展到有一天强大的中国王朝沦于夷狄之手的灾难。

王安石则大有不同,他认为百年无事不过侥幸而已,是赖于夷狄尚未昌炽、天灾未过频仍的帮助。而本朝累世因循末俗之弊业已丛生:学校失教,科试无方,上下偷惰,庸者在位;农民坏于差役,而水土之利不修;兵士杂以疲老,而未尝申敕训练;将无疆场之权,宿卫尽无赖之徒。至于理财,更为无法,所以虽俭而民不富,虽勤忧而国不强。这番言论出自就皇帝所问而奏上的一道著名的《本朝百年无事札子》,言下之意就是申明所谓"百年无事"的虚妄，同时强调变革，这与他九年前所上仁宗万言书的主题一脉相承。

天子一夜览尽，第二天便迫不及待地命安石一一策划改革施设之方。可也就在初四那天，当安石要神宗"当法尧舜"时，皇上却叹了一声："卿可谓责难于君矣！"

看来，安石对天子的要求确实过高了，在这一点上安石也未免有些理想化而不切实际。他对天子提出如此严苛的标准在他本身来说也许出于自然，但在旁人看来就不免带有蛊惑人主的色彩。"致君尧舜上"的口号已经很少有人再提了，因为世事沧桑已让人们不知不觉地变得世故起来。在这种情形下，过于认真是容易掉进泥潭的，至少会被人当作攻击的借口。安石的精神固然可贵，但同样十分可悲。

王安石理财：经济基础规范一切力量

熙宁二年（公元1069年）二月初三，王安石升为右谏议大夫、参知政事。

近五个月以来，京城及河北等地灾害不绝，先是黄河多处决口，接着河朔及东京一带地震频仍，连绵数月不止。安石正是在这个多事之秋进入了宰执阶层。虽然这在某种程度上可以说是天子有意和众望所归的结果，但就像这个多灾多难的时代一样，安石从一开始就面临着冲突、斗争的考验。

早在此前的去年年初,安石除丧后竟还是累召不起,就引起一些人的抨击,说他态度不恭,对天子有所要挟。七月入居翰林后,围绕一项关于"谋杀"的法律律令的具体界定,司马光与安石意见相左,发生了第一次争执。接着,参知政事唐介因不满天子事事都视安石可否,愤懑难捺,数与安石当廷争论。可唐介虽然号称鲠直敢言,但固执强辩却无法抵敌安石,加上天子的偏向,最后气得背疽发作而死。即使不论政治分歧,天子如此袒护安石,注定了他今后的日子必然是众谤交加的命运。

王安石入居副相二十四天后,神宗下诏在朝廷设置了一个新机关"制置三司条例司",以陈升之、王安石领衔。这个机构名义上归在三司之下,但因其职责是掌经画邦计,议变旧法而通天下之利,实际上的地位却是在三司甚至宰执之上。不用说,这是安石开始推行酝酿已久计划的第一步。到职伊始,安石立即任命吕惠卿、苏辙负责条例司的日常工作,其中吕惠卿尤为核心。

安石选择吕惠卿作为变法的同盟者是必然的。惠卿字吉甫,也是南方人,嘉祐二年进士,曾为欧阳修、曾公亮所推重。及第后曾任真州推官,秩满入都,遇到在京师群牧司任职的王安石,两人讨论经义,多有所合,遂订为至交,至今也有十几年的时间。安石在皇上面前推荐惠卿,着重说他学先王之道而能致用,这与安石本人强调经世的观点正相一致。在条例司事无大小,安石辄与他商量而定,也是基于这一点而来,并未考虑其他因素。司马光不愿意自己一贯推重的贤者王安石走向他的反面,所以竭力攻击吕惠卿险佞乖巧、蛊惑人心,还曾专门贻书安石,说此人日后必将出卖变节，劝他疏远惠卿。但此时此刻安石不可能接受这样的忠告。平心而论，吕惠卿虽然为人有不少缺点，并在最后也确实背离了安石，但他为安石变法作出了重大贡献是不容置疑的。就某种意义上说，是吕惠卿成了安石的替罪羊，几乎为他承担了道德上的所有攻击。安石选择惠卿是他个人的失误，而并非是变法的失误。

到了这年的四月，事态已渐渐明朗，改弦更张的变法措施即将出台，也早已不是秘密。唐介死后，朝中大臣在天子对安石信任益专的情形下，也无人再出面饶舌。只有一贯强项的御史中丞吕诲给王安石拟构了十大罪状，上闻帝听。但这种出于愤怒而炮制出来的东西尽管来势汹汹，可根本经不起推敲，吕诲便因此而丢了官。宰执中曾公亮数请告老，富弼称病不出，都在静观时变。早年有"铁面御史"之称的参知政事赵抃，此时也失去了往日的风采，看到有事变更，就连叫十几声"苦"字。京中有一句政治笑话在流传："中书有生、老、病、死、苦"，说的是王安石生、曾公亮老、富弼病、唐介死、赵抃苦，倒真是十分形象。

国家贫弱只是现象，它的症结在哪里，到目前为止人们的认识尚还十分模糊，更提不出什么有效的解决办法。早先范仲淹从政风方面着想，主张首先应该进行吏治的整顿。从他的治道理论来看，仲淹所追求的也只是实际效果，尽管所条陈的十事牵涉面很广，但他最希望的还是通过精择官长使贤能者当政，从而以人治解决夷狄骄盛、寇盗横炽的弊端。不用说，他没有触及到根本问题。与仲淹同时的一位知名学者、世称"直讲先生"的李觏认为,当前的急务是土地问题,开始有了一些深入。但就他拟议的措施而言,理想化的成分仍然很重。神宗则从切身感受出发,认为理财最为要紧,在安石的影响下,逐渐对富国之术思望甚切。这个想法终于接近了本质问题,但仍有不足。

在目前的时势下,治国的根本就是致富图强,这个道理没有人怀疑,但问题的关键在于如何去做。保守一派的观点是认为祖宗之法具在,只要人主坚守圣德,则财用自足,中国自强,夷狄骚扰将终归是暂时现象。这种理论从原则上讲似乎找不出漏洞,可在安石眼里却不值一驳。安石以帝国的具体现实证明:纲纪法度虽在,但业已因循苟简,非变之而不可。安石的原则在于,富强的方法要通过改变旧法去寻求,天下事"以术为先",就是首先要创制新的法度。安石的信念在一个时期里形成了很大的影响,在相对年轻资浅的低级官僚阶层那里得到了不少拥护。甚至有人有意无意地将这种观念概括成三句话:一是"天地与人了不相关,薄食、震摇皆有常数,不足畏忌",二是"祖宗之法未必尽善,可革则革,不足循守",三是"庸人之情喜因循而惮改为,可与乐成,难与虑始。纷纭之议,不足采听"。这番话的具体措辞并没有定本,只是一直在朝外流传,是司马光在熙宁三年(公元1070年)春把它拟作一道试策的考题上报,方才始达帝听。神宗将其称之为"三不足之说",第二天问王安石对此有何评论。

安石当然十分赞成这本来就属于他自己的看法,只是对第一条"天变不足畏"没有明确表态。其实早在一年前京城一带地震、水灾不断的时期,安石就说过"灾异皆天数,非关人事得失"的话,使得富弼大为惊叹。富弼的感慨有他的道理,因为天灾乃昊天之垂警,作为一条古老的训诫一直是臣民规范天子的法宝,一旦推翻,后果不堪设想。安石的用意也并不在于彻底否定,他反对的是借天灾来阻挠变法而已,所以在天子垂询时稍稍变通了一下,没有直接评论。这或许是因为他相信只要天子能够坚持后两条,也就足以使自己成事的缘故。无论如何,像"三不足"这样的想法毕竟是本朝立国以来闻所未闻的,它必将对已有的一切产生强烈的震撼更是不言自明。

安石与天子最早就是在理财这一富国之"术"上达成了共识,同样也是在这件事上第一次遭到来自司马光的强烈反对。这场争论发生在安石入为翰林学士后不久的熙宁元年(公元1068年)八月,争执的起因十分耐人寻味。当时河朔正在闹灾,朝廷一再抚恤,府库空虚,国用有些不足,因此司马光建议节省冗费。这事本身倒也不错,但安石对他老是强调国用不足但却从不提倡合理的生财之道甚不满意,于是表示反对,认为国用不足并非急务,该用的还要用。司马光很疑惑:国家自真宗末期就已用度不足,近岁尤甚,你如何却说此非急务?安石道:

"国用不足是因为没有善理财之人。"

但在司马光看来,善理财者只是善于敛刮而已,造成百姓穷困,流离为盗,对国家不利。显然司马光是一位善于总结历史经验教训的人,被历史上箕敛民财、竭泽而渔的事情吓怕了,以为凡是生财,则必无道。所以他对安石"善理财者,民不加赋而国用自饶"的理论竟感到十分奇怪,认为是自古以来欺人之谈的翻版。

司马光说:天地所生货财百物,只有一个定数,不在民间,则在公家;若不加赋能致国用之饶,"不取于民,将焉取之?"在这里,司马光的前提是有问题的。既知百物为天地所生,则天地生生不已何有尽头?又如何能计有定数?尽管安石自己承认没有很好地钻研过财利之学,但早在十年前给仁宗上万言书时,安石就知道自古治世从未以"不足"为天下之公患,而患在治财无其道。看来安石有时生起气来当面骂那些反对者"不读书"倒还不失明察,司马光算是个读书多的人了,但囿于某些观念而不能进行认识上的提升从而有所创造,也算不上是正确的读书明理之道。

不过,司马光在这一经济认识上的失误并非是出于无知。他的前提实质上是传统儒家一贯坚持的命题,即恪守"民本"原则,通过非此即彼的逻辑手段,树立一个先验性前提,从而实现根本上的保民目的。可见,经济问题的核心就是政治,不同的政治目标,决定了不同的经济政策。

需要强调的是,帝国的根本制度是无法改变也是安石不想改变的。在此方面君臣士庶无论贤愚不肖,均无异议。因此在提出核心问题之前所采取的某些措施无非改良而已,其随着改革进程的深入必然退到次要地位是顺理成章的。事实也正是如此,拟议中第一项改革的一个主要内容是罢诗赋取士而改用经义、策论,最为人们所赞成,但也最无效。唯一的反对者是苏轼这位天下知名的才子,他就明智地指出无论以何法取士都只是手段而非目的,诗赋佳者未必不懂治道,策论佳者未必能够临政处事。这个

第二章　势在必行的改革,谁来做推手？

道理无疑十分公允。此后进行的一些政治方面的改革如恢复学校、整治军队甚至包括巩固帝国秩序和加强防御外寇能力的保甲法和保马法等,同样也没有产生决定性的影响。尽管也遭致反对,但比较而言,反对的程度也相对较轻。经济基础是规范一切的力量,这是一个铁的法则,它决定着政治与思想理念的向背。王安石十五年变法的成败得失,亦不例外。

条例司在紧张有序地工作着,不少本来有名无实的机构也随着设施渐张而重新忙碌起来。熙宁二年(公元1069年)开始提高吏员俸禄,这一增俸养廉的做法也涉及到职位较高的官员。国家官学及地方学校的重新设置从熙宁三年(公元1070年)到九年(公元1076年)也一直在进行着,其他措施如整肃军队的各项法令的实施同样延续了很长时间。青苗法、均输法、农田利害条约是制定较早的措施,分别发布于熙宁二年的九月四日、七月十七日、十一月三日。保甲条制于熙宁三年(公元1070年)十二月首先在京畿开封、祥符两县实施;京城市易制度和方田均税条约均颁布于熙宁五年(公元1072年)。与保甲法相关的保马法在熙宁五、六年间由兵部实行。雇役法的酝酿修改时间最长,从熙宁二年二月开始拟议,十二月方第一次由条例司正式提出讨论,熙宁三年,五月至七月间由司农寺草成条例先在一二个州试行;熙宁四年(公元1071年)正月拟定,首先在开封一带推行;最后在十月一日正式颁布。在这些变革之举中,最主要的两项青苗和雇役法都是由吕惠卿最先拟就的,这一点决定了他对新法的态度和日后的转变。

王安石最终选择了一条崭新的经济政策。诸如以行政手段制定等级土地税、实行相对低息的政府贷款（青苗法）以及将劳役改为出钱免役（雇役法）等，其实质都是一种政府干预与规划经济的行为，它的目标就是国家享有生产发展的利益后再进一步推动经济的进步。所以改革在某些方面带有原始国家主义的色彩，比如国家专卖、平抑物价、直接控制流通领域以限制商业利润等，实质上都是从古代的制度演变而来，只在内容上使之贴近现实而已。从理论上讲，尽管在经济关系尚未理顺的情况下，王安石等所施行新法的动机和效果并不具备彻底平等的精神是显而易见的，然而国家的干预和实行社会平等政策可以避免人为的兼并和政治上的压榨，其合理性自不待论。可不幸的事实却是：王安石的新法在不久之后就被彻底否定了，而且被否定了近一千年之久。这是什么原因？

一阴一阳之谓道，正确与错误总是相反相成的。任何事物都存在着可能的偏差。

首先，尽管安石把"因天下之利"而非搜刮箕敛作为生财的主要原则，在理念上也一直严格遵守，但实际操作中因为君主政治体制的限制、官吏素质及地区差异等因素难免发生偏误。以"青苗法"为例，第一批参与条例司工作者之一的苏辙就指出：以钱贷民，使出低息，其本意在于救民而不在利，这是好的一面；但具体出纳之时，吏掾为奸而法不能禁又将是难免的弊病。两相比较，不如单纯行常平之法,以政府调节谷价来代替贷款。这是一个正确的看法,尽管苏辙也没能认识到发生偏误的真正原因。实际上,引起争议最多并几乎使所有人都加以反对的青苗法其实并不是个怪物,它不过是超越了自古而来"常平"的范围而有了一个突破罢了,其核心就是政府"贷钱于民,立息以偿",出发点是免除农人特别是贫苦下户在青黄不接时遭受豪强高利贷之苦,同时也是与高利贷者争夺利益。正如苏辙所云,本意仍佳。然而在落后的政治体制下以及在千差万别的广阔范围内统一实行这种贷款,就未见得妥善,甚至会引起严重的问题。比如:农民是否自愿?若因灾伤,难以纳还时怎么办?官本是否会失陷?允许不允许官本的失陷以及是否将此纳入官员考核体系?户等怎样客观评定?对实际需要贷款的贫户或实际上不需要贷款的豪门大户是否应强制抑配?或者,是不是因为某种原因而实际上造成了强制抑配?另外,尽管二分年息较百分之数百的高利贷已是不能再低了,但是否对每个民户都合理?更重要的是,会不会因为某种内在原因而造成了实际的利息远远超过二分?另外,还贷是否必须以现钱纳还?凡此种种,一旦不能妥善处理,都必然带来始料未及的祸害,这也是政府参与经济领域的根本困窘所在。

雇役法的实施同样如此。"役"与"赋"一样,虽然作为天下百姓对天子和国家的义务而不可或缺,但它却也是民众最沉重的负担,历朝历代都不乏苦于重役揭竿而起的事例,于是修改完善使之尽量合理就变成了一个急切的任务。新法提出"出钱免役"的雇役法,正是基于这一点而来。但这同样涉及到一个标准问题:

什么人出？出多少？政府以此收入雇人充当差役，又如何计值？司马光认为，若照新法标准划分贫富计纳免役钱，则不免使人不敢求富；而一些不法官吏在划分等级时上下其手，又造成了新的不平等现象。"雇役法"在具体实施中还有一个实际问题成为反对者的理由：有不少农民因为缺少货币而无法交纳免役钱，甚至不得不先用实物换取货币，从而被官府所剥削。这是由于国家金融系统的不完善而造成的，因为即使金、银乃至国家铸造发行的货币铜钱甚至纸币已广泛流通，但不能否认经济发展的不平衡会使部分地方会闹钱荒。所有这些都会给新法的实行带来严重的困难。

然而，可能性并不一定等于必然性。所以，起决定作用的是：这些可能的问题究竟发生了没有？换言之，如同改革与保守两派纷纭不息的争论所归结到的核心焦点：变革是否带来了实效？给什么对象带来实效？民是否得其利，国是否得其财？

麻烦的是，在实行变法的头几年里，改革派没有确凿的事实能够证明这一点。以青苗法而论，对他们有利的只是个别地区一些零碎的反映表示赞成，但仍旧缺乏强硬的证明。反对派也一样，韩琦对青苗法的攻击是最为具体的，他列出了可能造成的四种弊端，但也只是出于推论，并不完全是事实。实际上安石虽然坚持原则强硬推行，但也作了重大让步，朝廷在熙宁三年（公元1070年）下诏停止对富户的抑配和禁止阻挠自愿借钱就是一个例子。

从当时的结果上看，雇役法究竟有没有减轻百姓负担的问题同样十分模糊,从政府在"收钱—雇役"过程中确实得到了相当数额的节余这一点来看,原来想象中彻底改变"民苦于役"的目标也并未能完全达到。可是,反对派也没有确凿的现实证据来证明雇役法相反是一种倒退。政府节余亦即"宽剩钱"的存在如果是某种纯粹的经济行为收入,那就不能算是搭克。反对派动辄以"宽剩钱"说事,仍然不过是一种借口。

越是广泛而深入的变革,越难产生明显的快速利益。其所可能的优良效应与深重灾难,都不会在短期内呈现。熙宁二、三年间(公元1069—1070年)是变法的酝酿初始阶段,在这个时候,无论就何种对象而言,经济的得失问题显然不可能明显化。因此,正反双方在效果方面的争论,均无太大的合理性。在阶级利益上,就以"青苗法"、"均输法"和"雇役法"而论,也许只有富裕的庄园主和一部分产业主可以确定无疑在变法中受到一定损害,但他们毕竟是社会的极少数,所以问题并不十分突出。从另一个角度讲,朝廷中反对变法者也并非完全是以富户与豪强代言人的身份出现的,尽管在"青苗法"抑配和利息上的争论固然可以看出他们有时确实在为富户们着想,但在道义上,反对派却没有任何理由去直接反对抑制兼并的政策本身。司马光与苏辙等人只能坚持认为:贫富自古不均,两者相资相恃,乃天下稳定之要素,既非所当改变,也不可能改变。他们既然承认贫富"苦乐不均"是个不容置疑的现实,却又不主张改变,就注定了其理论违背了自古以来强调"均平"的传统信条,因而失去了道义上的基础。所以一旦变法稍事妥协,在"青苗法"问题上停止抑配和采取更宽松的自愿原则后,他们的论点便不攻自破。

苏轼——这位也许可以算得上是本朝最伟大的文学家——若干年后因为政治迫害而被一贬再贬,路过庐山时,写下了一首著名的诗:"横看成岭侧成峰,远近高低各不同。不识庐山真面目,只缘身在此山中。"此诗极能启人神智。一旦抽身事外,跳出五行,就可以发现原来所谓"高低远近",不过是"横、竖"立场的差异,与事实浑不相干。变法的是非争论亦然:效果利益之辩,无非假象。比如在青苗贷款利息问题上的争论,随着往复的深入,最后显示出斗争的核心其实根本不在具体的经济范畴。翰林学士范镇,这位强硬的反对者之一在给皇帝的奏疏中有一句意味深长的话,他说:朝廷行"青苗法"是变富人之多取而少取之,然"少取与多取,犹五十步与百步"。这甚至从根本上否定了经济之辩的意义了。

王安石变法的功与过

对新法的反对几乎无一例外地出于理念上的因素。

君子不言利。假如鱼与熊掌不可得兼,则必须舍利而取义,这是传统伦理最核心的内容之一。范仲淹的长子范纯仁,此时已成长为帝国政坛的一位干才,他就王安石的理财提出的原则上的诘难颇具代表性。这是在熙宁二年(公元 1069 年)七八月间,纯仁上书皇上,公开指责安石"搯克财利",便超越了具体设施的分歧而表示了原则倾向的不同。这一趋势后来被苏轼所继承发展,他在这年年底给皇帝上了一道长达七千余言的奏疏,提出了鲜明的政治观点:国家社稷之存亡在于道德之深浅,不在于强弱;王道历数之长短在于风俗之厚薄,不在于贫富。不用说,苏轼的理论不仅是本朝太祖、太宗定下的基本治国框架,更是三代以来形成的基本价值体系核心。如果王安石有悖于这个原则,那就不仅属于妄改祖宗法制的范畴,更重要的是背弃了一条颠扑不破的真理。这种攻击才真正代表了反对者的观念核心,也说明了安石的变法为什么会造成如此众多的抗议浪潮和誓死抵抗。

与此相伴而来的是他们对安石的变法依据进行的分析和批判,这种理论上的是非定性一向是政治斗争进入高层次领域的必然要求。韩琦就认为安石动辄以《周礼》为证倡言理财是诬污圣典。范纯仁更直接地指出安石的内在理论其实就是管仲、商鞅之说,属于一种舍"尧舜知人安民之道"而讲"五霸富国强兵之术"的权诈理论。若照此施为,必将摇动人心而乱天下。在这个严峻的关头,政治理想上的异同造成的学术分歧同样相当严重,即使是有心维新的一部分人,对安石的主张也很难赞同。突出的代表是程氏兄弟程颢、程颐,他们是本朝杰出的哲学家濂溪先生周敦颐的学生,后来自成一家而成为所谓"洛学"的开山之祖。程氏兄弟一贯具有高尚的求道与治国抱负,大程早岁入仕,政绩显著,曾经一度参加过三司条例司的工作;小程早在仁宗时就以处士的身份上书皇帝,要求天子"建非常之功"。他们强调以王道仁义之心来求治盛世,自与安石取法先王之政而来的富国强兵之术相去甚远。

因此,二程自然也不能赞同新法,并指责安石重利轻义、学术支离。而王安石对程颢只懂王道之至正,不知王道之权宜也不以为然。安石曾嘲笑他的政治主张空想难行道:

"公之学如上壁。"

程颢亦反唇相讥,道:"参知之学如捉风。"这是说安石取法先圣而实未见道,如同捉风一无所得。

因此所有的焦点便归结到司马光所作的总结上,这也代表了司马光本人所坚持的政治原则。他在熙宁三年(公元1070年)三月曾经往复与安石书信争论,指责安石尽变祖宗旧法,"先者后之,上者下之,右者左之,成者毁之",表示了极大的愤懑与悲哀。自此以后,政治上的分歧演变成"变"与"不变"的鲜明对立,任何技术细节上的是否与成效的有无便不成为原则问题了。

王霸义利之辩、仁德刑名之争,由来久矣。在实际政治中,两种倾向其实都有所融合,表现为"以义为上"和"公利可言"、坚持原则与从权变通的有机统一。不过,任何一方都不能改变它们已经达成的某种微妙的平衡。王安石的突出之处,就在于他所主持的新法有意识地破坏了这个平衡,因此必将被一个无形的黑洞所吞噬。此后一千多年,熙宁新政一直处于一种被基本否定的境地,也是上述价值平衡系统自我防范机制作用的结果。

原则冲突之外,还有一点也不得不提。一个人政治上的选择总是与处世之道相表里,安石所以能触动传统信条,在于他具有敢为天下先的固有禀性与坚强的意志。而绝大部分士大夫们不

第二章 势在必行的改革，谁来做推手？

遗余力反对变革，恐怕也有不少是害怕生事、惟恐世变的百年惰性在作怪，这在元老大臣一辈如富弼、韩琦、文彦博甚至欧阳修等人身上特别明显。本朝从来就不乏所谓思深忧重者，这不知是否与他们读了太多史书、听了太多的教训有关。然而忧患不引产奋发反而催生苦恼，那就真是连杞人忧天都不如。这与本朝在对外方面的懦弱不堪是紧密相关的，国弱正是源于人心之弱。

五代的丧乱使太祖皇帝懂得了统一与安定的重要性，也使本朝士大夫从此就对任何情况下的动乱深恶痛绝，欧阳修撰《五代史记》，便用通篇的"呜呼"表达了这种心态。可王安石与此不同。

神宗曾有一次问安石，有没有读过《五代史记》。

安石回答说不曾仔细看过，但见其篇首必曰呜呼而已。安石的意思是：哪里到了事事皆可叹的程度呢？

安石不同意亦师亦友欧阳修的看法，其实就是表明他与本朝以来的普遍情绪迥乎不同，他既不畏天，也从不怕事。单凭这一点，就足以在立场上与所有的人分道扬镳了。

尽管从司马光、范纯仁到韩琦、富弼都掌握不少有力的原则依据，可在政治上依旧无法攻倒安石。神宗皇帝与安石的千古君臣之遇固然是一个原因，但更重要的是传统原则也还拥有一些自我修正因素，并可为安石所援引：祖宗旧法固然不可轻废，但因循苟简却不能不除。若一切都是成法而子孙世世守之，则祖宗何故屡自更改？这一点是安石在回答神宗对"三不足"的询问时而提出来的，它的说服力足以压倒一切。安石还拥有一件法宝，那就是任何一项有作为的举动都必然会遭致流俗的反对，只有以道胜流俗,岂有坐为流俗所胜的道理?安石自始至终都坚持这样的信念,并不断以此来影响恿于进取的神宗皇帝,因此改革派取得政治上的胜利是在意料之中的。

熙宁三年(公元 1070 年)正月间,神宗在变法与反变法交锋最为激烈的"青苗法"上作了一个妥协:下诏重申禁止青苗钱对富户的抑配。在改革派来说,这种妥协虽是不得已而为之,但也不失为一个以退为进的策略。不过,诏下后安石心情仍十分抑郁,以称疾不出并请求辞位表示自己对天子隐隐的不满。这一多少带有向皇上示威意味的举动使司马光感到愤恨,他一变往日沉稳持重只在理论上对变法进行驳斥的作风,公开发难。司马光当时任翰林学士,具有代皇帝批答奏疏的权利,于是便在安石的辞表上以神宗的名义对他进行了严厉的批评。这使得安石勃然大怒,上章辩白。最后神宗以"诏中之语,失于详阅"的手札表示了歉意,仍旧希望安石继续执政。

这件事情是个契机,使两位素来在私交上并无过节甚至还十分友善的人从政见分歧走向了面对面的对抗。司马光这一行动同时也激起了安石采取强硬的政治手段为变法扫清障碍,这也是变法走向深入后的一个必然。

在一系列的压力下,首先是范镇上表求去,诏许之;接着御史中丞吕公著、参知政事赵抃同被罢职。三位中书舍人宋敏求、苏颂、李大临亦被罢卸知制诰之事权。安石特别对台谏官员进行了调整,数月之间,人员几乎全被撤换。早在此前,权知开封府郑獬、宣徽北院使王拱辰、知制诰钱公辅等就因不同意新法而被解职外任,范纯仁甚至在安石的盛怒下降职左迁,富弼、韩琦、张方平等一班元老也早已自动挂冠求外。到了熙宁四年(公元1071年)初,欧阳修、曾公亮甚至包括一度与安石尚还不甚对立的陈升之也在无奈之下自请退位。在这先后,苏轼、苏辙与程颢、程颐两兄弟也离开了朝廷。最后是司马光,在九上辞表后终于未能被天子挽留,先是出知永兴军,三月份,请求致仕被批准,归居洛阳。值得注意的是,司马光自此绝口不谈政事,只是在洛阳埋头于读书著述。这也许是大痛苦之下必有大无奈的缘故,但更多的是他以自己独有的儒家精神在磨炼斗志,用沉默来表示抗议。这与那些囿于个人进退与好胜意气而信口雌黄、造谣中伤的人相比,倒确实是不可同日而语的。

与此相应的是又有一批新人步入帝国政坛的中枢要地,诸如安石的左右手之一韩绛入兼参知政事,谢景温进入御史台,曾布出掌司农寺等。不过,神宗在这些人事过程中仍旧巧妙地作了一些调节,他不顾安石的反对,先后进一步提高了御史中丞冯京和三司使吴充的地位。尽管冯京的擢升是安石为调离吕公著而不得不作的让步,但这两位确都是坚决地反对新法的人。皇上的这一举动表明一个想法已经开始抬头:作为天子是不能容忍对立双方中的任何一方完全压倒另一方的,否则独一无二的神圣权威必然会受到动摇。这是个危险的信号。

熙宁三年(公元1070年)十二月十一日,韩绛、王安石两人同时拜相,与此同时,"保甲法"和"雇役法"两项重要举措开始实施,标志着变法运动进入了高潮。此后的两年,变法不仅继续深入而且逐渐开始产生效果。先是在对外方面,王韶这位继范仲淹之后本朝又一位杰出的治边人才,在安石的大力支持下,于熙宁四年(公元1071年)招抚了一个较大的吐蕃部落,使二十万人归附大宋,本朝疆土也因此拓展了近一千二百里。此后,王韶不断乘胜进攻,最终在熙宁六年(公元1073年)将西夏以南的大部分吐蕃部落收服,彻底切断了吐蕃、西夏之间的联系,成功地实现了他早在八年前就提出过的使夏人腹背受敌的目标。这是自澶渊之盟以来的第一个重大的对外军事胜利。这一次成功的取得固然与王韶的经略之才和安石的正确方针密不可分,一系列政治军事改革使得帝国的国防边备有了较大的增强也是一个重要的原因。在王安石主持下的新政方面,熙宁四年(公元1071年)是几个重要的变法举措实施推广的年份,继前两年的青苗法之后,雇役法再一次引起了广泛的反对,但由于安石的强硬对策,改革的趋势仍旧没能被反对派所动摇。

在取得胜利的同时总是要犯错误,这是历史上所有的激进者共同的毛病。安石对来自反面的意见过于敏感了,他在政治上排挤一切的做法使敌对势力空前壮大,这种局面使得本来属于一种正义行动的改革看起来倒成了少数人一意孤行的倒行逆施。历史上,在野的与受压制的一方似乎总是正确的一方,这种约定俗成的概念使得不少毫无原则的人跟着反对派同声谴责,也使得改革所面临的压力达到了一个空前的程度。即使安石从不畏惧所谓的天下怨谤,神宗却不一定能够无动于衷,更何况变法派内部本身并不都像安石一样具备这种不折不挠的天性而坚如磐石。熙宁五年（公元1072年），随着方田均税条约的实施特别是"市易务"这一机构的建立，更大的政治冲突终于爆发。

市易务的建立出自一位布衣之士魏继忠的建议，它的出发点是由国家来平抑京城过于波动的物价，打击垄断富商。其实质归纳起来就是一句话：物价低时稍增价买进，以保护普通商贩；物价高时则稍损价卖出，以保护平民。这一做法原先仅在京城实行，后来也逐渐推广到一系列重要城市和地区。这本是典型的国家干预政策，也是自古以来的常法，在理论上并无可厚非。但是，此中却有一个潜在的结果，即：政府同时也能从中得到一些利润。这就又不免使反对派老调子重弹，发出所谓的义利之叹了。唯一尚在朝中的元老大臣文彦博便认为这是有损国体的行径，在他看来，堂堂大国惶惶求利，实在是无可容忍。

更直接的导火线是熙宁六年（公元1073年）八月"免行钱"的实行，这是市易政策推行后的一个附带产物。所谓"免行钱"，其实就是一种商业税，它规定京城各行业按利润厚薄交纳，税款付讫后即免除各行户对官府的无偿供应。不用说，这种手段因为能在保护商业的同时更能为政府增加财政收入，所以同样为反对者所痛恨；另外，货币税收总是会引起不同程度的对立情绪，加上收钱标准和具体实行也很难做到公平无误，因此再一次引起争议并不奇怪。不过，免行钱一事引起严重的冲突倒不在于上述几方面，这一次惹起麻烦的根子在于它的打击对象同时涉及到了政府机关、宫禁及皇族中的有关方面，具体而言，就是负责采办公家及宫廷用度的大小官员和宦官,以及参与某些垄断经营的部分皇族。正是这个缘故,此法在实行一年后,反对的呼声几乎来自各个阶层,大家都异口同声地说此法颇"不便",甚至有消息说,两宫皇太后亦为此泣下。巧的是,自熙宁六年(公元1073年)七月至七年(公元1074年)四月京城一带地区滴雨未降,引起了严重的旱灾,朝野纷纷传言:此乃朝廷收免行钱之故。有一位地方官郑侠甚至密上了一张《流民图》道:若将一切搭克不道之政尽数罢去,十日之内再不下雨,即请斩臣首以谢欺君之罪。这下不由得神宗不慌了,四月初六,天子度过了一个不眠之夜后,下令暂停青苗、雇役、方田、保甲等八项新法。岂料,诏下后果真雨下。天命虽不可畏但天意却高远难测,安石第一次感到了无可奈何。

尽管吕惠卿在天子面前痛哭流涕,暂时使神宗收回了成命,只罢除了方田均税一法,但在如此天灾人祸面前,改革面临挫折已是在所难免。十九日,安石已无法再安其位,遂上表辞相,请求外任使职。神宗当然不甘就此罢休,天子更不愿相信他的一腔热诚竟会败坏天下,于是再三挽留安石,希望安石至少能以天子师傅的名义留在朝中,但这对安石来说已毫无意义,去意甚坚。在赴知江宁府之前,他向神宗推荐了韩绛代替自己,并特别擢升吕惠卿为参知政事,以辅助天子继续未了之功。安石去后,变法的步子虽没有从此停止,但事情起了一些变化。

变法派成为了时事的中心。

在变法派的几巨头中,除了王安石,主要就是韩绛、吕惠卿、

第二章 势在必行的改革,谁来做推手?

曾布、吕嘉问、章惇五人。韩绛的地位最高,但才干有限,处事无方,他在前几年曾自请出使陕西、河东,也一无建树。曾布是安石好友曾巩的胞弟,时以翰林学士兼三司使,从地位上讲是仅次于韩绛的第二号人物,几年来与吕惠卿共同参与了绝大部分变法的筹划。曾布此人对变法的态度是十分坚决的,可也许是在与吕惠卿起草变法章程时意见不同而产生矛盾的缘故,他与吕惠卿关系一直不好,进而对时任提举市易司务的吕嘉问也有些不满。由于一时冲动,当熙宁七年(公元1074年)三月,神宗在一系列压力下密令曾布调查免行钱过程中的问题时,曾布竟不顾全大局,参劾吕嘉问违背市易原则并有不法行为,同时还间接地批评了一下免行钱措施。因为曾布所报与事实多有出入,而吕嘉问也有办事不明的现象,在曾、吕当廷对质后,神宗折中处理,两人皆被罢黜。曾布的这一做法显然在客观上帮了反对派的忙,自然使安石、惠卿极为生气,这是改革派内部发生的第一次裂痕。

吕惠卿无疑是变法派内部最关键的人物,也是除安石之外对变法做出最大贡献的人。从熙宁二年到七年,他先后在制置三司条例司、司农司、国子监、军器监任职,兼任过知谏院、知制诰及翰林学士,直到入居参知政事成为副相。尤其重要的是,绝大部分新法的创制发明都出自他的倡议,包括许多具体内容的拟定;在理论战线,他与安石的长子王雱共同修撰由安石审定的《三经新义》,也做了大量的工作。所有这些都不仅为安石所肯定,亦为神宗所赏爱。因此,吕惠卿在安石之后成了反对派另一个主要攻击目标,为安石分担了巨大的压力。

惠卿极其聪明,更兼学识渊博,既不乏理论水平,又具有实际操作能力,是个典型的能人。这种人最大的可贵之处在于沉溺理想之中,具有高昂的工作热情和强烈的事业心,最大的缺点是不可避免地在人际关系上有欠周到。在具体工作中惠卿不仅难免与安石发生牴牾,和其他人如后期参与变法工作的沈括、李承之等也多有嫌隙之处。在安石的主持下这些问题尚不至于突出,可安石一旦离去,隐患就开始暴露。曾布事件发生后未过多久,韩绛也对吕惠卿产生了不满。

尽管朝野闲话称韩、吕两人一为"传法沙门"、一为"护法善神",但实际上韩绛并没有做多少工作,而是吕惠卿一力主持着变法的深入和对抗着各方面的攻讦。熙宁七年(公元1074年)六月,郑侠自攻击安石得逞后,又上了一道《正直君子邪曲小人事业图》,放言"国忠已诛,贵妃未戮,人以为贼本尚在",矛头直指惠卿。惠卿展开反击,禀告皇上并使神宗予以重责,借天子之手压住了郑侠的嚣张气焰。紧接着在七月,惠卿创订"手实法",加强了民户财产的清查,以保证免役钱的平均交纳。最后在熙宁八年(公元1075年)正月又成功地将郑侠清除出朝,同时还使冯京被罢。惠卿一旦得以施展手脚,他的热情和创造力是无穷的,因此也免不了过于冲动,有些做法包括"手实法"甚至使远在金陵的王安石亦来信表示不同意见,这些都为他以后遭致无端的诽谤埋下了种子。在惠卿的风头面前,韩绛终于不能忍受,遂密请神宗重召安石。这个想法正与天子不谋而合,于是在安石罢相十个月后的熙宁八年(公元1075年)二月十一日,皇上又召安石复相。不用说,惠卿对此十分失望。

虽然他从心底来说不反对安石重执朝柄,但这件事情使惠卿受到了伤害是无疑的,因为这明摆着就是对他的不信任。跃跃欲试的雄心被兜头浇上一盆凉水,这种心情对任何人来说都无法排遣,惠卿当然也不能免俗。更何况安石受诏后竟一无辞谢立即就道,七天后就赶到了京城,更使惠卿十分伤感,开始萌生去意。改革派这次发生的裂痕十分明显,在某种程度上决定了变法今后的去向。

事实证明王安石选择重新回朝并不是个高明的决定。复相后不久,韩绛首先和他发生分歧,闹了点意气后竟挂冠而去;接着是吕惠卿又不满于安石对他的怀疑态度,心下十分伤感,也上章求外。天子自然无法体会此中的微妙,他问惠卿:何故无事而数求去?是否因与安石在商议用人方面有所不合?

惠卿的一番话实际上已经很明显了:"用人之议与臣去留无关。前此安石为陛下建立庶政,不料千里复来后竟一切托疾不问,与昔日大异,不知欲将大业付与何人?"安石身体两三年来一直不好,但复相后托病不问事,在惠卿看来似乎是意有所指,所以他才说出此话。

神宗道:"安石何至于此!"

说到这里,惠卿的情绪已经控制不住:"安石不安其位,是因为臣在。不如逐臣外去一听安石,天下之治可成。"显然,惠卿同样也太过于意气用事了。

这一年的八月,御史蔡承禧奏劾吕惠卿与章惇、李定等人结成死党。接着，御史中丞邓绾又揭发出他与兄弟吕升卿强借华亭富民五百万钱，与知县张若济合伙买田之事。如此一来，惠卿自己要走都走不成了，十月，被罢，出知陈州。邓绾也曾不遗余力地参与了改革，但安石罢相后一度倒向惠卿，此番举报虽出于对安石的献媚，但肯定也得到安石的默许。就事论事地说，虽然惠卿的弟弟升卿在这件事上当负主要责任，但惠卿也不是一点过错也没有。在反对派来说，惠卿永远都是打倒王安石、分化改革阵营的突破口，因此他们一直在千方百计地寻找着机会，并不断地散布谣言，可一直没有得逞。令人悲哀的是，最后将惠卿撼落的却是改革派自己。内部的分裂比任何外来的力量都强大，这个事件就是再好不过的例证。

韩绛、吕惠卿固然要为最后的分裂承担主要责任，但安石也难辞其咎。安石执政数年来，由于敌对浪潮的浩大，不得已以一人与万人战，在长期的紧张与忧愤下，固执的性格便显得越发突出。他不能容忍任何对变法的反对固然反映出他的鲜明斗志，但他不能容忍同一阵营的不同意见则是一种偏执行为，这对他所从事的事业显然是得失参半。一贯支持父亲的王雱就在这个时候对他说了一句用心良苦的话：

"公不忍人，人将如何忍公？！"

安石当时默然，显然他知道自己的这个缺点。但天下人皆不同己给他的印象太深了，他无法对此释然。韩绛与吕惠卿的辞去又加深了这种感觉，安石矛盾的心态由此加重并不奇怪。在回到相位不到两年的时间里，安石除了在道义上不断地为他的变法理论进行辩白之外,确实没有做进一步的实事,惠卿的指责也并不是空穴来风。最后的契机是熙宁九年(公元1076年)六月,爱子王雱不幸英年早逝,给了安石以巨大的打击,他的无畏精神和一腔热忱终于从高峰坠落,遂不断上表请求告老还乡。此时安石五十五岁,人到晚年百事哀,贤者如安石,也没能避免这个人性共同的弱点。熙宁九年(公元1076年)十月,安石第二次罢相出京回到江宁府,次年六月,又辞去"判江宁府"的官衔,正式退休。

用之则行,舍之则藏。安石在江宁府金陵城东门外蒋山之麓,筑屋凿塘,号为半山园,在此度过了最后的十年。在这十年中,安石虽未忘怀于庙堂,但更多地是在思考和反省,在寄情山水中排遣自己的忧伤。除了跨驴出游之外,安石总到附近的定林寺里去读书著述,他的《字说》就是此时写成的。

曾激烈反对新政的苏轼后来有一次路过金陵,安石没有忘记这位意见相左的后辈,野服乘驴谒于舟次。苏轼不冠迎揖,道:

"轼今日敢以野服见大丞相。"

安石笑道:"礼岂为吾辈而设!"依旧豁达豪放,一无鄙俗之气。

苏轼谈起早年因反对新法而被罢黜的旧事:"轼亦自知,相公门下用轼不着。"

安石无语,往事又何堪回首。彼时是道不同不相为谋,此际是相逢一笑泯恩仇,于是招苏轼共游蒋山。数日间,或论文字,或味禅悦,尽得相晤之欢。苏轼感慨而对人说:

"不知再有几百年,才能出一个这样的人物!"

实在而论，放眼寰宇纵目古今，也不会有第二人了。

元丰七年（公元1084年），安石大病一场，病愈后更不免意气消沉，他呈报神宗，将半山园改作寺院，并由天子命名为"报宁禅寺"。次年三月，神宗去世，又给了他一次重大打击，从此后终日只以读书为意，时时以手抚床而叹，有时甚至绕床终夜，不能入眠。元祐元年（公元1086年）新法全部罢废时，安石业已忧郁成疾，四月初六，不治而亡，享年六十六岁。安石死时，他的老朋友兼老对手司马光也在病中，闻之亦怅惘莫名，他给吕公著写信道："介甫无他，但执拗耳！"信中又说："不幸介甫逝世，反覆之徒，必诋毁百端。"看来司马光也知道，对安石个人的刻意诽谤和诋訾中伤，绝非是真正的仁者应做的事。实际上，即使是对变法的谴责和反对，也并非都是出于高尚的目的。安石的生前身后名和新政的是非成败姑且不论，举国上下如此意气用事而争讦谤讪，一定会带来更大的恶果。

书生意气与快意恩仇

王安石离开朝廷与天子的倾向当然也大有关系。变法已经持续了九年多，在强劲的反对面前，本来就信心不足的神宗放弃锐进而转向守成是一个必然的趋势。政治总是在不知不觉中走向妥协，神宗的后十年就属于这个渐变的过程。尽管如此，至诚恻怛、思怀振作而心忧天下的神宗皇帝依旧值得称许。没有神宗，就不会有王安石，更不会有十几年的变法图强。

历史也有着它独特的惯性。在王安石退休一年后的公元1078年，神宗改元"元丰"，元丰时代持续了八年的时间，除了在官制上作了一次大改动外，其余措施都基本上延续了熙宁时期的做法。八年间，宰执之臣有吴充、王珪、元绛、章惇、蔡确、冯京、吕公著等人，基本上是改革派与中和派共同当政，这也是神宗后期有意识地采用"新旧人两用之"策略的结果。其中王珪居相时间较长，在延续熙宁新政方面，尤其功不可没。这位被人称为只会说取旨、领旨、得旨的"三旨相公"虽然无所发明，但他自熙宁三年（公元1070年）就入居参知政事，跟随王安石从事于新政，此番感于天子的知遇而勉力守业，居然也能做到顺其自然，绝非像传说中说的那样一无是处。

元丰的平淡是相对于熙宁的轰轰烈烈而言的。其实，神宗天子依旧年轻而有志建功，特别是在用武开边收复旧地方面一直心有未甘，但对外作战却始终未尝胜果。元丰四年（公元1081年）那次对西夏发动的强大攻势，尽管兵民合计有近六十万人，可还是一无所获。改革固然使国家的财政和边防有所增强，可并没能唤起帝国同仇敌忾的决心。早在熙宁八年（公元1075年）辽人威胁要重划地界时，所谓"纳污含垢，且求安静"，以免一跌之失的主张就已经成为朝野舆论的主流。富弼在一道奏表中说，当听到天子有亲征的打算后，中外臣民益更忧惧，以至于"心陨胆落"。在这些懦弱胆怯的人来看，即使是弃北而西，去征服稍显弱小的西夏，也是个招引祸患的事情。当元丰四年（公元1081年）神宗决意西讨时,知枢密院事孙固认为"举兵易,解祸难",吕公著认为"既无大将,不如且已",老臣张方平嘱苏轼代撰奏疏,甚至说皇上好兵如同好色,所谓"伤生之事非一,而好色者必死;贼民之事非一,而好兵者必亡"。帝国的普遍心态如此,第二年九月,当永乐城这一控扼夏人的要害失陷后,皇上从此意志颓丧而一蹶不振,就不是没有原因的了。

我们这位有作为的天子死得太早了,元丰八年(公元1085年)三月初五不幸驾崩时,年仅三十八岁。天子在这个年龄撒手而去,注定又要给帝国带来一位年幼的少君,这就是史称"哲宗"的赵煦,即位时年仅八岁,由祖母宣仁太后垂帘听政。一个缺少专权的政治真空,往往是久被压制的在野势力重新登台的最好机会,这个月底,司马光入朝吊丧,便引起了京城的轰动。人们不仅总是同情弱者,同时还总在期望着新的东西,因为这样才有机会宣泄他们的怨气。在舆论的召唤下,这年四月,司马光被太皇太后起为陈州知府,五月,入朝为门下侍郎。翌年是新帝的第一个年号"元祐",这年闰二月,司马光拜尚书左仆射兼门下侍郎。元丰改制后,尚书左右仆射即为宰相,左仆射又兼门下侍郎,右仆射兼中书侍郎,与枢密院、门下及中书两省长官、尚书左右丞同为宰执之臣。参知政事一职已罢。司马光闲居洛阳十五年后一朝平反,便彻底宣告了新法的寿终正寝。

但是谁也没有想到他会做得如此坚决,如此迅速。在入相前后一年的时间里,司马光基本上废除了所有剩余的新法。此时的司马光,已经完全失去了旧日持正谨慎的面目,变得狂躁冲动,峻急严厉,不遗余力地从事着有生之年最后的事业。

新法并非一无是处,就是不少反对派也承认这一点。苏轼、苏辙就反对全部罢废新法,至少雇役一法可守而不可变;吕公著也认为青苗、雇役与保甲等法利害参半,只可调整,不应尽去。范纯仁甚至主张为国用考虑,亦无妨继续青苗法。但这些都动摇不了司马光的决心。从道理上讲,他此刻提出的理由甚至还不如十几年前那么有根有据,在新派人士章惇不断的辩斥下有时显得十分苍白无力。但拨乱反正既是眼下的潮流,又为信任元老的太皇太后所赞成,他的成功是显而易见的。病中的王安石一直保持着沉默,但当元祐元年(公元1086年)三月,雇役法终于罢废而重行差役法的时候,安石也忍不住愕然失声:"亦罢至此乎?"

安石无限感慨地对人道:"此法绝不可罢!我与先帝商议二年方行此法,已做得无法再详尽了!"

安石的疑惑其实毫无必要,因为政治斗争的焦点本就在于事情的性质而不在于事情的内容。所以苏轼等人反对尽除新法,却不反对从政治上清除一切变法人士。司马光在废除各项新法的同时,设置"诉理所"以昭雪熙宁、元丰年间的各类人事冤抑,便明显是出于报复心理。原则争辩一旦成为快意恩仇,人身迫害也就不可避免。一贯温和而讲究仁义的本朝政坛,意气纷纭之外,又从此沾染上了血腥之味。

如果没有后面的那些事发生,帝国这艘负载沉重的巨船是否就一定会遭受灭顶之灾,实在还是个未知数。到元丰末年,变法使帝国在广储蓄、救灾荒、兴田利、振贫弱等方面有了一定的进步,特别是使国家的财政收入有了较大的提高。据元祐元年(公元1086年)的几个统计数字来看,保守估计,整个帝国的钱谷节余数量亦达数千万贯、石,已经可以供给二十年之用。中外府库,无不充衍,即使小邑所积,也相当可观,更不用说国家的一个战备库"元丰库"所积藏的金帛粟米了。这个储备库是神宗在元丰年间特别设置的,地点在司农寺南,收藏三司岁收之外的剩余收入部分,至少有二十个单元,因为天子赋诗二十字分揭其上。诗曰:"每虔夕惕心,妄意遵遗业;顾予不武姿,何日成戎捷。"由此看来,神宗与王安石富国强兵的最终目标是很明显的,那就是尽雪前耻,恢复旧疆。安石曾说过,天下事如弈棋,以落子先后当否定胜负。应该说,安石不仅占了先手,投子也不失其当,可惜的是后来者没能明乎其理、顺乎其势,从而一步步地丧失了主动,最后将一局大好河山尽付他人。

如前所述,政治斗争虽然归根结底都是原则和信仰的较量,但也并不排除其他因素的作用。从某种程度上说,个人的好恶和处世之道甚至在其中占有很大的比重。在私利不能完全摒弃的时代,政治斗争有时就是利欲之战,初起于互执己见,再变则成意气用事,三变而死生祸福之事起。如果说熙宁时期围绕着变与不变的新旧之争尚还不失以崇高的治道原则为旨归的话,从司马光的一味更化开始,帝国的政治斗争就开始演变成纯粹的意气之争。尽管人人都各据其辞证明自己的高尚,总是有这样那样冠冕堂皇的理由,但从来都没能跳出个人是非恩怨的圈子。

第二章 势在必行的改革,谁来做推手?

元祐元年(公元1086年)九月初一,王安石去世五个月后,司马光也不幸病故,总共只当了七个月的宰相。这天,朝廷正在明堂举行祭祀典礼,同时降敕大赦。司马光逝世的消息传到,在场百官无不震惊。宣仁皇太后甚至恸哭失声,连年幼的皇帝也受之感染流涕不已。两省官员在下面合计,准备仪式一结束即前去祭奠,可惟有崇书殿说书程颐表示反对,"崇书殿说书"是本朝皇帝的侍讲官,属于帝王之师的性质。此时,程颐之兄程颢已经亡故,他本人在司马光等人的推荐下以布衣身份受诏出任。

程颐先引了一句经典:"子于是日哭,则不歌。"此语出自《论语》,意思是说孔子在这一天哭过,就不再唱歌。程颐接着道:"岂可贺赦才了,即往吊丧?"

先不论程颐如何的不近情理,就是他的逻辑也有问题。于是有人非难道:

"孔子哭过则不歌,并非歌罢则不哭。今大赦已毕再往吊丧,于礼无害。"

本来,尽管程颐恪守经义近乎刻板,但人家的话并不违背经训,程颐就算不肯轻易就范,一时也无话可说。然而一旁的苏轼却不省事,摆出他的才学和机智,给程颐来了一句幽默。

苏轼道:"此乃枉死人叔孙通所制之礼!"

叔孙通是秦汉时人,先仕秦,后从项羽,再归汉高祖刘邦,虽曾采择古礼而定汉朝一代朝仪,但此人是个随机应变的典型,连他的学生都不耻于他的行径,说他"所事者且十主,皆面谀而得亲贵"。苏轼把叔孙通称为枉死人,又把程颐比作叔孙通,骂人骂得太高明了，难怪众人听了此话，都不禁笑出声来。程颐是个一本正经的人，他如何能承受这样的讥讽？嫌隙就这样产生了。

程颐自小就受到严格的家庭教育，幼有高识，非礼不动。十四岁时又与兄长程颢一起问学于经学大师周敦颐，饱受礼教的熏陶。程颐一直没有做官，长期的野贤形象更使他执着于对现实的抵触和对古典的怀念，在他看来，任何违背于圣训的事情都是一种邪恶，一个正直之士的唯一目标就是向圣人看齐，绝不容许有半点的杂念。因此，程颐其实是个绝对的宗教家，为人严肃而苛刻，在他身上已没有丝毫的人情，有的只是对终极目标的坚定信仰。他平生不喝茶，不观画，亦极少做诗，甚至自己生日也致斋恭肃，不事宴饮。自从主掌天子讲筵后，程颐自感责任重大，夙夜殚精竭虑，惟欲主上德如尧舜，因而既有点性急，更有好多做法不近情理。十几岁的幼君下课后折了一条柳枝，程颐也要板起脸孔告诫道：春天万物生荣，不可无故摧折。对此，有一些人认为他不愧为天子导师，但更多的人不以为然。连推荐他的司马光也曾感慨而言道：

"人主之所以不欲亲近儒生，就是这种人坏的事！"

无风不起浪，苏轼极其讨厌程颐更是大有原因。苏轼此人一直就非同凡响，他出生于相对和熙而富足的四川，接受了各种思想流派的影响，既不乏黄老清静之学，也沾染了纵横机辩之气，同时又喜好佛教、精通禅理，是个典型的性情中人，因此倾向多变而态度不定。苏轼又有极高的文学之才，诗词书画无一不能，情感丰富旷达任性之外，也有些狂傲不拘之气，人生和仕途的塞困侘傺也并未改变他的这种禀性。苏轼是与程颐截然不同的人,自然无法忍受程颐的迂儒作风,他本就性不忍事,喜好谐谑,连平生最敬重的司马光也敢骂,又何况程颐!苏轼早就指责过程颐言行迂阔,好古不当,有时甚至处处与他对着干。不过,这一次做得太直露了,程颐即使不以为意,也有人会为他抱不平。程氏兄弟虽然无权无势,但他们一直在开馆授徒,传播学说,拥有众多的学生,这同样是一个不容低估的力量。

十二月,程颐的门人左司谏朱光庭、右司谏贾易这两位谏官,因为其恩师无端受辱而心不能平,开始围攻苏轼。当然,这件事情本身并不能构成弹劾的理由,他们必须要从严重的政治问题上着手。朱、贾两人着重指出的是苏轼在主持学士院馆职考试时出的一道考题有问题,有讽议朝政之嫌;苏轼对天子之师程颐的不恭作为一个附带的证据也被提了出来。弹劾甚至还指出,苏轼对死去的司马光也有极不负责的言论。苏轼当即上章自辩,表示不能接受这种指责,而他的同乡兼挚友殿中侍御史吕陶上疏,则一针见血地指出朱、贾之举明显属于公报私仇,同时对朋党之弊重新抬头表示了忧虑。

吕陶的担心不无道理,但他的参与却很不明智。朱、贾是程颐的学生,而吕陶本人是苏轼的同乡,事情的本身就给人以"朋党"之嫌。虽然侍御史王觌特别是元老派人物宰相吕公著、枢密使范纯仁居中作了一些调停,暂时压制住了事态的发展,但苗头一旦出现,就说明事情起于内部,外在的力量是不能解决根本问题的。到了元祐二年(公元 1087 年)的八九月份,程、苏两派的往复诋讦已经到了一个相当的程度,人们以地域为名,称程颐一系为"洛党"、苏轼一系为"蜀党"。"朋党"一词毫无避讳地出现在朝野上下的议论当中,固然带有一定的批判意味,但多少表明本朝的政局发展到目前为止,已经是什么样的一个基本态势了。

"洛党"、"蜀党"之争的激化促使朝廷的派系进一步明显。王安石一系的新政人士蔡確、章惇等还在继续反抗,与之相对的则有司马光一系,以执政官之一尚书右丞刘挚为首。刘挚这个人很值一提。

此公字莘老,永静军东光人,早享大名。王安石初秉政时,搜择人才不遗余力,擢其为中书检正。但仅过月余,刘挚即与安石议论不合。神宗召对,问道:

"卿是否从学于安石?安石多次称赞卿器识俱佳。"

可刘挚却不买账:"臣东北人,少孤,独不识安石。"

刘挚一贯强项,他曾与曾布在司农寺对辩,并要求天子将两人所上奏疏宣示百官,让大家考定是非。刘挚的大胆使其声誉鹊起,逐渐成为司马光一派的栋梁人物。他是河北人,此派遂被其他几方称为"朔党"。朔党人士本就以正统派的面目出现,大多担任政府要职,更是一个主要的政治力量。在天子冲幼、后宫听政的政治局面下,就是吕公著等元老独立其外而有心调和,也不能有效地阻止这场派系斗争。

从表面形式上讲,学统是地域之外形成朋党的另一个要素,程颐一派就属于这样一种性质。学术讲究师承家法,这是源于见解的不同和生存的需要,本无可厚非。但如果使学术走向政治而去争一个正统地位,这就与学术的意义背道而驰了。当年王安石定《三经新义》,以一家之学人居官学,就是这样一种倒退。程颐的弊病同样在此,单单因为恪守古礼而不近人情,并不至于能引起政治上的反对,可如果坚守正统而排抑他人,就难免怨诟交集。在这场斗争中,程颐是第一个罢职的人,元祐二年(公元1087年)八月,他被冠以"污下检巧,素无乡行,经筵陈说,僭横忘分"的罪名调到国子监。贾易虽然也同时罢知怀州,但不久又重新回朝,取代其师而成为洛党的主将。

苏轼的无奈在于遭受到几方面的夹击。洛党之外,新政人士对他自然恨之入骨;司马光一系的实权派中,也有很多人因为他对元祐政治的态度而有所不满。苏轼性格是独立不羁,在他看来,早年是人多附王安石,现在是人多师司马光,所随不同,为随则一。他既然不愿"随",也只有离开是非之地。元祐四年(公元1089年),求外任被批准,以龙图阁学士出知杭州。元祐五年(公元1090年)后,出外的苏轼曾以退为进展开反击,在朝出任要职的胞弟苏辙也曾一力援引,但仍然未能敌过洛党和朔党的攻势,两度被召回朝廷,又两度被逐。只有程颐还不失聪明,自罢讲筵后一再求归故里,最后以父丧去职后坚辞不入,专心于学问,暂时脱离了风波险恶的政坛。

值得一提的是,谏诤之职放弃纠察王过的本分而与御史合流,终于使台谏成为朝廷争讧的绝对主角。"洛党"一方有左右司谏朱光庭、贾易,"蜀党"一方有侍御史吕陶,而朔党则有御史中丞傅尧俞、侍御史王岩叟、右正言刘安世、监察御史张舜民,此辈仗着"言者无罪"的原则而气焰高涨,相互诋毁攻击极尽能事。

御史本乃掌纠百官过失,如此倒也算得上是职尽本分。但谏官劾奏百官有恃无恐,说到底是本朝天子的一种策略所致。本朝内重过于前代,若不养言者锐气以折权臣,如何救指鹿为马之患?圣人设过防之计,固乃不得已而为之。太宗将原来的谏官名称左右"补阙"、"拾遗"改为左右"司谏"、"正言",就已经寓有扩大职能鼓励直言的意思;真宗时别置谏官、御史各六员,增其月俸使其专亲职事,开始使谏官名副其实。仁宗时陈执中为谏官,屡请专门设置谏院的办公机关,这一请求在明道元年(公元1032年)得以实现,朝廷下令以原门下省邸宅充谏院,而将门下省搬至右掖门西,又可以看作是谏垣走向强劲的一个征兆。而真宗、仁宗皇帝都曾下诏允许谏职论奏百官营私舞弊,不断申明台谏具有"防臣僚之不法"的本分,终于使习惯演化成为制度。照旧理,谏垣之职负责纠绳天子,人员应有宰相任命,可天子既然有意改变,便相应地予以更新而设立回避法,仁宗以来,历代都有严敕辅臣不得荐用谏官的事情,遂使谏垣一变而成为宰执的对立面。

御史一向有风闻论事的权力,即弹劾时可以略去告事人姓名,称"风闻访知"。纵所言不当,或在疑似之间,亦不受词讼之例。渐渐地,谏官也有了这一特权,台谏混一,共同成为人主的耳目,其作用便相当可观。当年石介为阻止夏竦的入相,一夜奔走游说于台谏官之家,以至所乘之马为之疲毙,可见台谏在朝臣心目中的地位。

谏职权限的扩大本不是坏事,但允许这种强大的势力成为执政官的专门掣肘而破坏了君相权力的平衡,其害处就十分明显。仁宗嘉祐时的一位宰相刘沆就对台谏滥用权力甚为不满,他对皇帝抱怨说:

"自庆历以来,台谏用事,朝廷命令之出,事无当否悉论之,必胜而后已。"

刘沆是个明白人,他指出的弊端很有道理。但像他这样的宰相却不是很多,此后的大多数宰执大臣一味从"广开言路"的原则上考虑,有意无意地纵容了"议论多于事功"的陋习愈演愈烈。

朱光庭、贾易弹劾苏轼之后,吕陶反对,而王岩叟等则赞成,皇太后以两派结党,本有同逐的意思,但吕公著却以为不可。在这位宰相看来,言者无过,朝廷绝不能以言官的得失而降罪。这种规限人主的考虑固是不错,也符合设立谏垣的本意,但台谏沆瀣一气而另立山头,无论如何是不能轻视的。吕公著以为自己有妙方压制朋党之争,其实却无形中助长了这种风气。

大约在程、苏起隙的同时,张舜民因为上疏言事不符,被诏罢御史之职,结果引起了一系列强烈的反对,吕陶没有参加营救行动,竟又遭致贾易和另一位御史的弹劾。双方互责朋党乱成一团,在听政的太皇太后看来当然是不成体统,于是一气之下将几位闹得最凶的人罢卸言职,其中既有贾易、吕陶,也有王岩叟、傅尧俞,甚至还有右谏议大夫梁焘,这是刘挚一派的一位核心人物。元祐二年(公元1087年)八月初二那天,贾易在朝会上攻击苏轼、吕陶结党时,竟把一代元勋文彦博也扯了进去,把这位老臣说成

了苏、吕的后台,这下激怒了一向倚重元老的太皇太后,当下要严惩贾易,又是吕公著和了一道稀泥。公著道:

"贾易所言颇切直,只是诋毁大臣太甚,止去谏职即可。"

诋毁大臣近乎诬蔑,在公著看来还不失切直,这种逻辑很使人纳闷。公著下廷后解释道:

"重要的是不能使人主轻视言者。"

话是不错,但用错了地方。目前言官们的目标并非是迷惑的天子而是意见分歧的同僚,似乎谈不上人主轻视与否。

接下去的几年,朝中依旧是乱哄哄的局面。不过,各种派系也有相对一致的地方,这就是对王安石变法的彻底否定和对新政人士的排挤打击。听政的太皇太后凭借着天子祖母的身份临朝,一贯刚愎自用,其专横霸道的作风影响了整个元祐政局。一味更化而否定前朝的结果当然不在具体政治措施的改变上,重要的是带来了士风的进一步颓败。几年来,彼此相斗的手段都显得十分下流,弹劾动辄十数上,用语亦极尽诋毁之能事,吕陶在为苏轼的辩章中所说的"欲加之罪,何所不可"的话,竟成了后来许多事情的一贯手段。甚至捕风捉影上纲上线,也成了人身迫害的常法。神宗末年出任宰相的蔡确,与王安石的关系并不太深,与其说他赞成新法,倒不如说他拥护神宗皇帝来得实际。尽管如此,蔡确仍不免成为新政的代表而遭受一连串打击,最后又由于早年所作的一组诗给人加上"谤讪"之罪,一贬再贬,于元祐八年(公元1093年)死于荒蛮之地。严格算起来,他是本朝第一位死于政治迫害的宰相,这种不幸无疑与太祖以来宽厚的仁德之风是绝不相容的。尽管有不少人如范纯仁、苏轼十分不忍于蔡确的遭遇,但也并不能改变普遍的复仇情绪。

主持政治报复的实力派主要是刘挚、梁焘、王岩叟、刘安世四人。特别是刘安世,他是司马光的学生,蒙其恩最深,因此报仇心也最强,时人号其为"殿上虎",可见其作风之一斑。一个人没有公正的心态,又岂能作出公正的判断? 如果事事都免不了激动而掺以个人恩仇,那政治就不成为政治而成了一场决斗。

这种气氛很令人无奈。元祐时期一些老资格的大臣有调停之心,但无纠弊之力。前期是文彦博,后期是吕公著和范纯仁,三位老臣曾经一度主持工作,但无一例外地受到实权派的排挤。议论纷纭间,又何暇去做实事? 如此只有破坏而无建树的态势,也许从此将成为帝国政治的基本格局。

党同伐异,历史总在轮回

在我们的帝国中,既然存在着天子这一个绝对的砝码,就注定了矛盾永远不可能统一。因为天子是人而非神,他的倾向性是无法抹杀的,这个决定一切的力量失去中立之日,便就是新的一轮风波开始之时。元祐八年(公元 1093 年)九月初三,宣仁太皇太后崩逝,此时的哲宗十九岁,亲政已成定局。

十天前,五位执政官吕大防、范纯仁、苏辙、韩忠彦、刘奉世进入崇庆殿后阁,探问病危的太皇太后时,心情都极为沉重,弥留的太后无可奈何的口谕又更使五人忧形于色,隔帘嗫嚅无语。任何一位过去的天子都是祖宗旧法的一部分,全盘否定并没有道义上的理由。整个元祐政治对熙宁、元丰的反正太过激烈了,这是人人心里都十分清楚的事实,因此过去九年的强硬措施随着太后的逝去将面临灰飞烟灭的危险,也是明摆着的事情。国是将变的气氛从来没有像今天这样明显,无论是从帝国还是从个人前途着想,这种巨大的精神压力都是他们从来都没有体验过的。同当年的王安石和司马光不同,元祐诸人本就十分心虚,此刻显得尤为慌乱似乎不足为奇。

吕陶、苏辙、范祖禹、吕希哲开始不断上疏,就太后变改政事的做法给年轻的皇上一一解释,异口同声地说太后更张先帝之政,都是不得已而为之,并非出于私意;所改之事既是生民所便,所逐之臣亦是天下之恶,社稷因此危而复安,人心因之离而复合,绝不可以为非。他们甚至连将要出现的奸言险语也考虑到了,吕希哲在奏疏中故作轻松地说:游说皇上之言不外乎有三:一是修复神宗法度,二是独揽乾纲,三是复用已往迁谪之人。范祖禹连疏坚请皇上"明析是非,斥远佞人",要新天子守元祐之政,"当坚如金石,重如山岳"。四人中,吕陶、苏辙是一系,范祖禹曾是司马光的部属,而吕希哲则与二程交往甚密,意见虽有不同,可在这件事上却是相当的一致。

但任何预防手段看来都将无济于事。当今天子虽是庶出,但却是已故神宗所立的堂堂正正的储嗣,即使他对专横强项的祖母听政九年不存怨望之心,也无法容忍一个时期以来对父皇治绩的污辱和否定。年轻的嗣君已经长成,不可能再安于傀儡而无所事事,天子无上权威的滋味是一个强大的诱惑和推动力。九年来忍辱负重的新派人士自太后仙逝后就已经开始四处活动,两个月的形势变化极快,甚至连重新起用章惇的呼声也通过一定的渠道上达帝听。朝野上下随之而议论纷纷,但大多数人心怀顾望,都在猜测着皇帝的动向,不敢贸然站出来说话。十月份,除丧听政的皇上第一件做的事情是擢升了几位身边的宦官,执政大臣们以为天子亲政之初先擢内臣,纷纷表示不服。范祖禹又上了一道奏表,这封带着强烈个人情绪的奏疏对熙宁、元丰的非难和谩骂达到了极致。元祐诸臣危言耸听而咄咄逼人,反倒促使年少气盛而带有强烈逆反心理的皇帝更快地走向了他们的对立面。

第一个出头的总不免是些风头人物。礼部侍郎杨畏在十二月份首先上疏主张绍述神宗,便成了不少人心目当中又一个恩将仇报的典型。原因是杨畏的升迁得力于首相吕大防,大防是秦人,因独立于洛蜀两党之外,担任了六年的宰相,尽管在某些方面颇招人反感,但也是元祐政治的主力人物之一。杨畏的奏疏声称:神宗变法立制以垂万世,乞赐讲求,以成继述之道。哲宗接疏立即召见,询以先朝故臣孰可起用,杨畏开列了一长串名单,其中有章惇、安焘、吕惠卿、邓温伯、李清臣等。追述先朝的第一要务是起用旧人,这几乎成了一条定律,可惜蔡确不幸去世,没有熬到这胜利的一天。新年的二月,李清臣——这位元祐初年因反对尽废新法而被罢职的前执政官——被命为中书侍郎,三月即在进士考试的出题中批判废除新法的不当。苏辙上疏攻击清臣,哲宗龙颜大怒,罢苏辙门下侍郎,出知汝州。此后,吕大防亦被罢相出知永兴军,同时曾布被起用为翰林学士。此时,一位久在朝外而对元祐诸臣切齿痛恨的官员张商英被召为谏职右正言,正是他再次上疏明确建议哲宗重事诛赏,要求皇上尽斥司马光、文彦博、吕公著、刘挚、吕大防、梁焘、范祖禹等人,追述神宗盛德大业。

四月十二日这天,雨后初霁的京城上空,白虹贯日。此乃精诚感天之兆,机不可失,曾布再次上疏,请复先帝故事,并乞改元以顺天意。哲宗纳之,改元"绍圣",天子的意图已经非常明显。接着,章惇被重新诏命入相,又一个乾坤倒转的时代终于来临。

新时代的突出之处倒不在于恢复了一些元祐时被罢废的新法,因为青苗、雇役等法在不久后虽然被重新颁布执行,但多少都作了些修改,已经不再成为核心问题。哲宗的"绍述"主要体现在理论领域,而且做得非常成功,在一定意义也是这场拨乱反正之所以得以延续一个较长时间的根本原因,而司马光主持的元祐更化正是忽略了这个环节。重修《神宗实录》是其中之一,宰相章惇、翰林学士曾布都参与其事,但承担主要工作的是蔡卞。蔡卞是王安石的女婿兼学生,他把元祐时期史官挟带个人恩怨而篡改的历史进行了修正,为他的恩师做出了极大的贡献。

我们的帝国一贯讲究历史的作用,所谓是非必正,褒贬分明,全在于史官的秉笔直书。蔡卞既然能根据安石留下的亲笔记录核对史实,发现了篡改诬陷的成分,原则上的是非定性便应运而生。绍圣元年(公元1094年)七月,朝廷追夺司马光、吕公著等赠谥,贬吕大防、刘挚、苏辙、梁焘等人官职不等;十二月,元祐史臣范祖禹、赵彦、黄庭坚,坐诋污降官,吕大防因领衔监修,责无旁道,亦再遭迁谪。

也许是在残酷的斗争中得到磨炼而汲取经验教训的缘故,章惇主持下的政治清洗和人身打击达到了一个空前的程度。绍圣元年(公元1094年)八月,在追贬司马光等后,章惇即有心再将文彦博以下三十人悉贬岭外,仓促未果;此后几年间,章惇不断将反对新法的人贬官罢职,包括对这场过分的政治报复持不同意见的李清臣和曾布。从绍圣四年(公元1097年)二月开始,章惇制裁元祐旧人的行动达到高潮,再追贬司马光、吕公著、王岩叟,夺赵瞻、傅尧俞赠谥,流贬吕大际、刘挚、苏辙、梁焘、范纯仁岭南,谪迁吕陶、朱光庭等近三十余人。最厉害的一招是将元丰八年(公元1085年)四月至元祐九年亦即绍圣元年(公元1094年)四月十二日十年间之全部章奏汇编成帙,进行严格审查,凡有涉嫌者分别予以处分。特别是辑理了司马光的所有章疏案牍,选官编类置之二府,以为天下后世之戒。最后是在哲宗的第二个年号"元符"年间,先是借口神宗不豫期间的一次谋议废立的旧事,再将文彦博、司马光、刘挚、梁焘等已死之人冠以大逆不道之罪;然后在元符元年(公元1098年)的六月,章惇在蔡卞的建议下,以元祐之道还置其身,命蹇序辰、安惇两人审理当年司马光所设"诉理所"的档案,凡参与诉理者一概摘其姓名编入另册,由此而得罪者达到八百余人。

章惇这位为人豪迈而孤傲的新宰相是本朝一位著名象数学者邵雍的学生,与二苏兄弟、曾巩曾布兄弟、吕惠卿、程颐之兄程颛皆为嘉祐二年(公元1057年)欧阳修主持的那次礼部考试的同榜。嘉祐二年这一榜几乎都是四五十年来帝国的风云人物,并在后来分成了两个截然不同的阵营,这在本朝的历史上是前所未有的。章惇与吕惠卿、曾布略有不同,自为安石所重而进入三司条例司后,虽一直参与了新法的实施,但在熙宁新政中并没有做多少工作。章惇表现出其奇伟绝伦的才华主要是在元丰时期,特别是在元祐元年(公元1086年)同司马光力辩雇役法不可轻废的那场争论中,显示了强烈的斗争性格。此番作为绍述运动的主力人物登车揽辔,遂不免慨然而有澄清之志。蔡卞则是熙宁年间的进士,他对王安石的感恩戴德促成了对元祐旧党的切齿痛恨。蔡卞为人深谋寡言,富于心计,他能掌握章惇的弱点而要挟利用之,在绍圣党同伐异、陷害异己的过程中起了推波助澜的作用。

话说回来,这也是时势的要求。箭在弦上,不能不发,章惇、蔡卞之流的过激行动既是一个相当长时期以来本朝士人好挟私怨的最终反映,也是哲宗皇帝绍述政策的必然结果。政治从来都是黑白分明的,否定与再否定环环相连无有终日,一次比一次激烈,一次比一次严酷,除非矛盾双方在生死相搏中同归于尽,不会有风平浪静的一天。而天地万物生生不已,幻想着这个权与欲的世界有朝一日停止争斗,那实在是痴人说梦。

在君门九重、坟墓万里的元祐人士看来,这无疑是一个阴翳横天、层冰塞川的世界。党祸烈于火,苛政猛于虎,眼前的处境就是最好的说明。栖栖惶惶而奔避不暇中,即使能耳冷心灰百不闻,也无法每屈心情入酒杯。在惨淡的人生中,一切失意的哀叹和惆怅都显得无足轻重,虽然苦涩的忧怨境遇能使后人一洒同情之泪,可也不过就是如此而已。严峻的现实已带来一个迫切要求,呼唤着我们这个泱泱帝国的智识之臣抛弃私怨而精诚团结。可贪于安逸、固执己见的作风业已养成,轻易又怎能一旦割舍!

事情发展到现在已经非常清楚,尽管所有的这一切看起来似乎都肇自于王安石的变法,但在实质上,从元祐时起一直到今天,如此风云激荡的政治斗争根本就与王安石无关。王安石的晚年虽然在沉默中度过,但当他在定林寺与人谈经论禅时,对世事沧桑之慨也偶有流露。在这位叱咤风云的一代雄杰看来,围绕着新法的斗争,实际上大多出自好于争胜的意气用事,绝大部分人都不免投机取巧、闻风转舵,以至于前叛后附,或出或入。

安石认为,自议新法以来,始终言不可行者,只有司马光一人;始终言可行者,也只有曾布。这后一句颇耐人寻味。

曾布虽也是新法的主要起草人,但至少在敌对方来看,吕惠卿、曾布两人同为王安石的心腹,却有明显的主次差别。实事求是地说,两人在对变法的态度和贡献上,也确实有强弱大小的不同,吕惠卿所起的作用也要超过曾布。

熙宁七年(公元 1074 年),曾布接受神宗皇帝的密令而调查"免行钱"实施情况,进而参劾吕嘉问的事情,安石是十分清楚的。正是因为曾布的轻率而导致了曾布、吕惠卿两位变法中坚的进一步交恶,这也是新法阵营中人人皆知的事实。可尽管如此,安石在心目中仍把曾布摆在了很高的位置上,这看起来似乎有些评价不公,其实内里却自有奥妙,至少从反面证明安石对另一位主要帮手吕惠卿的行为作风确有不满意的地方。在意见冲突、矛盾重重的曾、吕两人中，安石在感情上最终站在了曾布一方，甚至不惜原谅曾布由于冲动而做出的不明智行为。这也说明了为什么王安石在最后要把吕惠卿排斥在外，为什么反对派在后来能不断制造出王、吕不和的种种谣言的渊源所在。

曾布由于熙宁末期曾遭到吕惠卿的迫害，因而在元祐时期并未受到严重的冲击，出外不久后还京为翰林学士，一直做到知枢密院事。不过，他对司马光废除新法尤其是雇役法还是持反对态度，他曾对司马光道：

"雇役一事，法令纤悉皆出吾手。若令自作改易，义不能为！"

在绍圣年间，曾布对章惇的复辟举动无疑是大力支持的，但对章惇起复吕惠卿却坚决反对。绍圣元年（公元1094年）十月，曾布就与韩琦的儿子韩忠彦联袂向哲宗进言攻击吕惠卿，不同意吕惠卿入朝，从而迫使惠卿一直在外任职。他与章惇的最大分歧点在于对元祐诸元老大臣的政治评价上，曾布认为追夺赠谥乃至于毁墓仆碑，纯属徒劳无益之举，进而对章惇的专权亦有所不满，这导致了他最后与章惇、蔡卞的决裂。元符二年（公元1099年）二月，曾布在一次廷对中向哲宗道：

"章惇、蔡卞施行于元祐之人，众论皆谓过当。两人所作所为，分明是报私怨！"

政治家若空有原则而没有手腕，便不可能久在其位，因而所做的事情往往半途而废。曾布在几十年走的是一条相对折中的路线，从而保证了他在政治风波中的稳定，这一点他自己也不否认。曾布的处事方针虽然在客观上可以起到诸如王安石、吕惠卿所不能起到的作用,但一味务实,却无疑要犯原则上的错误。

元符三年(公元1100年)的正月十二日,年轻的哲宗不幸突患急病,不治身亡。皇太后向氏突遭变故,急得对宰臣大哭:

"国家不幸!大行皇帝无嗣,事须早定!"哲宗享年仅二十四岁,唯一的一位皇子又不幸早夭。

章惇大权在握,说话也一向严厉:"当立母弟简王。"简王赵似是神宗第十三子,元符元年(1098年)封简王,与哲宗为同母所生。

太后感叹:"老身无子,诸王皆神宗庶子。"言下之意,立谁都是一样。

章惇道:"以长幼论,则申王当立;以礼律论,则大行皇帝同母弟简王当立。"申王赵佖是神宗第九子,因年长的诸王皆早薨,因此在剩下的五位皇子中年纪最大。

太后其实意有所属:"皆神宗子,何必强作区分!以次序论,端王亦可立。"端王赵佶是神宗第十一子。

这下激起了章惇的强烈反对:"端王轻佻,不可以君天下!"

章惇说出这样胆大的话来,曾布当然更为不满,于是大声叱断他的话:"章惇听太后处分!"一下说得章惇默然。太后最后下结论道:

"申王有病,不可立。先帝曾说过,端王有福寿,而且有仁孝之德,当立为嗣君。"事情就这样定下了,端王赵佶入继大宝,后来的庙号为"徽宗"。

章惇虽然有种种不是,但他此刻却说了一句大有见地的话,并为此付出了惨重的代价。新帝即位后就被贬谪,辗转飘零,最后死于睦州。而曾布坚持了自己游刃有余的原则,顺理成章地一跃而为时代的新宠,但却为我们的帝国犯了一个不可饶恕的错误。历史虽然不是个人所能决定的,但个人却足以能改变它的方向,这在曾布如此,在帝国的第八位天子徽宗则更是如此。

新帝仍然尚未成年,皇太后向氏又得以像早先的宣仁太后一样垂帘听政。奇妙的是,两位太后在对待熙丰政治的态度上惊人地一致,所采取的做法也十分相像:大权在握,立即就进行翻案。元符三年(公元1100年)二月,元祐时曾任知枢密院事的韩忠彦被起用为相,他既是元祐老臣韩琦的儿子,也是曾布和李清臣的好友,作为一位相对超然而出于两党之外的人,主持了对章惇绍圣政治的全盘清理。太后听政虽只有七个月,但就在这短短的时间里,元祐旧臣再一次卷土重来,一时间充斥朝廷甚嚣尘上,宣泄着他们久积的怨恨。其结果是为司马光等人全部平反,由此相及,一大批对"绍述神宗"持不同政见的人被陆续提拔,而章惇、蔡卞及其兄蔡京等则被清除出朝。

当然,这是与曾布这位新朝辅命大臣的倾向分不开的。此时的曾布,已经完全转向于折中调和的路线。徽宗亲政后,他向新帝建议:既然元祐、绍圣均有所失,何妨以大公至正态度,调和两党?新帝此时十八岁,龙銮宝座的新鲜感自然也使他产生一些革新的精神,于是诏命明年将改元曰"建中靖国"。"建中",执两端之中也。这个本意当然不坏,但曾布与新天子都没有想到的是,两极混斗怨怨相报,又如何能轻易调停而做到不偏不倚?曾布使元祐党人重新登台，但彼辈却不会因为他的善良动机而抛弃宿怨。侍御史陈升次第一个把矛头指向曾布，上疏指责他"独擅国权，进用匪人；轻视同僚，威福由己；子弟招权，交通宾客"。一位半年之内先后曾上一百多封抗论奏疏的强硬人物任伯雨，进而反对他的息事宁人方针："自古未有君子小人杂然并进者，欲二者并用，只能使君子去而小人留。"任伯雨甚至反对更改年号，他认为"建中靖国"用了唐德宗的年号"建中"，而唐德宗正是因为君子小人不分才导致銮驾播迁之灾，因此"不可以不诫"。在这种情况下，曾布不得不展开反击，于建中靖国元年（公元1101年）三月将任伯雨调为度支员外郎，同时又采取了一个巧妙手法将另一位元祐分子陈瓘请出了朝外。陈瓘是弹劾章惇、蔡卞最起劲的人，也是提议再次重修《神宗实录》的始作俑者，章惇、曾布都有意招抚他附己，但被陈瓘拒绝。

过了不久，我们年轻的天子就意识到，再坚持曾布所谓调停的方针，将会是一个两面都不讨好的事情。十一月，起居郎邓洵武入对，对皇上说了一番话：

"陛下今以韩忠彦为相，忠彦乃韩琦之子，韩琦尝论神宗新法之非，于是忠彦更变神宗之法。忠彦为人臣，尚能绍述其父，陛下为天子，如何反不能绍述先帝？"

这无疑触到了徽宗的痛处，说得天子默然无语。邓洵武趁热打铁，又进了一道《爱莫助之图》，将元祐、绍圣两方面目前在朝的人列成图表，按官职大小分成宰相、执政、侍从等七类，结果绍圣一方执政官中只有一人，其余每类亦不过三四人；而元祐一方则包括了剩下的所有朝廷官员,达到百余位之多。邓洵武在表中总结道:陛下有绍述先帝之志,然群臣无能助之者,必欲继志述事,则非用蔡京不可。先不论蔡京何许人,值得邓洵武这样推崇,反正从此天子开始有了新的想法已经毫无疑问。第二年,改元"崇宁",不用说,这是"崇尚熙宁"的意思。

崇宁元年(公元1102年)三月十九日,蔡卞的胞兄蔡京被诏命回朝,出任翰林学士承旨、监修国史。

蔡京字元长,熙宁三年(公元1070年)进士,在其弟蔡卞之后进入中央政府,官拜龙图阁待制、知开封府。兄弟二人同掌书命,一时朝廷荣之。蔡京早年参与新法很积极,但元祐初司马光秉政后,蔡京却立即卖身投靠。当时,司马光废除新法心情峻急,要求在五天之内将雇役法复为差役,众人无一不认为时间紧迫,可独有蔡京于治下畿县如期完成,博得司马光的由衷赞叹。可这种阴邪无端的投机嘴脸连元祐人士都甚为不齿,台谏纷纷弹劾,结果使他落职出外。绍圣时期章惇复新法,蔡京摇身一变,又成了绍述的急先锋。十年之间玩弄黑白于股掌,使蔡京成了人们心目中见利忘义的典型。徽宗即位,谏官陈瓘就指责他交通内侍,使蔡京罢翰林学士出知江宁府。这给蔡京的打击很大,心中怏怏,迁延而不上路。最后御史们又交章论劾,于是朝廷下诏夺其职,仅以祠职"提举洞宵宫"居于杭州。本朝大臣罢职之后,朝廷常授予此类以道教宫观为名的祠职,但无职事,仅借以食禄。

然而一个反复无常的人并非没有自己的原则,这个原则就是为了自身的利益可以不惜一切手段。蔡京是个有极大野心的人，他是不可能甘于退隐林下而逍遥余生的，他还没有达到目标，所以仍必须寻找任何一个可能的机会。幸运的是，蔡京有一些特长，他对绘画和书法造诣极高，特别是写得一手好字，深得王羲之笔意，算得上本朝有史以来数一数二的书法大家。这在一般人看来当然算不了什么，但要紧的是，当今官家却是个富于才学的皇帝，他对书画之道同样十分爱好并且精通。蔡京与天子竟存在这样一个共同点，后来发生的一切就不是偶然的了。

机会来得十分自然。建中靖国元年（公元1101年）左右，宦侍童贯以供奉官的身份来到三吴地区为皇上访求古玩字画，在杭州停留了一个月。蔡京是个深知宦官重要性的人，为此他并不顾忌本朝一贯禁止交通内侍的政治准则，抓住这个机会，与童贯结成了深交。所作书画屏障扇带之属，也由童贯源源不断地送入皇宫。徽宗本就欣赏蔡京的字画，再加上童贯的吹捧和朝中某些蔡京好友如起居郎邓洵武、太学博士范致虚的怂恿，天子逐渐有了非相蔡京不足以有为的想法。于是，一年之内就把他提到翰林学士承旨的位置。不久，升任右仆射。

制下之日，徽宗赐坐延和殿，曰：

"神宗创法立制，先帝继之，两遭变更，国是至今未定。朕欲上述父兄之志，卿以何教之？"

蔡京没有什么道理可讲，他立即避席顿首而言："臣愿尽死效忠！"

崇宁二年（公元1103年）正月，蔡京进位左仆射成为首相。

从此，蔡京先后四次拜相，成为徽宗在位二十四年的象征。蔡京的成功在于彻底掌握了天子这一神圣的武器，因而屡罢屡起，始终不倒。无智不足以御人，蔡京的天资绝高，他懂得任何一种可以为自己谋利益的手段。在蔡京来说，只要做到两点也就足够，一是铲除异己，一是邀宠固位。他在入相两个月后就奏请徽宗立"元祐党籍碑"，将司马光、文彦博、吕公著、吕大防、刘挚、韩忠彦、曾布等原宰执、待制以上一百二十人定为奸党属于前者；而借熙丰新法为名加重税收，为天子享乐不惜竭泽而渔则属于后者。奸臣一旦能表现出其"奸"，那就是客观的必然恶果，无论元祐还是绍圣之党，抑或是夹缝中求生存的曾布之流，都无法改变这个既成的事实。

假如没有几十年的党派混斗，帝国的政治决不会堕落到这样一个地步。这实在是令人英雄气短。人们常说，灭唐祚者非黄巢朱温，亦非藩镇宦竖，实乃牛李朋党之弊。看来，这个悲剧不幸又在本朝重演。

第三章 南渡,只剩下半壁河山

回首妖氛未扫,问人间:英雄何处?
奇谋报国,可怜无用。
尘昏白羽,铁锁横江,
锦帆冲浪,孙郎良苦。
但愁敲桂棹,悲吟梁父,
泪流如雨。

——朱敦儒

宋徽宗：只怪生在帝王家

逻辑上的简单推理很能迷惑一些平庸之辈，若干年后，当帝国的第十位天子在"行在"临安城里反思往昔的时候，犹还把王安石变法当作是灾难的源头。朝野舆论也顺理成章地认为，不仅几十年来的党同伐异可以归结到王安石的头上，而蔡京的擅权祸国也是新法带来的必然恶果：没有熙宁，何来元祐、绍圣？没有新法的惶惶求利，又何来蔡京的横征暴敛？没有熙宁时的开边寻衅，就更不会有宣和时的起兵勤远、酖祸速乱。这种想法并不奇怪，追究历史有时就是寻找借口，并以此来服务于当今的时势。徽宗和继任者钦宗那个时候已经落入夷狄之手，正在敌人的魔掌中茹毛饮血。作为继嗣者的新君高宗，总不能把过错推到父兄的身上去，给帝国的伤口再添痛苦。徽宗的悲剧结局使他暂时逃脱了谴责，但一时的幸运却代替不了永远，历史虽然总是以慈悲为怀，但绝非是善恶不分。

后事姑置勿论,回到现实中来。

我们的官家风流俊逸,洒脱不群,他不像是一位天子,而更像是一位艺术家。他把所有的热情都倾注到对艺术的关注上,在构筑典雅巧幽的幻想境界中追求他的人生极致。因此徽宗也像所有的艺术家一样,始终把个人放在世界的中心,在他们看来,古往今来上下左右都是一己之化身,我就是宇宙,我的享受也就是天地万物的享受。

这或许是由于少年时代的某种因缘机遇所致。早在藩邸时,徽宗就不像其他骄奢的皇子们注重于单纯的感官刺激,他喜欢读书学画,欣赏古器山石,从中感觉到作为一个文人的快乐。即位以后,对艺术的独特感觉更使他的才能发挥得酣畅淋漓,其书法笔势飘逸,意度天成,自号"瘦金体",犹如冲霄鹤影,掠水燕翎,高迈不凡而又轻盈无迹。徽宗的诗词绘画更具典丽的意境和巧妙的构思,刻画入微而意味隽永。本朝尚文,天子的才艺自然很使一些人惊讶而景仰。不过从原则上讲,天子一味致力于雕虫之道,自是与传统精神背道而驰的。章惇说他"轻佻",也正是从这一点上着眼。

但徽宗却绝非只是轻佻而已,诡异的冲动和独来独往的性格使之每每异想天开。我们的天子找到了最能够刺激他幻想的东西,这就是能通鬼神、能致长生的道教。道教虽自称源于先秦的道家,其实本起于民间,两汉六朝以后渐趋隆盛,丹鼎符箓炼身养性之术,蔚为大观,前唐奉为国教,本朝以来也甚受扶助。礼崇宗教总有政治上的原因,真宗天子大兴"天书"、"祥瑞"之举,无非是想借其神灵之力以达到镇服四海、夸示夷狄的效果。徽宗尊尚道教，当然也有这样的考虑。可他能把道教推奉到第一崇高的地位，却与个人放浪形骸的艺术气质密不可分。徽宗确实从内心里喜欢那些变幻莫测的机巧和呼风唤雨、预言祸福的神秘莫测之术，所以他不仅自诩为真人，更自命为教主，他相信"道君皇帝"也许才是他真正的归宿。于是崇宫观、设道职、搜求经典、任信方士，超越了政治而进入了纯粹的宗教范畴。十几年来，当无可胜数的通妙先生、金门羽客在庙堂之上放言诡诞时，道君皇帝往往感怀沉迷，付之于会心的惊叹。

所有的这些归根结底都是从一己之心出发的结果。壮年以后的徽宗也好女色，但他的方式却十分极端，每隔三五日御一处女。这或许出自道术上采阴补身的需要，或许是来自于某种猎奇的欲望，但不管怎么说，他在身下柔弱胴体的震颤中获得的肯定是一种前所未有的体验，由此激发出一种发泄的愉快。在古代中国，这种行为一向不为人们所诟病，相反倒成为精力旺盛、风雅不拘的象征。但徽宗却不满足，作为一朝天子，竟然喜好微服出行于花衢柳巷，在与妓女的耳鬓厮磨中把自己幻想成潇洒的文士。天子的快乐与庶人的快乐兼而有之，这才是人生之美的极高之致，看来徽宗是真正懂得及时行乐的人。因此我们的这位天子十分奇怪焚臂炼骨、舍身求法的佛家教义，由衷地替迷惑于此道的黎民感到悲哀，所以他既兴道，便要排佛。一位狂妄的佛僧胆敢咒骂天子破坏其教，徽宗便把他碎尸万段。

玩物丧志往往在不经意之间。

帝国的主宰者既享有无上的权力,也担负着崇高的责任,否则便不可能永远贵为天子。徽宗追求自己的旨趣是他的自由,但绝不能因此而敝国凋民。当然,很少有天子真正懂得这个道理,比如徽宗根本就没有想到对器玩花石的嗜好竟会带来严重的恶果,在他看来,这不仅和王道大业毫无关联,甚至还不失为风雅之趣。然而上有所好,蔡京之流夤缘而进,事情就不会因其平凡细小而不成为祸端。政和初年,皇上不过是对蔡京之子蔡攸开了一个玩笑,就被蔡京紧紧抓住,加紧了从东南一带向徽宗进奉奇花异石的步骤,并由此大开进奉之风。举凡太湖诸石、两浙花竹、湖湘木竹、江南诸果、福建荔枝龙眼、两广四川奇花等,越海渡江健步捷走而来,虽万里之遥,三四日即达,异味珍苞,色香不变。

这就是著名的"花石纲"之役。纲者,船队也,政和年间运送花石的船队,每一纲都有数十舟之众。其中,尤以苏州的朱勔最甚。朱勔是苏杭供奉局的首脑,这一专门从事采集贡品的机构设立于崇宁四年(公元1105年),由蔡京父子遥控指挥。朱勔发挥了他长袖善舞的聪明才智,近二十年间,花石船队舳舻相衔于淮、汴,将灵石异草、古玩器木源源不断地送到了东京。天子品评赏鉴,欣会所遇,朱勔中饱私囊,大发横财,换来的是整个东南为之疲敝,天下为之骚然。"吴王好剑客,百姓多疮疤",正是此谓。

熙宁以降的理财措施带来了一定的实效,尽管付予辽人的岁币数额不小,但通过边境榷场,帝国从贸易上也获得了很大的收入。兵戈不兴、四境稍宁的太平掩盖了冗官冗兵的积久之弊,这是淫逸产生的客观背景。蔡京把熙宁、元祐之争演变成压制异己和擅权独裁,这是灾难发生的政治因素。缺乏忧怀天下之心的徽宗皇帝,从根子上促成了帝国最后的崩溃。

帝国仁厚德懋的风气下竟能产生蔡京这样的人,说起来颇令人悲哀。熙丰以来的党争可谓烈矣,可蔡京打击报复元祐、元符之党,其手段之酷、株连之众,要超过司马光、章惇不知凡几,甚至不惜亲自将打入另册者书碑立石,颁之全国,竟要让他们永世不得翻身。蔡京裁定的元祐党人在崇宁二年(公元1103年)已达一百二十人,崇宁三年(公元1104年),他再将己所恶者添入党籍,使人数扩大至三百零九人,连章惇、曾布、张商英等绍述主将,竟也因与其不合,被列入奸党之籍。其胞弟蔡卞由于反对任用宦官,也遭到他的诋评,无奈求去。如果说帝国几十年来的党派争斗多少还是源于政治分歧的话,那么蔡京则完全出于个人利害之计。因此在他的周围形成了地地道道的私家集团,张康国、刘逵、薛昂、林摅、余深等都因奔走其门而得入执政行列,根本谈不上志同道合。薛昂、林摅、余深以至于举家为蔡京避私讳,薛昂有一次不小心误及之,马上就自批其口。奴颜婢膝,莫此为甚。张康国虽然最终与蔡京分手,但也无力敌之,于崇宁三年(公元1104年)暴疾而亡,死的时候仰天吐舌,显然是中毒的迹象。

蔡京以侈靡之道迎合人主,已臻极致。他常常标榜王安石的一句名言"人言不足䘏",把它作为鼓励天子享受太平之养的最佳理由。崇宁二年(公元1103年)蔡京进言倡修大内时,对皇上保证说以目前所积超过五千万的财政实力,供天子广乐备礼,根本就不在话下。政和年间,蔡京从《周易》中找出了理由,这就是"丰亨豫大",意思是:财多德大,此正帝国之象;德大则无所不容,财多则无所不济,天子又何必以奢华为意?宰相既然说出这样的话来,徽宗就没有道理不相信天下是真的太平了,于是制作营筑,大肆挥霍,也便是自然而然之事。结果是累朝所积,扫地而尽。

即使撇开原则上的是非不论,蔡京的某些做法也极为荒唐。徽宗即位之初,竟异想天开地要改革币制,蔡京此际正力托绍述之名变更成法,便极力怂恿襄佐。本朝的币制确有不当之处,但货币问题至关重大,若无万全之法,不能轻易更张。天子与蔡京等人想当然的轻躁之举结果造成了极为严重的弊端,不仅没使币制改善,相反更为混乱。崇宁三年(公元1104年)蔡京请求重行方田法,徽宗在几年之间先后数次下诏推行,但正如熙宁时期一样,均田的关键是核定土地等级、区分地区差异,需要以秉公无私的原则和严格细密的方法对主事官吏及具体细则进行监督和制定,以蔡京的水平,去吕惠卿、曾布又何止万里,哪里能做得到!从崇宁三年至宣和二年(公元1120年),近二十年间方田法虽然屡辍屡行,但一无成效。不过,任何露骨的、变相的、隐含的、直接的敛刮却不需要什么技巧,蔡京做这些事情倒是得心应手,熙宁新政的诸多理财措施,被他改头换面以后,全成了地道的掊克求利手段,这恐怕是王安石没有想到的。

蔡京第一次入相历时五年,崇宁五年(公元1106年)二月,由于彗出西方、太白昼见的灾异之象,引起群臣的弹劾而罢,然仅一年后再相。大观元年(公元1107年),在台谏交论下,被迫退休,大观四年(公元1110年),因为彗星复出,在御史的责难中退居杭州。可未过多久,又被召还。政和二年(公元1112年)间,再次致仕,再次起复,权势更盛。到宣和二年(公元1120年),蔡京当国已近十数年,专政日久,遂起公愤,第三次退休致仕。宣和六年(公元1124年),在亲密党人朱勔的一力援引下,第四次被徽宗起用,此时的蔡京已七十八岁,目昏不能视事,政务悉决于季子蔡絛。徽宗禅位后,在大敌当前的危急时刻,失去依托的蔡京终于成了众矢之的,为自全计,举室南下。蔡京这一走,众言无忌,交相谴责,迫使继代者钦宗下诏严惩。靖康元年(公元1126年)七月,蔡京死于贬道,年八十岁。

蔡京得以操纵国柄垂二十年,其中的原因很复杂。除了个人因素外,还有一个政治上的问题。帝国百多年的传统本就一向注重分权而治,而台谏合流使言官的势力陡增,更使宰相受到极大的牵制,而令天子得以独揽乾纲。但话又说回来,天子要想遂心所欲,又必须依赖朝廷主要的决策大臣宰相,所以他既要任用得人,还不得不加重宰相的权力。同时,宰相欲思作为,也要想方设法扩大权限。在制度业已形成的情况下,这种加权是通过设立暂行机构实现的,比如神宗时建置"三司条例司"就是一例。蔡京入相伊始,便如法炮制,倡设"讲议司",除了其本人出任主管"提举"一职外,并揽其党徒吴居厚、王汉之等十余人为僚属,不仅政事之大者如宗室、国用、商旅、赋调、户牧等在它的"讲议"范围之内,帝国事务的各个方方面面也都有所涉及,可以说,一时朝廷法令尽出于斯。尽管讲议司在几年后划归三省,但蔡京已通过这个特别设置获揽大权,为他此后的结党树势集权专柄打下了坚实的基础。可见,某种专门机构的设立总是有它的深意所在,切不能因为其帅出有名而掉以轻心。

毫无疑问,蔡京的需要其实就是徽宗天子的需要,"丰亨豫大"与其说是蔡京的逢迎蛊惑,无宁说是皇上的内心想法。假如天子并不只限于个人趣味的追求而恬嬉荒惰,犹还把骄奢淫逸的作风引入到政治的范畴内,那就必然会在自覆其位的同时引起国家的败亡。

"澶渊之盟"后,最大的敌人辽国在将近百年的时间里没有南下,这使帝国得以腾出手来治理西陲。然而仁、神两帝取得的一些胜利并没能从根本上解决问题,特别是夏人自攻陷永乐城后,怙胜气骄,不断侵扰。元祐时期,宣仁太后一味固守,许以岁币、和市,司马光等人甚至一度主张放弃熙宁时夺取的熙河之地,这些绥靖政策无形中使西夏的气焰复炽。元祐三年(公元1088年)至七年(公元1092年),夏兵往复来寇,蹂践杀掠不一而足,朝廷对此一无良策。章惇执政的绍圣、元符时期,在固守的基础上展开了一定的攻势,局面方有所好转。从绍圣四年(公元1097年)至元符元年(公元1098年),边帅章楶成功地击退夏人的多次进犯,迫使西夏遣使求和。徽宗时期,欲建不世之功的蔡京模仿神、哲二帝用兵河湟的旧事,又极力主张向稍显弱小的吐蕃开战。结果帝国以巨额的财力人力为代价,彻底克灭了河湟一带的吐蕃势力,开拓了西过青海,东至兰、熙、岷州,北接西夏,南毗阶、成州三千余里的疆域。这场胜利虽然辉煌,但并没有什么直接的利益,实质上倒是为帝国徒增了一个沉重的负担。

外患的减轻并非是本朝国力气势增强的结果,这主要来自于四境夷狄特别是两个主要的敌国夏、辽的衰落。自得于暂时利益的惰性既能使意志消磨而安于现状,也会带来政治的衰败和力量的分化,最终使他人得享其利。西夏在败于宋朝后彻底归附辽国。而辽国自其道宗皇帝即位后,贵族内部的倾轧日趋严重,政治腐败,民不聊生,域内各族纷纷揭竿而起。到了徽宗即位后一年,亦即辽国新君天祚帝即位时,原本强大的政权已经摇摇欲坠。一个民族无论其祖业是如何的辉煌灿烂,如果只会守成而不思进取,最终必将被无情的历史所淘汰。夏、辽两国也许就是一个典型的例子。

在辽国统御下的遥远北方的白山黑水之间,居住着一个古老的民族"女真族"。女真的起源虽早,但由于居处绝远,与中原交通不便,一直默默无闻。中国人最早称其为"肃慎氏",后来又有"挹娄"、"勿吉"、"靺鞨"之称,五代时始称"女真"。很长时间里,女真处在一种相对野蛮的发展程度上,部族之间不相统属,互为残杀,故而制度落后,势力不强。辽朝建立后,对尚未归附的所谓"生女真"发动战争,基本收服了其绝大部分的部族。女真归顺辽国后,因避辽帝耶律宗真之讳,改称"女直"。

到十一世纪中叶,女直内部的融合开始完成,其中的一个部落"完颜部"逐渐强盛,并由此形成了一个广泛的部落联盟,其酋长乌古迺被辽帝封为"生女直部节度使"。乌古迺与其子劾里钵、颇剌淑在辽的支持下,不断内联外战,逐渐变弱为强。十二世纪初也就是中原宋王朝进入徽宗时期,乌古迺次子盈歌出任联盟长,一个新生的女直联盟业已巩固壮大。盈歌统一号令,加强权力,使完颜部为首的部落联盟开始具有对抗辽国的实力。宋徽宗崇宁二年、辽天祚帝乾统三年(公元1103年),盈歌死,劾里钵长子乌雅束继任,又向西面发展,攻克泓忒城,扫清了后方。宋政和三年、辽天庆三年(公元1113年),乌雅束死,弟阿骨打成为新的联盟首领,称"都勃极烈"。完颜阿骨打的出现是女直联盟走向强盛的最终反映。一个相对落后的民族总是免不了要走向世界,掠夺和扩张不仅能获得土地、物产,同时也能发展和壮大自己,更重要的是能够在无形中吸收新的东西,提高自身的文化。历史的潮流不会因为其过程的残酷而止步不前。

阿骨打早就是女直部落中一位深孚众望的军事统帅,在南征北战中立下汗马功劳,具有勇敢的斗志和强烈的叛逆精神。这是与新生女直部落的民族性格紧密相关的,奴役和压迫必然带来反抗,女直已经被辽国统治了一百多年,摆脱奴隶地位自是它必然的要求,阿骨打顺应了人心所向,因此得到了广泛的拥护。内部的问题一解决,女直的成功就指日可待了。阿骨打即位后,便向辽国表示出强硬的态度,开始为彻底推翻这个压迫者做准备。

但我们的帝国对这一切并不清楚。朝廷上下只是模模糊糊地感觉到北方的盟国辽国内部似乎正面临着一场严重的内乱,但说起来这毕竟是与我们无关的事情,与其杞人忧天自寻烦恼,倒不如隔岸观火逍遥自在。

当然也有人另有想法,时为枢密院长官的童贯就是其中之一。

致命的诱惑:联金伐辽

童贯是个宦官,因善迎人主而被宠信。徽宗任用宵小的一个主要表现就是重用阉竖,童贯就是其中一例。也许是兴趣上的臭味相投,他与蔡京是莫逆之交。蔡京入相,荐童贯为西北监军,从此操纵天下兵柄近二十年,位比宰相,权势熏天。人称蔡京为"公相",称其则为"媪相"。蔡京与童贯主宰着徽宗政治的文武两端,是人们心目中倾覆天下的罪魁祸首。虽然如此,天子却属意有加,命他主持西北战事,因此对西夏、吐蕃的胜利,便归在了童贯的名下。政和初年时的童贯十分得意,竟打起了图辽的主意,向天子请求出使辽国以探听虚实。徽宗同意,遂以祝贺辽帝生辰的名义,命端明殿学士郑允中为正使、童贯为副使出访辽国。即使出任副职,以宦官为国使也是有悖大朝风范的事情,可徽宗出于觇伺敌国的考虑,并未顾忌朝野的非议。

童贯使辽并未打探到有用的信息,但他回国途中道次辽南京析津府卢沟一地时,却有了一个重大的收获:遇到了一位奇士。

此人名叫马植,本是辽之大族,官至光禄卿,但在辽朝的名声不太好。也许是这个原因使他产生了报复心理,在政和二年(公元1112年)十一月份的一个黑夜,马植秘密地来到童贯下榻的馆驿,自称有平燕之策,请求童贯接见。童贯与其一谈,大为惊喜。

马植此时已俨然是宋国臣子的口吻,他的计策是:女直对辽人恨之入骨,而辽天祚帝又荒淫失道。宋军若自登、莱一带涉海而渡,即可联络女直相约攻辽。此计得到童贯的极力赞成,遂易其名为李良嗣,载与俱归,荐于朝廷。

从海路上溯径至幽燕之北,这条路线一直就有人走过,并非新鲜之举。建隆年间,就有女直人取此道泛槎而下,至登州卖马,只是在后来渐渐中辍。百余年来,因为该地接壤诸蕃,帝国政府一直严禁商贾舟船取此道北上。因此朝廷讨论下来,都认为轻开此路对中国不利。但徽宗不死心,又单召马植详细询问。马植坚持己见,认为辽国必亡,他对皇上道:

"陛下念旧民遭涂炭之苦,复中国往昔之疆,代天谴责,以治伐乱,王师一出,必壶浆来迎。万一女直得志,事不侔矣。"

马植的话从理论上当然不错,他的慷慨陈词也足以打动好大喜功的天子,于是又赐其姓赵氏,正式改其名为赵良嗣。徽宗虽然没有立即采取行动,但无疑却把马植的主意深深地记在了心里。灾祸的种子就这样种下了。

从军事上说,内外夹攻,出其不意,确实是一条妙策。从原则上讲,收复幽云故疆,吊民伐罪,更是王道的要求。行此大业,不仅能尽雪前耻,尚能建不世之勋,也是天子义不容辞的责任。但若冷静思之,事情却并非这么简单。

第一是本朝在西边的胜利并不能表明帝国有能力重开战争。财政上的困难不论,军队的实力也并非如天子想象中那么强大。特别是北边一线,百余年来没有大战的考验,其战斗力实在是要打上一个问号。励精图治整军经武不仅需要清明的政治和仁德天子的感召力,更需要时间和具体策略。以本朝目前的政治军事现状,委实是不能轻举妄动。

其次是臣民的心中已彻底放弃了武力强国的幻想而趋向于务实。正如熙宁开边引起激烈非议一样,赵良嗣的建议之所以在一开始就遭到反对,正是这种心理在作怪。若非蔡京的擅权使朝政形成了一言堂的局面,还会遭到更加强烈的反对意见。人心厌战,这是最最主要的抵触力量。

另外就是一个道义上的因素。本朝虽然曾经蒙耻于辽国,但自澶渊之盟后,长期的和好已使双方成为实际上的盟国。尽管每年的岁币在心理上多少有点说不过去,可辽人不再刻意为敌则是不争的事实。中国的传统是讲究信义,本朝则更是一个泱泱礼仪之邦,如何又能撕毁盟约而做出这等禽兽不齿之举?从另一方面考虑,谁又能保证女直得志后不生虎狼之心?唇亡齿寒、假道灭虢是立即就能想到的教训,后来不少人坚决否定夹攻之议就有这方面的理由。

徽宗显然没有对此事深思熟虑,同童贯一样,天子一开始就为赵良嗣的这条计策兴奋不已。朝议提出的不利因素只是暂时打消了他的想法,并没有引起他的足够重视。政和四年(公元

1114年)九月,阿骨打率各部兵共二千五百余人向辽进攻,拔寨掠地,俘获甚众。十一月,辽师反击,在出河店被女直打败,阿骨打乘胜进兵占据辽东。翌年,阿骨打即皇帝位,国号"大金",建年号曰"收国"。建国伊始,阿骨打即亲自领兵攻占辽国重镇黄龙府。九月,辽天祚帝统领举国主力共十数万来伐,又被金军击溃,天祚帝狼狈而逃。此后的两年中,金军又攻占了辽之东京等地的大片领土,锋芒直逼中京大定府和上京临潢府,辽祚气数已奄奄将尽。宋政和七年(公元1117年)七月左右,辽国东京府苏州地区(今辽宁金县一带)的一些汉人约二百余人为避战乱,乘坐一条大船欲往高丽,不巧遇风,被吹到宋界驼基岛。这些人的到来,使金军攻伐辽国且已打过辽河的消息传到了朝廷。

徽宗闻之大喜,急召蔡京、童贯商量,两人建议朝廷派人以买马为名前去访闻虚实。但第一次派去的人因为怕事,到了金人攻下的辽国苏州地界后不敢上岸,转回青州,却谎报女直不纳。经过青州安抚使崔躬直的调查,朝廷发现了他们的渎职欺骗行为,徽宗下令严惩之余,于重和元年(公元1118年)八月又派马政、呼延庆两人再往。这时,天子"联金攻辽"的想法已经形成,尽管这个决策遭到了很多人的非议,但在蔡京、童贯的坚持下,徽宗终于未能拒绝这个强烈的诱惑。

这场交涉进行得十分艰难。往来不便是一个原因,但主要还是双方的主观态度所致。出于对辽国的负疚心理和道义上考虑,朝廷在一开始时采取了极其秘密的方式,事既暧昧,目的性也很不明确。因为名义上是去买马，所以出使人选是两位低级官员，并不负有全权责任。宋金之间从没有外交上的接触，相互之间都不甚了解，这使得金人很不信任马政等人，金国边将对他们百般刁难，使之在十月中旬才见到金帝阿骨打及大臣宗翰等人。金朝于十二月遣李善庆等三人回访时，反而赍带国书及贽见之礼，相形之下，倒比宋朝正规而有礼节。

宣和元年（公元1119年）正月，李善庆等来到东京，双方初步达成了夹攻之议。但宋朝派人与李善庆渡海报聘走到中途时，由于徽宗轻信了辽金之间已达成妥协的情报，下诏令使节人员不必前往，只派呼延庆送李善庆归国。这个轻率的举动引起了金人的不满，也暴露出朝廷对这个重大举动并没有周密的准备和详尽的计划。当然，才疏意广的蔡京、童贯之流也根本就做不到这一点。

更大的失误还在后面。到了宣和二年（公元1120年），事态已经十分明朗，在金兵摧枯拉朽般的攻势下，辽国外战未胜，内难先作，废立叛亡之事相继蜂起，已呈土崩瓦解之态。此时，徽宗仍然躲躲藏藏，不敢明令出师，只是宣密旨于童贯，命他见机图复燕云之地。童贯受命后第一个想到的却不是整军肃武积极备战，而是想依靠外援走一条捷径，于是在这年的二月建议派赵良嗣、王瓌再度赴金商议夹攻。

事情紧急而机密，因此天子只是给了两位专使"奉旨面议"的口谕，并不另赍国书，而以一通御笔手诏代之。这道手诏只有简单的几句话："据燕京并所管州城，原是汉地，若许复旧，将自来与契丹银绢转交，可往计议。虽无国信，谅不妄言。"

手诏的文字不仅语意不明,而且逻辑混乱、态度卑弱,在外交上先折了锐气。燕京等既原是汉地,又何谈"若许"两字?双方既是平等协商共图辽国,根本就不能首先示弱而允诺"将自来与契丹银绢转交"。这明显反映出天子和主事者既未能审时度势,也并没有彻底洗刷祖宗耻辱的大志,他们只想到燕云一地,并想当然地以为可以用金钱财物来换取。殊不知,被动地接受他人的施舍只能是自掘陷阱。果然,阿骨打与赵良嗣讨论岁币数额时不同意三十万两的数目,他的理由很充分:契丹占有燕京,尔南朝犹与之五十万,今将燕京还与贵朝,如何只给三十万?良嗣无法自持,只能答应。更糟糕的是,燕云共有十六州,天子在手诏中笼统地只提"燕京并所管州城",给赵良嗣的谈判造成了极大的被动。金人坚持所议者只是燕京一地,其他不在商讨范围之内,尽管良嗣竭力争取,金人始终不松口。也难怪,金人本不想轻易地将血战而来的长城以南原有汉地尽数归还,这势必在今后的战略攻防上要吃大亏,现在既然你只提燕京,正好顺水推舟。良嗣归来后,朝廷才发现铸成大错,于是赶紧补救,又派马政复赍国书报聘,对要求归还的所谓"五代以后失陷诸州"的燕、云十六州进行了详细的说明,但已经于事无补。金人的态度强硬,不仅认为平、滦、营三州不属燕京,对原答应的西京大同府也不予承认。宣和二年(公元1120年)十月,金廷派遣哈噜随同马政返报,聘书的主要内容一是要宋朝如约夹攻;二是若欲西京,须再加财币。这场交涉到现在仍无结果,徽宗无法不感到怏怏。

此时,帝国内部的情形已经不妙,东南一带的民众苦于"花石纲"之役,纷纷暴动,睦州青溪人方腊揭竿而起,竟成燎原之势。攘外须先安内,这是帝国的一贯原则,于是童贯受命出征方腊,夹攻辽国的准备又被放下。哈噜到京时,徽宗已经不想再如前约,传旨道:鉴于辽人已知海上往还之事,前议已无意义,可谕其使者令归。负责接待金使的国子司业权邦彦闻之大惊,力言不可,天子方收回成命。不过,从天子到大臣都对此犹豫不定,拿不出良策,徽宗只好传令暂留金使,俟童贯回来再议。哈噜等了个把月,童贯仍未得胜班师,只能返国。朝廷不再遣使送归,国书也含糊其辞,只笼统地写了"所有汉地等事,并如初议。俟闻军到西京,以凭夹攻"云云,完全放弃了主动。徽宗天子联金图辽、恢复祖业的想法在原则上是不错的,但以己度人,幻想着金人也能像讲究仁德的中国一样不失仁慈之心,那就是幼稚得可笑了。大臣们显然也未能忠于职责,拿不出得体的措施来应付时局,只是以不能轻开边衅的理由一味反对开战。无事则可自安,这是中国传统中最奇妙的麻醉剂,无疑也是最危险的毒药。

这次交涉因为取道海上,后人遂称之为"海上之盟"。盟约的主要内容归纳起来有四点:一是宋金同时攻辽,金兵负责攻取长城以北州县,宋军则攻取燕京;二是灭辽后宋廷须将原给予辽的岁币转予金国,作为交换,长城以南州县归宋管辖;三是双方不得单独纳降;四是不得出兵失期。实际上,由于双方各怀心思,分歧出入很大,加上往还不便,因此达成的盟约并不十分严谨。从宋廷这一方来讲,因为处于被动的地位,也不可能在外交上有过高的要求,所以在最后一度十分消极,甚至产生放弃的想法。

谈判桌上的砝码取决于自身的实力和战场上的胜利。从宣和三年（公元1121年）十一月至宣和四年（公元1122年）三月，金军进兵神速，已攻占辽国的绝大部分领土。而宋廷方面见到形势有利，这才又想到履行夹攻之约。经过一场激烈的争辩，徽宗命童贯和蔡京子蔡攸率领大军北伐。然而面对行将崩溃的辽国，宋军却屡遭败绩，十月二十九日，宋军高世宣部在业已进入燕京的情况下，犹被辽兵击溃。可怜宋军十万兵马一溃千里，所有粮草辎重尽委尘土。童贯为逃避责任，赶紧暗中派人联络金兵入关进攻燕京，结果引狼入室，金人于十二月三日攻克燕京，使得宋廷在外交上陷入了更大的难堪境地。

这时的金人态度倨傲、要挟苛刻自然顺理成章，徽宗为了最后的一点收获也只有委曲忍让。弱者固无外交可言，除了仰人鼻息，实在也无他路可走。经过四五个月艰难的交涉，双方终于达成协议，宋帝国也在宣和五年（公元1123年）四月十七日得到了金人剽掠已尽的一座燕京空城和满目疮痍的蓟、景、檀、顺四州。而为此付出的巨大代价是：原付予契丹的岁币年银二十万两、绢三十万匹，燕京税赋年一百万贯，犒军费银十万两、绢十万匹均转付予金人；另外，赵良嗣还口头答应借给金军二十万石的军粮。尽管岁币及燕京税款尚不至于马上交付，但金人对犒军费则要求一次付清，二十万石米粮名义上是暂借，其实也是有去无还的事情。不过，帝国在这方面是从来都不把实际利益放在首位的，几座空城虽然浑无意义，但在政治上却有它的价值。天子可以援此自德，政客亦可以借此自利，既然皆大欢喜，谁又去做煞风景之

事?所以尽管人人都知道金人今后必将渝盟,但谁也不敢说出口。只有赵良嗣私下里对人说:

"此盟约只能保三年而已!"

良嗣作为本朝的全权大使,是整个宋金交涉的见证人,最清楚其中的过节与甘苦。但他的这个估计也过于乐观了。帝国君臣共同的毛病是既没有想到金人会最终取得胜利,更没有想到一个新生的弱小政权竟会就此坐大。所以当金人在仅一年多的时间后就寻衅南下时,童贯万分惊诧:"金人初立国,遽敢作如此事?"徽宗天子更是如雷震顶,连呼"不意金人如此"。正是他们的不明事理,断送了帝国的半壁江山。

可以肯定的是,即使没有宋廷后来出于对金人的怨望而招降辽国残余势力的违约行动,金人也一定会挥戈南下。这个新兴的夷狄之邦虽然制度未备、政治未精,没有什么高深的理想,可通过掠夺性的侵伐可以获得好处的浅显道理,决定了他们不会因为仁义礼信而裹足不前。事实上,金廷内部的智识之士早就有这个想法,只不过因为力不暇及而暂告缓如而已。宣和五年(公元1123年)八月,金帝阿骨打殁于军次,其弟吴乞买继位,后来的庙号为"金太宗"。新君甫立的政局和战线过长的态势,也使金廷不得不暂且按下一头,全力对付辽之残余。但徽宗也做得太过分了,竟想到诱降狼狈逃窜的辽天祚帝,甚至许诺待以皇弟之礼、第宅千间、女乐三百余人的优厚条件,这种愚蠢之仁真是莫名其妙。更荒唐的是,天子和当时的主政者王黼想通过捷径来获得战场上得不到的东西,当投降金朝的辽将张觉以平、营、滦三州来降时,竟予以接纳。岂料张觉出城接诏时,金军从天而降,张觉落荒而走,宋廷敕书、诰命尽数落入金人之手。三州既未能得,又徒授金人以"违盟渝约"的把柄,最后还不得不斩张觉之首以谢罪,什么好处都没捞到。从宣和六年(公元1124年)三月开始,金人不断挑衅,先是借口二十万石军粮未能克日交齐,鼓动西夏军进攻武、朔二州,后来干脆公开起兵,于该年八月攻下宋军控制下的蔚州。

蔚州是山后九州之一,这个九州属于"燕、云"中的"云州地区",按照宋金初约,原本也是要归于宋廷的。金人占有其中七州后,本就不愿把此战略要地让给宋朝,此时借机吞并蔚州,当然也不会再守前议。蔚州失守,徽宗仍想当然地认为这犹不过是边境争端,又复起用退休的童贯前去交涉,同时仍不放弃招纳辽天祚帝的想法,命他见机行事。但辽帝也知道宋廷绝不可恃,没有接受宋朝官家的美意,转投西夏,当他在宣和七年(公元1125年)二月十九日走到应州新城东六十里时,终于为金将洛索所执。可以想见,辽国的正式灭亡之日,也就是金兵南进之时。经过近八个月的酝酿,金廷上下于这年的十月统一了意见,决意伐宋。此后,金廷开始集结军队,准备粮草,并已制定了具体的作战方略。这些消息当然也断断续续地传到了朝廷,但没人把它当作一回事。

这时童贯已返回太原,留在大同府交涉山后诸州事宜并兼伺敌情的宋廷使者是马扩。马扩早年即随父马政使金,又参与了交割燕京的谈判,也是帝国的不可多得的外交人才之一。这一天,马扩突然发现馆驿中供具甚厚,超出了平常款待的标准,非常奇怪。

金朝一方的首席谈判萨里穆尔笑道：

"这是最后一次招待贵使了!"

一语道破天机。

同当年的辽师一样，金兵在短短的二十天后就打到了太原。十二月二十一日，另一路金军也已包围了中山府，离东京只有十天的路程。

一百多年前那次凄恻惨痛的记忆早已在时间的流逝中消失无痕，健忘的人们哪里还能接受这样的打击！像是在六月盛夏突逢飞雪一般，整个帝国都被这个急变所震惊，就连东京宫城鳞次栉比的流檐飞甍，也似乎为此而战栗。徽宗在满面惊泪中的下诏罪己、遣一使求和，不过是些可有可无的姿态，朝廷下令召四方勤王之师，自然也是画饼充饥之举。宰执虽日聚都堂，依旧茫然无策，只忙着向各地遣送家属而已。在如此情形下，徽宗最后所能做的，也就是备舟楫装宝货而准备南下了。帝国君臣就如同一群刹那间受惊的雁阵，眼看就要四散而去。

太常少卿李纲采取了一个大胆的举动。二十一日夜里，他来到素相友善的给事中吴敏的府第，郑重提出：只有今上引咎禅位，才能使天下克济赴难。吴敏没有辜负好友的信任，第二天就向徽宗建议效唐明皇故事禅位。二十三日上午，李纲怀揣血疏，在玉华阁恳请官家禅位太子以号召天下。经过几个时辰的犹豫，徽宗在无奈中终于接受了这个选择，装作因忽然中风半身不遂给自己找了一个台阶，宣布内禅，由太子即位。这就是后来庙号为"钦宗"的赵恒。他是一位更不幸的皇帝，即位仅一年有余，就与其父一起作了金人的阶下囚,最后客死异乡。

钦宗继位六天后就是新年,新君将这一年改元为"靖康元年"(公元1126年)。迫于压力,首先严肃处理了以蔡京为首的六大"贼人",其中蔡京流放,童贯、王黼、朱勔包括蔡京的两个儿子先后处斩,李彦、梁师成赐死。然后任用李纲固守东京,也不再提弃城之事。这两件政治革新多少唤回了一些士气人心,也使得李纲成功地保住了帝国的首都。然而好景不长,当孤军深入的这支金军部队不欲恋战而提出议和时,钦宗马上就改变了初衷,以割让太原、河间、中山三镇和在东京就地搜刮而来的金银数百万两为代价,换取了金兵的撤退。令人悲哀的是,这时陆续而来的各地勤王之师已将近有二十万之众,而围攻东京的金军只不过区区六万人。

金人南侵之师兵分两路,分别由完颜宗望、完颜宗翰率领。宗望的名字又译作"斡离不",是金太祖第二子,时任南进大军的右副元帅;宗翰又译作"粘罕",是阿骨打的堂兄弟,时为西路军主帅。宗望这一路意在直图东京,因此进军神速。宗翰则由西路经太原包抄而下,意在与东路宗望军合攻东京。由于两路进程有异,此次进攻的目的未能完全实现,宗望撤围东京后,宗翰也回师大同府。八个月后,金廷再度发起攻击,这一次宗望、宗翰两军只在一个月的时间里就成功地实现了会合,并于十二月初完成了对东京的包围,断绝了四方宋军的来路。金人锋镝尽聚,已是势在必得,当然绝不仅仅满足于三镇之地了,宗翰派人传言,要求划黄河为界。

庙堂之上，早已没有死义之士。李纲已被罢知扬州，另一位老资格的将领种师道也不幸病死，剩下的不是贪生怕死因乱谋利之徒，就是浑无韬略自以为是之辈。虽然谋夫众多，发言盈庭，讨论的内容也只有割地请和一端。以此来对付欲壑难填的金人，又能济何事！李纲招募的河北军已被解散，四川、福建及湖广诸路的勤王兵马也被遣回本路，帝国在军事上已没有任何抵抗力。既不想战，又不能战，钦宗只有按照金人的意思下诏，令黄河以北州县"仰开城门，归于大金"。政府既然放弃了保护百姓的本职，天下黎民自然也就失去了忠于朝廷的必要，天子诏命一出，两河百姓汹涌而起，表示绝不从命。金人无力逐城逐地攻掠，便刻意压迫已在囊中的宋廷。靖康元年（公元1126年）闰十一月三十日，在勤王之师一无赴者的情形下，堂堂帝国的天子钦宗终于跪倒在金人的面前，称臣谢罪，表示纳躯听命。靖康二年（公元1127年）正月九日，钦宗第二次被宗望、宗翰强令至金营后，便一去无回。同时，后宫嫔妃、皇亲国戚、技艺百工、娼优僧道乃至帝国府库和首都东京的一切所有，都成了金人的战利品。

最妙的是我们的太上皇徽宗，他本在金人第一次兵临城下时就已跑到江南的镇江府去了，但由于不能割舍贵为天子的滋味，在宗望退兵后的靖康元年（公元1126年）四月，竟别有用心地回到东京。这一次他聪明反被聪明误，不仅未能重坐龙廷，反而身陷危城。钦宗被执后，徽宗在金人索要甚急的情况下，被手下人哄骗出城，也当了金兵的俘虏。靖康二年（公元1127年）二月初六，金人废徽、钦二帝。三月初六，册立原太宰张邦昌为帝，建立傀儡政权"大楚"。数天后,金师北还。

唯一使人感到安慰的是,徽宗的第九子康王赵构因为不在东京而免遭虎口。五月,时为河北兵马大元帅的康王在离东京不远的南京应天府(今河南商丘)称帝,这就是后来的"高宗"。尽管时势仍极度艰难,但不管怎么说,大宋国祚总算是赖以保存了,这是不幸中之万幸。

徽、钦二帝最后被迁移到金国腹地的一个偏僻小镇五国城,在夷狄的牢窗下度过了屈辱的余生。

同时被掳的皇子皇孙、王公贵戚和后宫妃嫔都随之而沦为亡国之奴。在颠沛流离的迁徙中,不少人即由于不堪饥寒而抛尸野外,其余幸存者则被迫垦田荒外,种莳自给。等而下之者降为奴隶,执炊牧马,菲衣薄食,不到五年,十不存一。最不幸的是女子,无论是王妃帝姬还是宗室妇女、名门闺秀,或沦为奴婢,或选为女乐,几乎无一例外地成为金人的淫具,被奸淫毙命者亦数不胜数。百姓妇女,大多沦为娼妓,在金人的奴役下强颜欢笑,残喘苟延。

生活能够改变一切。我们的徽宗从至高无上的天子一落而至阶下囚,使他从一个异想天开的艺术家变成了一个真正的人。"彻夜西风撼破扉,萧条孤馆一灯微;家山回首三千里,目断天南无雁飞"、"九叶鸿基一旦休,猖狂不听直臣谋;甘心万里为降虏,故国悲凉玉殿秋",痛苦、悔恨、无奈和悲伤的体验也使他的诗词一洗铅华,成为血泪心境的真实写照。公元1135年6月17日,徽宗在尝尽了极度的屈辱和伤痛后,郁郁而终,享年五十四岁。钦宗比他的父亲多活了二十六年,于公元1161年逝于五国城。

从被俘之日直到客死异乡,徽宗从未放弃过有朝一日能够回归故乡的幻想,然而,他还是带着极大的遗憾告别了人世。兔走旧窟,狐死首丘,徽宗只有在临终时遗命归葬中国,但他的这个最后愿望也没有被金廷所同意。徽宗去世五年后,宋金休战达成协议,金廷虽然特许高宗生母韦太后归国,可并不放还钦宗。在此后的岁月里,钦宗一直希望他能避免像父亲一样的命运,执著地相信他的弟弟能够拯救自己于水火之中,直到最后的事实彻底击破了他的美梦。

靖康之难

某一种特别的经历足可以改变人的整个一生。

靖康元年(公元1126年)的那两次如履薄冰般的历险,就已经给当时的康王后来的高宗以终生都难以磨灭的惨痛记忆,在后来三十多年的岁月里,我们的第十位天子始终都无法摆脱这个怵心刿目的梦魇。

第一次是这一年的元月金人首次围攻东京,其时情形紧急,虽有李纲统领守军力保城池不失,但敌锋太锐,我军未集,固不能不和。然而当金使来到阙下邀亲王宰臣赴军前商议时,天子环顾宰执,竟无有对者。李纲请行,钦宗不许,怕他出言不逊惹怒金人。最后,选派李棁奉使。谈判下来,宋廷同意割地赔款,金人要求以亲王、宰相为质。李纲得知后上廷力争，反对增岁币、割三镇，更不同意亲王出使，但在内外惶惧的大势面前，未能被天子接受。

此刻，徽宗诸子中年长者只有肃王赵枢和康王赵构两人在京，蹈险入质，二者必有其一，没有其他选择。康王也许是想透了其中道理，于是私谒皇兄钦宗，毅然请行。在他的慷慨英武面前，李棁十分惭愧，不得已打了个圆场道：

"金人不过是担心我朝失信，要亲王送他们过河罢了。"

康王正色道："国家有急，死亦何避！"

一时闻者悚然。在那一刻，我们未来的天子似乎确实有着一种为国赴难的冲动。临行前，副使张邦昌自度此去凶多吉少，吓得涕泗交集，康王犹还责备道："此大丈夫本分，相公不必如此！"初生牛犊的勇气在于阅历的贫乏，而并非是本性刚强，现实马上就能证明这一切。

长于深宫的康王赵构第一次见到了真正的枪林戟阵，第一次面对贪婪狡狯的夷狄之徒，也真正地体会到了敌人的猖狂气势，他无法不从内心里产生一种强烈的震惧。这种震撼足以摧毁道行匪深者脆弱的防线，凭着年少冲动而意气用事慷慨入质的康王当然未能免俗。当东京守将姚平仲轻率地夜劫金营落败，金人以此呵责恫吓宋廷人质，大有斩之以徇的意思时，康王也显然不能坚持他早先的那种豪迈气概了。不过，与已经是股战而栗、痛哭流涕的张邦昌相比，康王尚还能够自持，没把大宋亲王的颜面尽数丢尽，他倒是有理由为此自豪的。

宋廷竟然不顾人质的死活发兵劫营，颇让金人感到意外。宗望由此想到庶出的康王赵构似乎不足为恃，便提出要更换肃王赵枢来营，同时于二月初九放回了康王和张邦昌。我们的康王后来能成为天子并成功地保住了大宋的国祚，或许还是宗望一念之差的结果。倒霉的是肃王，自入为人质后，各地宋兵已渐趋京城，宗望久候西路军不至，眼看三镇也已到手，遂不等宋廷交纳金币数足，引兵北还。肃王也从此一去不回，建炎四年（公元1130年）殁于五国城。

如果说这一次的经历启迪了康王某种想法的话，后来的那次险情则让他感到无比的后怕。靖康元年八月金兵再次南下，起初并不理会宋廷的议和之请，直到攻下真定、中山两府后，在加紧进军的同时，佯示和意，方提出割让黄河以北之地的条件。宗望这时已知道上一次更换人质反而弄巧成拙，因此一开始就准备挟掳康王为质。在这件事中，宋使王云扮演了一个不光彩的角色，他听信了宗望的话，派遣从使李裕从真定返回东京传言道：金人已不复求地，但索五辂及上其尊号而已；且须要康王亲自前来，方能达成和好之议。上尊号不过是名义上的顺从，比称臣纳贡要好许多，"五辂"即帝王所乘之车，更乃无足轻重之物，明白人是不难看出金人之心绝非仅此的。但钦宗宁信其真，不信其假，在业已回朝的王云鼓唆下，于十一月诏命康王奉衮冕玉辂，偕中书舍人耿延禧及王云出使河北金营。康王赵构前一次急难赴义的英勇为他自己酿就了恶果，这一次就算他再怎么不情愿，也是在劫难逃。

是磁州知府宗泽拯救了康王的性命和大宋国脉。宗泽字汝霖,出身于乡绅之家,元祐六年(公元1091年)进士及第,此后一直在地方做官,政绩卓著。大约是在靖康元年(公元1126年)的四五月份,以六十八岁的高龄应诏入京。金兵二次入犯,朝廷本拟由宗泽出使,由于他坚决反对盟赂敌国的抗战态度而罢,改命他出知前线重镇河北磁州。其时太原府已失守,出任河北的官员大都托故不行,在帝国存亡之际,宗泽表现出舍身求义的崇高风范,受诏即日便单骑就道,从者只有十余人。宗泽到任后,真定府亦沦陷于敌手,敌酋宗望又派兵进攻磁州,宗泽身先士卒顽强抵御,成功地击溃了来犯之敌,声威震于河朔。

康王一行人于十一月二十三日抵达磁州时,金兵已于七天前渡过黄河。宗泽认为金人绝无议和之意,力劝康王勿行。在他的影响下,磁州民众亦遮道阻谏。康王当然十分犹豫,然君命在身,王云在侧,他也无可奈何。宗泽阻留之意甚坚,最后鼓动愤怒的百姓杀掉了王云,终于使康王北行之事半道而辍。要不是宗泽的坚决,康王必然也像他不幸的父兄一样客死在异国他乡。当十二月初金军长驱直入团团包围住东京后,不仅他本人为此感到万分侥幸,连许多身陷重围的朝官都认为康王能为磁州士民所留,一定是天意使然。

很难用一两句话来概括这一年的经历给我们的亲王造成的影响。但可以肯定的是,从此以后那位慷慨陈词"为宗社大计,岂应辞避"的康王已经不复存在了,后来的赵构脱胎换骨,成了一个完全不同的人。照宗庙次序算来,徽宗诸子中康王排行既末,又是庶出,若不是金人南下掳走二帝,永远也轮不到他入继大宝。

也许这两次吉星高照的意义就在于不仅仅使他能够领受到百年难遇的机会,更让他懂得了怎样百般珍惜这个上天所赐的礼物。

康王是靖康元年(公元 1126 年)十二月一日受钦宗密传蜡诏开府于相州,出任河北兵马大元帅的。当时麾下的兵力约有五万,将领有张俊、苗傅、杨沂中、田师中等人,分作五路次第进发。半道上宗泽和信德知府梁扬祖率兵来会,兵势更振。但当东京议和的消息传来,特别是钦宗生怕勤王军前来会引火烧身,又传密诏诫勿轻动时,康王立即就倒向了元帅府中主和派汪伯彦、耿南仲的一方,转趋东平府。只命宗泽一军取道大名、开德进逼东京。为已成危卵的东京着想,康王投鼠忌器,此际停兵不进也不能算错,但当事态渐趋明朗、和议将成镜花水月的时候,再对金人抱有幻想,那就不仅是十足的胆怯,而且是多少还有点别有用心了。当二帝终于被掳后,河北元帅府也没有什么实际的行动。只有宗泽提军追击,欲从大名府渡河据敌退路邀还二帝,然而势单力薄,未能得志。

二帝被囚,东京的帝国政府随之土崩瓦解,康王在痛哭流涕中登上了天子的宝座,这是靖康二年——新帝即位后将这年改元为"建炎元年"(公元 1127 年)——五月初一的事。第一件反映出新一代天子某种心态的行为是他对傀儡张邦昌的态度。金兵北还后,张邦昌显然是出于无奈才归宝避位的,这与他当时出任"大楚"皇帝的情形如出一辙,都是贪生怕死、毫无原则的表现。但即位后的高宗却不仅对他宽宥有加,犹还授衔太保,封同安郡王。

很明显,新帝十分同情张邦昌所谓"为人所胁"的不得已做法,从某种角度说,经历过若干变故的高宗甚至很能理解张邦昌的无奈。对此,六月初赶到天子行在应天府的李纲十分不解。

"张邦昌僭逆,不得已而自归。朝廷既不正其罪,又尊崇之,这是什么道理?"李纲语重心长,"陛下欲建中兴之业,而尊僭逆之臣,以此示四方,其谁不解体?"

由此而联系起天子对伪命臣僚一律置而不问的作法,李纲更感到愤懑难捺:

"如此,何以励天下士大夫之节?"

高宗重用李纲的心情迫切,这使他最后接受了他的规劝,下诏处理了张邦昌和一些接受伪命之臣。不过,其时的不少宰执之臣如中书侍郎黄潜善等却站在邦昌的一边。在国家破败、宗庙涂炭的大是大非面前,竟还不乏为投降者开脱的人,其本身就说明帝国临时政府的立场并不坚定,至少还存在着事迫于危时采取变通从权政策的潜意识。实际上,当天子有意任用李纲之初,就有不少人持反对态度,这些人大都在一开始就力言和议而抵触抗金。例如御史中丞颜岐提出的理由是李纲素为金人所恶,不可大用。从原则上讲,这简直就是站在了敌人的立场上,若以通敌罪论处,都不算过分,但天子不过是将颜氏调离它任而已。

就在李纲大力整顿军政的同时,高宗仍不忘遣使赴金营求和,但天子诚恳的通好之请未被金人接受。在黄潜善、汪伯彦及殿中侍御史张浚的一力诋诃下,李纲也终未能安于其位,八月十八日被罢,在相仅七十五天。另外一件令亲者痛仇者快的事是太学生陈东竟因上疏言事而被杀。

陈东是宣和七年（公元1125年）伏阙上书，乞诛蔡京六贼的首脑人物，此后一直为国是上书直谏，拳拳报国之心，天下皆知。高宗闻知陈东之名，召赴行在。陈东来到后，立即上疏切言宰执黄潜善、汪伯彦不可任，李纲不可去，并请皇上驾还汴京，治军亲征，迎请二帝。陈东确实过于忠耿而至于天真了，在天子想来，敌强我弱，要寡人遽而亲征赴险，岂非以卵击石、羊入虎口？再有一个说不出口的微妙是：若二帝南还，则朕又将置于何处？所以深怨诟己的黄潜善密请诛杀陈东，正合天子的心意。高宗不能重责李纲、宗泽，却无妨杀一布衣。就这样，杰出的爱国之士陈东未死于夷狄铁蹄之下，却命丧于中兴君王高宗之手，死年四十二岁。同时被斩的还有一位抚州人欧阳澈，他同陈东一样因上书指斥用事者黄、汪之徒而遭致不幸。陈、欧两人被斩于市曹时，连行路之人都为之涕下。

天子和周围大臣的心态作为如此，帝国前途的基调已经初显端倪了。最能说明问题的事情是帝国的新君高宗就是不肯回銮东京。此时宗泽早已进驻汴梁，不断来疏恭请还驾，朝野人士亦纷纷上言还都，但高宗始终不为所动。天子一日不回首都，天子驻跸之地永远就是所谓的"行在"，中央政府就只能在天子行营办公，这对恢复帝国的行政及军事秩序是极为不利的。退一步说，即使担心东京易攻难守而暂避锋芒，也要立即定下"行在"之所，以便明出号令召集四方勤王之师。高宗即位以来态度暧昧绝不是不明白这个道理，而是另有想法。果然，当黄、汪及御前众臣提出要皇上巡幸东南时,高宗立即下诏同意。无疑,天子的意思就是以退避而望和了,所有的那些收复失地、邀还二帝的雄大誓言不过都是骗人的姿态而已。

李纲以为,即使车驾不还京都,行幸之所也应以关中为上,襄阳次之,而建康最下。皇上纵不能行上策,亦应去襄阳,以示不忘故都之心。李纲用历史教训作例子道:

"自古中兴之主,起于西北者则足以据中原而有东南,起于东南者则不能复中原而有西北。中原一失,东南不能必无其事,虽欲退保一地而不可得也。"

史实昭在,斑斑可证,这个道理确实不容置疑。而李纲提出的另一条理由更使天子无话可答:"陛下已降诏许留中原,人心为此悦服,奈何诏墨未干,遽失大信于天下?"

尽管李纲暂时打消了天子退避东南的念头,但并不能从根子上抹去帝国君臣怯战怕事的普遍心态。当金兵于这年九月进犯河阳、汜水,有南侵之意时,高宗立即下诏择日巡幸淮甸,并命淮浙一带增修城堡,招抚民兵,以备皇驾。另外又发布诏书以示圣意坚决:銮驾暂往淮甸,捍御稍定即还京阙;有敢妄议惑众沮挠巡幸者,许告而罪之,不告者斩。十月初一,天子登舟赴扬州,同时下令:以勤王为名擅募民兵溃卒者,并令遣散;有擅募者,帅宪司按劾以闻。从这一天起,帝国的天子就永远告别了中原大地,并无情地抛弃了两河之地坚守国土、引颈南望的忠义之臣和黎民百姓。

也难怪后人为之感慨不已。假如天子不走,留在中原腹地明诏抗战,未必就不能扭转帝国的覆败之局。最低限度,也能与金人划河而治,保住黄河以南的土地。

确实,形势虽然很严峻,但毕竟金兵主力已退,正倾其全力收剿黄河东、北未下诸城,对黄河以南地区的正面压力已有所减轻。同时,河东、北真正失陷者也才十余郡,余皆固守不降,成为金廷的绝大负担。宗泽已在东京抚循军民、修治楼橹,并屡挫敌军的挑衅;沦陷区内奋起保家卫国的忠义民兵,多则数万,少则数千,结寨山泽伺机出击,也在很大程度上牵制了金军兵力。就是不少宣和以来苦于苛政铤而走险、啸聚山林的盗寇,也纷纷来归,至于"行在"者即有十余万人,若善用其力,也是一支不容低估的力量。

忠而有谋的李纲本已在各个方面开始了整顿,在担任行在宰相的短短两个多月的时间里,举凡机构建置、募兵买马、军士训练、国赋税收等政治、军事、财政诸般措施,无不卓有成效。在李纲的倡议下,张所、傅亮、孙昭远分别受命置司河北东路、陕西路及京西北路,招谕山寨,养民为兵。一段时期内,三人政令之出,响应不绝,取得了极大的收益。如果李纲不去,使政令措施得以坚持,结果委实是很难预料的。

民心士气亦有可用者。张所部下的将领王彦,率七千人渡河而战,一举收复新乡,后突破金人重围,领七百部曲进入共城西山。部众皆面刺"赤心报国、誓杀金贼"八字,号称"八字军",两河山寨民兵归之者达十余万人,所控区域绵亘数百里,成为金人的心腹之患。各地特别是河朔一带的守臣兵民,大都协心并力,率励不懈，急切盼望着恢复，更不乏宁死不屈效忠赴义者。设若天子志在雪耻复仇，进君子而退小人，不惑于求和自安而勇于激励天下之气，国事之败断不至于发展到卒无可为的程度。

但这毕竟是后来人的一厢情愿。我们这个堂堂帝国的颓势并非是一朝一夕酿就的，这个道理不言而喻。本朝从来都不乏懦弱的皇帝，高宗皇帝也不例外，他的突出之点在于，严酷的现实使他一步步学会和掌握了聪明天子们所必备的法宝，那就是只有首先保全自身，才能最后庇护国家臣民。帝国的中兴君主从父兄的悲惨遭遇中更加深切地体会出了这个道理。

高宗的四次大难不死

整个建炎时期的四年，是帝国历史上最不平凡的一页，是一个彻底打破旧有格局，催生新兴之势的时代。历史的魔法以它惊人的创造力，看起来就好像是在刹那之间，就把大宋王朝的故事从东京汴梁转移到了钱塘临安。地理变迁虽然不是世事演化的唯一结果，但却是一切沧海桑田的最好表征。

建炎元年（公元1127年）四月张邦昌被废后，金人即有意南下，九月二十五日张邦昌被宋廷赐死，不过是金室再度进兵的借口。十月，当高宗南之扬州的消息传到北方后，金军左副元帅宗翰即受命于金太宗，开始规划约集诸路金兵南侵事宜。至十二月,果分中、东、西三路大举南下。中路由宗翰率军从大同府下太行;东路由右副元帅宗辅及宗弼领军,由燕京取道沧州攻山东,同时分兵趋淮南;西路则由娄室等率大军自河中府经同州进攻陕西。这一次南进的规模和范围都是前所未有的,三路大军先后渡河,京西、陕西、山东诸路为之震撼。

三路金兵中,娄室所部西路军最顺利,十二月自韩城履冰渡河,陷同、华二州,攻破关中门户潼关,继而于建炎二年(公元1128年)正月包围并击破永兴军所在地京兆府古城长安,此后一路南下,又陷均、房二州。娄室得势后,复又鼓噪西进,开始向熙河一带进犯。

中路、东路的金兵也势如破竹。建炎二年(公元1128年)正月,宗翰已破邓州、郑州;东路宗辅部也已攻陷潍州、青州,并分成二部,一部继续攻进山东诸郡伺机南下淮甸,一部由宗弼率领向中路军靠拢,试图对中原地区形成夹击之势。

但独守东京的宗泽成功地遏制住了金军的势头。宗泽自去年六月出任东京留守后,一方面联络义兵扩大力量,另一方面抚慰军民整治战备,使东京汴梁成为一个强固的军事要塞。在金人的大规模入侵中,各地州县纷纷陷落,唯有汴京两河一带岿然不动,百姓安堵如旧。在起初的一两个月里,宗泽数度击退金军的进攻,使金人在一段时间里不敢再犯汴梁,只得采取正面对峙、侧翼迂回的战术。建炎二年(公元1128年)二月份,宗翰屯兵西京洛阳,与东京遥遥相峙,而宗弼自郑州抵达白沙镇,离汴梁已不到百里之地。可金军先后数次的进攻全被众志成城的开封守军击溃,并因此遭受到重大的损失。宗泽声威日著,以至于金军士兵闻名丧胆,私下呼宗泽为"宗爷爷",这对于一向骄悍气盛的金兵来说,无疑颇为难得。宗翰自度东京既不能下,江淮则未可轻入,于是在三月份焚掠西京,驱迫十数州宋地百姓迁往河北,退兵还大同。东、西两路也分别在四五月份受挫而退。

然而宗老爷子能保住东京,击走来犯之寇,却无法唤回高宗的抗敌之心。在天子驾幸扬州后的近一年时间里,宗泽先后表上二十四道,《乞回銮疏(表)》,殷切盼望着皇上能辍巡南服,回驾汴都。在一道道奏表中,忠心耿耿的宗泽愤怒地指责御前宵小之辈的优游苟安行径,细致地分析了帝王之都在政治、军事上的重要性,特别是恳直地指出:假如独怀忠愤、力抗贼锋的两河军民久阙王师之援助,必然怀疑天子和朝廷已置两河于度外,最终因失望而解体。不用说,这是极其危险的事情。

在建炎二年(公元1128年)的五六月间,宗泽再一次向高宗提出了出师渡河、恢复故地的详细方略,并保证说若能在当前敌势穷蹙的有利条件下乘胜而进,必能缚金人而臣之,使二圣天眷有归,两河故地得复。他在最后一道奏表中无限感慨地说:

> 臣犬马之齿,今年七十矣。勉竭疲笃,区区愚忠,所见如此。臣愿陛下早降回銮之诏,以系天下之心。臣当躬冒矢石,为诸将先。若陛下听从臣言,容臣措画,则臣谓我宋中兴之业必可立致;若陛下不以臣言为可用,则愿赐骨放归田里,讴歌击壤,以尽残年。

但这一切已丝毫打动不了我们的天子。悲愤交加的宗泽终于郁郁成疾,六月间疽发于背,不幸病倒。建炎二年(公元1128年)七月十二日,这位七十岁的老人在连呼"过河!过河"中病逝于东京。

孤直的宗泽也许不愿意相信,但现实却不以他的意志为转移,那就是京城和两河乃至维系天下安危的中原早就不在高宗的眼里,眼下他最关心的是帝位的安稳。即使宗泽能守住京师,天子也从不认为国家剩余的实力足以抵挡夷狄的猖獗,彼强我弱,又岂能激怒敌夷而再招祸乱?在驾幸扬州之前,高宗业已三令五申地宣敕江南一带增治城隍,治兵完备,并派遣人员营缮金陵,复遣官奉迎太后六宫过江以往,早就有退避三舍的意思。此刻驻跸已定,正在扬州这个繁华之城逍遥自在,又如何能听从宗泽的回銮之请而去冒险?五月份天子倒是下了一诏,信誓旦旦地表明要回师东京恭谒宗庙,但言之凿凿,却始终没有起驾的意思。

原来,宣和七年(公元1125年)随童贯去大同府谈判的那位马扩在金人首次南下时兵败被俘后,佯示降意,换得金酋宗望的优容,开了间酒店,但私下里一直与敌占区的义军暗中来往。建炎二年(公元1128年)携亲从数人成功地从敌人眼皮底下逃跑,进入太行山以东的五马山一带。马扩此人很有斗争策略,当有一个人自称是乘敌不备从金地潜回的信王赵榛时,马扩立即就奉其为领袖,并以此号召远近,很快发展了一支近十万人的起义队伍,给金人制造了很大的麻烦。这年四月,马扩带着"信王"的手书秘密渡河请求朝廷给予支援,先是来到东京,然后在月底赶到扬州。

这件事着实让天子震动不小。信王乃今上亲弟，与父兄同时被掳北行。假如他果真从金地逃回并在五马山率众抗御，这必然对北方军民产生强大的号召力，这种影响绝对不能低估。黄潜善、汪伯彦两人始终不相信马扩带来的手书，高宗也一度有点怀疑，然而他认得这位皇弟的手迹，不由得不信。于是发布诏书命信王为"河北兵马都元帅"，迁马扩为"元帅府马步军都总管"，准其过河以后便宜从事。然而黄、汪二人多少做了点手脚，只以一支乌合之军付予马扩，并且还暗中派人侦伺。马扩刚走，五月初一这一天，宗泽请求回驾的奏书又到，高宗犹未加理睬。但第二天，突然传来了信王赵榛有意渡河进入汴梁的消息，这使得天子极为尴尬，为扭转被动局面不能不赶紧表态，所以才有了上面的那道回京之诏。不过，事情来得快也去得急，时局一变化，回归九重的诺言自然随风而去。事实证明，马扩的南来不是一个明智之举，他的求援不仅没能取得效果，相反却使金军加紧了对五马山的围剿。马扩尚未能渡河，五马山寨就被攻破。

宗泽一死，东京义军便十散五六。朝廷没有接受东京士民的请求任用宗泽之子宗颖，却委任了好大喜功、短于谋略、为人残忍好杀的杜充继任开封府尹、东京留守。杜充到任，既无恢复之志，又不能抚御人心，于是众怀疑沮，集于宗泽旗下者散之殆尽，两河山水寨亦不听节制，宗泽的预言不幸成为现实。

一笛西风吹落日，满帆行客背孤城。中原已经无望了。

自从李纲走后，天子行在竟在许多方面保持着十分惊人的一致。这种一致若非来自于君臣之间的同心协力,便是臣子们阿谀曲折、随意所向的结果。很明显,朝廷目前的状况属于后者。两位宰相黄潜善、汪伯彦就可以说是地道的无聊之徒,保宠邀禄专权恣睢之外,略无大志,只知道以蒙蔽欺骗的低劣伎俩来打发时日。要知道,金人的刀枪剑戟可并不理会这些,不会因为我宋君臣的慷慨大度而与人为善。宗泽殁后的建炎二年(公元1128年)七月间,金兵再次分道南下。此次进军经过了金廷上下的充分酝酿,明确了两大目标:一是平定陕西五路,一是追击宋帝,而尤以后者为要。西路渡河后连陷丹州、延安府直至鄜、坊二州;东路径袭庆源之五马山,大破其寨后又败马扩援军,再陷濮州、滑州、开德及北京两府,并转而与中路大军会合。宗翰所率中路军本以奔袭为主,因此长驱直入,直指高宗而来。

扬州方面居然无动于衷。统领御营军的将帅之一张浚提出早为预备,黄、汪两人竟一笑置之。直到扼守淮阳的大将韩世忠不敌而走,敌军下彭城、淮东直趋泗州后,黄潜善犹认为不足为虑。正所谓栋宇将焚,燕雀在堂,可见黄汪之流不仅庸懦无伦,而且荒唐透顶。

建炎三年(公元1129年)正月底,宗翰攻破楚州后,以主力居后,径遣数百骑往南突击高宗行在。在一片慌乱惊惧中,拥有近万人的天长守军竟不战而遁。初二这天夜里,从天长狼狈奔还的内侍邝询急报金军将至,高宗匆忙爬起被甲乘马,初三黎明时分驰至瓜洲,得一小舟渡江,身边只有亲军数人及王渊、张浚两臣及内侍康履等从行,日暮时分才满身泥泞地赶到镇江府。金兵前锋驰至扬州后,得知宋帝已南走,立即分兵火速追赶。抵达江边的扬子桥时,高宗已经渡江而去,金人一时难觅舟船,再加上其时大雨滂沱、积水盈地,马步不能进,只得望江顿足长叹。

高宗走时,黄潜善、汪伯彦正在共进早餐,听得吏员大呼"驾已行矣",两人愕然相顾,仓皇失色。心神甫定,首先想到的就是走为上计,两位宰相竟不顾满城士庶,独自跨马而逸。而扬州市民突然见到天子策马出城,宫人也四散而出,晓得情况不妙,登时大乱,争门践踏、奔挤堕江而死者无数。整个扬州乃至对面的镇江,哀号不绝,怨声载道。十万御营大军亦于同时一旦瓦解。最可怜的是司农卿黄谔,逃到江边时,被溃兵误认为是黄潜善,军人因久恨潜善,遂大骂曰:正是尔等误国误民!举刀就砍,黄谔还来不及分辩,就已经身首异处,做了人家的替死鬼。

高宗皇帝虽然又一次幸免于难,但为此付出了沉重的代价,不仅仅在心理,而且在生理上落下了惨痛的烙印。那是因为邝询闯闱而入时,官家正在新造的宫室里凤鸾颠倒,行云雨之欢,矍然惊惕,遂病熏腐。自此以后,天子后宫便绝少怀孕者。

这一次打击所带来的痛楚很快就被一系列新的创伤所代替,此后两年的颠沛流离使我们的天子犹如鱼游沸鼎,不遑暇处。扬州之变后高宗只用了几天的时间就逃到杭州,金军虽然没有尾随而至,但御前的禁军却横生哗变,若不是时任宰相的朱胜非机智巧妙地处理,大难不死的天子和帝国刚刚建立起来的政府又要遭受灭顶之灾。如此苦难使天子震悸交集,从内心深处浩荡而出的恐惧和忧虑已经使他无法面对严峻的现实,甚至已完全丧失了作为大宋天子应有的风范。他在扬州溃败几个月后写了封书信转致金帅宗翰。

皇上首先是在信中自称"某",然后承认金军南来固是"大国之征小邦",而我们这个小邦绝非对手,"中原全大之时,犹不能守",更何况"军兵挠败、盗贼交侵、财贿日朘、土疆日蹙"的现在!所以偏师一来,不敢不束手听命,又岂敢言守?信中说:"某"已从汴梁而迁应天,由应天而迁扬州,自扬州而至江宁,三年之间,已过三徙,今已委身于荆蛮之域。高宗在最后甚至十分委屈:"古之有国家而迫于危亡者,不过守与奔而已",然而守则无人,奔竟无地,"天网恢恢,将安之焉?""天地之间,皆大金之国,而无有二上矣。亦何必劳师远涉,然后为快哉?"不能将此视为天子的缓兵之道,因为信中最后表露出的意思已经是彻底的投降。我们这位君主真实的心态是:惹不起总能躲得起。他唯一的希望就是金人能够"存人血脉,全人肝胆",不要"竭山而畋、竭泽而渔"而已。大宋王朝高宗皇帝此时浑无生人之气的表现,正是我们这个泱泱大邦所有愚蠢、所有懦弱、所有丑陋的集中写照。

短暂的平静后高宗一度北返江宁府,改府名为"建康",也曾有心在那里布置防卫准备抵御。但随着金军的第三次南下,天子再次惶惶而奔,从金陵退走杭州,再赴越州、明州,最后竟以泛槎入海来逃避金酋宗弼锐不可当的追击。

完颜宗弼的名字常又被中原人译为"兀术",此人是金太祖完颜阿骨打第四个儿子,早年参与了追击辽天祚帝的战斗,此后又随宗望攻宋。宗望死后,又出任宗辅副帅,率军东入山东,西击汴梁,是金廷强硬的主战派人物。金军此次渡江南下,宗弼是除宗翰之外的主要统帅,他的目的很明确,就是要俘获宋帝高宗。当时,宋廷守建康者是杜充,守镇江的是韩世忠,守九江的是刘光世,并以杜充节制诸将。

杜充的昏庸无能已见前述。金兵入侵后,杜充竟于建炎三年(公元1129年)七月放弃职守而归于行在。因为他的举动而使东京留守司名存实亡,是造成帝都东京在七个月后终于沦陷的原因之一。尽管如此,杜充仍得到天子的充分信赖,命他为江淮宣抚使,抚循诸将力守江浙。可杜充在建康的处事与当年在东京一样,酷而乏谋,御敌无方,深为诸将不服。所以他既调不动远在上游的刘光世,也无法指挥近在咫尺的韩世忠,只有靠手下的几位统制,如声名甚著的岳飞等人领兵抵挡。但金兵来势凶猛,根本无法取胜,建安三年(公元1129年)十一月,杜充率步骑六万人在建康向金军投降。

诸将浑无斗志是失败的主要原因,但这也与朝廷缺乏抗敌信念和一味逃避的基本政策是不可分割的。整个江南防线既已崩溃,宋军遂成为一盘散沙,虽然岳飞率领部下士兵沿途缠斗,也无法扭转败局。金军得胜后兵分二路,一路追击南走江西的隆裕太后等皇眷,一路向高宗所在挺进。此刻御前大将只有张俊,只能护着王驾且战且走,最后不得已从明州入海。

无疑,我们的天子是第一次见到汹涌澎湃的大海,正如他第一次走进金人的军帐一样,他的感触之深是无法言喻的。高宗在明州至温州一带的海上几乎漂泊了一个多月,当驾乘之舟在蓝色波涛中上下起伏之时,也就是帝国的第十位天子最后确立其"过江而避"之王道大计的关口。可以肯定的是,从今以后他将不再改变,也无法改变这个既定方针。

宗弼孤军深入尚能取得如此辉煌之绩,怕是他自己也没有想到的。建炎四年(公元1130年)正月,惯于骑战的金人竟不畏艰险,乘舟入海追击宋帝御乘达三百余里,其骄狂正与宋军的颓丧形成鲜明对照。幸运的是,金人毕竟不习水战,加上畏惧酷热,遂不得不于暑期到来前撤兵,三月份宗弼先退,紧接着进犯江西的一路也从荆门北返。镇江守将韩世忠以逸待劳,正率水师在镇江严阵以待,结果以成功的战略阻击了宗弼之军,将其十万大军困在长江沿线达四十八天之久。若非宗弼得到高人指点,根本就过不了江。这是自靖康以来,劲马硬弓所向披靡的女直军队第一次惨痛的失败。宗弼北返后,犹为这一次差点葬身鱼腹的遭遇连呼侥幸。从某种意义上说,这也是他自此以后不敢轻言过江的主要原因。

高宗也许更值得庆幸,算起来这也是他第四次大难不死。不过,在浙江一带奔走逃窜确实也有一个收获。天子发现,以淮甸为屏障,以江表为缓冲,襟带荆楚,背海而立的浙西之地是一个理想的居处。这一想法肇始于他第一次走进杭州府治临安城门的瞬间,后来在两浙不断的辗转使他越发相信自己的判断不误。从天子的逻辑上讲这很自然:金陵离金人锋镝太近,单凭一条长江天险,绝非轻易能守;武昌、长沙则正面受敌而两侧有隙,背无倚仗;巴蜀太远,陕西又太孤立;再往南走进入两广腹地,显得过分偏于一隅,政治、经济基础不够,必将尢以自处。从眼前的战略上考虑,背海面陆的杭州虽不是恢复中原的最佳基地,但也不失为一个易退易守的首选,单凭这一点就足以吸引高宗属意有加了。建炎三年(公元1129年)九月,天子路过杭州时,便升其为"临安府"。虽然自古以来的王朝都耻于渡江而都,但这一点显然不在高宗的考虑范围之内。从建炎四年(公元1130年)四月起,天子在越州停留了一段时间,在那里进行了一定程度上的政治军事整顿。新年的元旦,高宗改元"绍兴",这是取"绍奕世之闳休,兴百年之丕绪"之意。在越州又待了一年后,绍兴二年(公元1132年)正月,高宗回銮临安。从此,帝国的行在就再也没有迁徙过。

宗弼在镇江惨败后,一年前被宋廷派去经营陕西的张浚受命对西北金军发动攻势,迫使金廷调命宗弼增援。建炎四年(公元1130年)七月,宗弼主力近两万人终于离开了两淮一带而西入陕西富平,这使多灾多难的帝国朝廷终于喘了一口气。

半壁河山,以柔道御天下

本朝杰出的人物之一欧阳修在几十年前就曾经指出:自古夷狄之于中国,有道未必来,无道未必不服,盖自因其盛衰而已。这个论断出自他的名著《五代史记》,意思是说:中国之制夷狄,并不系于我们自身之强弱,而缘于其势力之盛衰。其实,道理对双方都是一样,即以目前而论,金军的退却就不是因为宋军抵御成功的结果,而是因为它的内部已渐渐产生问题。宗弼停止追击高宗不用说是个绝大的失误,但也是不得已使然。

直接的因素是江浙一带水网密布、丘陵起伏,极不利于骑兵的作战。宗弼的电闪雷击虽能摧枯拉朽长驱直入,但一旦进入两浙腹地后,便显得十分滞重。时间拖得越久,对金兵就越为不利,既然不能达到俘获宋帝的目标,只有迅速抽身。宗弼还算是明智的,如果他再拖延一段时间,南方的湿热天气必然还会使金军北方士兵水土不服,从而大大影响部队的战斗力。

但主要的原因还是战线过长。即使不论金国后方那些尚未完全降服的若许藩国以及两河宋地,新近占领的黄河至长江一大片区域就已经成为金廷的沉重负担。兵力的分散,使金兵往往孤军深入而无所依靠,因此从根子上决定了它的激烈攻势绝不会持久。实际上,真正的女直士兵只占整个金军的十分之一,其中绝大部分是受其驱役而战的两河之民、降叛之卒以及藩国小邦如契丹、渤海之兵。其他方面的情况也有类似之处,骤起的女直帝国确实无法在很短的时间里就建立起一统天下的物质基础。为此,金人很早就采取了"以汉制汉"的策略。立张邦昌"大楚"虽不是一个成功的先例,但并不妨碍他们如法炮制,在建炎四年(公元1130年)九月立宋朝降将刘豫为"大齐"国主,建都大名府(后迁入汴梁),以此作为统御中原疆土并进而威胁南渡宋廷的工具。这是征伐异邦的常法,似乎不能算是一个失策。

可是,客观上带来的效果却让金人感到悲哀。刘豫没有能完成摧毁宋廷的任务,相反却使退守长江以南的宋王朝在相对缓和的形势下一步步走向稳定。尽管"大齐"在金人的威胁利诱下,自建立伊始便对宋廷展开了进攻,但始终没能取得明显的收益。在绍兴四年(公元1134年)和绍兴六年(公元1136年),刘豫甚至发动了两次大规模的入侵,其中第一次进攻还有金人的援兵作为依托,可最终仍大败于宋军。刘豫的无奈在于他的傀儡性质的政权既不能博取民众的支持,也缺乏足够的军事实力,因此每次进军都极不顺利。尽管在局部间或也有点收获,但最终无法避免夭折的命运,绍兴七年(公元1137年)十一月,刘豫的伪政权被失望的金廷废除。

与刘豫近八年的对峙使帝国的军事实力得到了很大的恢复。高宗在相州出任河北兵马大元帅时,兵员不足万人,此后会集各路勤王之军,也只有七八万人。在扬州时,军力号称强大,可大部分是地方部队,经过金军的两度攻击,最后也所剩无几。然而渡江以后经过短短的两三年,宋军一下陡增至二十万,这对于休养未几的南渡政府来说,是相当可观的数目。看上去这似乎是一个不小的奇迹,但说起来却很简单,其中的奥妙是:南渡朝廷继续实行了恩威并重的招安政策,并且做得相当成功。

世遭丧乱往往盗贼蜂起。本朝自宣和末年以来就祸起萧墙,频繁发生民众揭竿而起的事情,国家的败亡加剧了这一现象,使之愈演愈烈。保守估计,南渡前后的盗贼土寇乃至溃兵,至少在一百万左右,其流窜劫掠的危害,对帝国的稳定造成了很大的威胁。幸运的是,大敌当前的态势在一定程度上弥合了统治者与被统治者之间的裂痕,使一致对外共御敌寇成为普遍的道义所在。

在招安方面,宗泽、李纲甚至马扩就早已有过成功的尝试,屡逢打击、穷蹙无奈的帝国天子和政府采取了安抚包容的策略后,也收到了意外的效果。南渡以后成长起来的几大将领都参与了收剿行动,并通过收编壮大了自己的部队。绍兴二年(公元 1132 年),韩世忠、刘光世部各有四万人,张俊部三万人,岳飞部有二万三千人,王部有一万三千人,另外御前军的数目也有三万余人,其中不少都来自于盗寇、流民。叛军、溃卒经过整编后,也有相当的战斗力,对刘豫的军事胜利就证明了这一点。

帝国军事上的策略还有一个重要方面,那就是对武将同样采取优厚的待遇。在一定的范围内,不仅许其割据,各自为法,发展自身的实力,甚至默许他们参与政治决策。这与太祖以来的原则似乎有些背道而驰,但国家目前正当用兵之时,所以尽管有不少人反对,就连天子本身一直也有尾大不掉的担心,眼下也还只能如此。

兵力的增大自然带来财政问题。绍兴二年的每月军费在二百五十万缗左右,这个数字还在逐年递增之中。南渡以后的局面是强敌未去、百事凋敝,不可能腾出手来发展民生而渐得其利,因此朝廷此时完全以重税重赋来解决财政困难就是没有办法的办法,也是天子唯一可能的选择。战时经济的成败取决于物质基础,在这一点上,我们的帝国也许要感谢穷追不舍的金军,正是敌人的猖狂才使朝廷最后落脚到帝国最富庶的江浙地区,否则的话,要恢复国防不仅不可想象,就是支撑政府的日常开销都是个问题。

当然，真正起决定作用的还是政治因素。

挽大厦于将倾绝非易事。帝国从东京败覆后一泻千里,业已丧失了原有国土的大半,在敌骑狼奔虎突的冲击下,百年基业早已摧毁殆尽。在近四年的时间里,虎口余生的朝廷只能在躲藏退避中保持着名义上的完整,以延续赵氏国脉作为逃跑的遁辞。即使金兵因内部的困窘而暂时收敛了锋芒,但在土崩瓦解几乎不能自保的情况下,重整山河——哪怕是东南一隅的半壁之地——又谈何容易!

严格地说,高宗天子并没有进行任何拨乱反正的政治变革,除了固守求和的一贯想法外,在主观上也缺乏挽回颓势的强烈动机。他只做了些修葺恢复的工作,出发点不过是让帝国这架疲敝的战车能够载动他的皇位而已。高宗在越州时正式宣布尊崇元祐,把败亡的责任推卸到蔡京甚至王安石的身上,也不过是为父兄的过错和自己的退避望和寻找借口罢了,这种做法符合天子的一贯作风。南渡后的帝国之所以能得到四方臣民的拥戴,并使天下之心渐渐来归,这种凝聚力和感召力追究起来还是本朝百多年来的培育养成之功。

中国伦理的核心在于"忠"、"义"二字,在于修身齐家治国平天下的强烈责任感。本朝崇尚文治、讲究仁德的一贯努力,终于在最严峻的关头带来了收益,这就是志士们没有忘记维护我们这个大家庭的崇高义务,怀赍报效之志而云集阙下,他们把高宗的登基看作是一场"中兴",并对此寄予了莫大的期望。无疑,这才是帝国赖以继续存在的真正基础。高宗作为临危受命的最高统治者,他的成功在于以安抚的手法和优容的接纳政策使士大夫们大大舒缓了一直紧绷着的惊慌心态,能够从惊悸中定下神来聚集在天子的周围,从而在客观上起到了兼收并蓄的效果。建炎二年(公元1128年)五月,尚在流亡中的帝国政府就已经开科取士;渡江以后更注重绥怀之方,强调以柔道御天下。比如对待滞留北方或不幸被俘而出任伪职的人,朝廷不仅不予责难,相反还善待其留在南方的家属,以此召唤他们回头反正。所有这些都是使天子的号召力得到了进一步提高的原因所在。一切夷狄之辈都往往低估了中原文化的巨大潜能,他们从没有真正地意识到,这种无形的力量是任何刀剑都无法斩尽杀绝的。

绍兴初年的形势虽然看起来与建炎时期一脉相承,都在为应付外寇而疲于奔命,但客观上却无疑有了一个重大的转变,那就是高宗的退守自保路线终于成为唯一可行的方针。从物质条件上说,二十余万的兵力虽已与前几年不可同日而语,但与敌虏相较,根本不成比例。财政则更为糟糕,应付军队和日渐增多的各级官吏都已经捉襟见肘,更谈不上保障大规模军事行动。就原则而论,最好的反击机会早已被一而再、再而三的丢失,事到如今,除了卧薪尝胆徐图恢复之外,哪里还会有更好的办法!

委曲求全是肯定的,但如何去达到最后的目标呢?

建炎四年(公元1130年)宋廷南迁后,金军一方面南下追击高宗,一方面加紧肃清淮河沿线的宋军残余,九月底,攻破江南东路的楚州。十月初二这一天,离楚州不远,位于淮水东头的涟水军驻地孙村,突然来了一艘身份不明的船只,船上有五男二女,为首者自称是前御史中丞秦桧,自东京陷落后为金人所执,金人东进,强随以行。楚州失陷时,携妻王氏,仆婢两人及御史从官翁顺、高益恭及水手孙静,乘敌不备而逃出。

巡逻者大多是乡民出身,不晓其说,遂执缚秦桧等人送入水寨,但寨中将官们也半信半疑。确实,两军对峙,全家安然脱归,哪有这么方便的事?事情蹊跷,未可遽定,便将秦桧一行送至主将寨中。

统制丁禩也不甚相信秦桧的自述。此刻他正巧患病,于是借口不出,由手下的几位将领陪同秦桧。秦桧见众怀疑沮、敌意甚重,无奈回到舟中住下。过了几天,丁禩经过一番斟酌后,还是派参议王安道、冯安义陪同,护送秦桧转赴天子行在。当时陆路已经不通,一行人由海道前往浙中,十一月初五抵达越州——这个天子驻跸之地此时已升格为"绍兴府"。

秦桧再一次向朝廷陈述事情经过说:靖康元年东京沦陷,因不愿拥立张邦昌,为金人拘执北去,至于中京大定府,同行者妻王氏、奴砚童、婢兴儿以及御史台街司翁顺数人。金人提兵南来,命秦桧以随军转运一职偕行。因与妻王氏密谋,故用反语,激敌酋完颜昌同意家属随行。楚城陷,乘金人争趋入城、纷纷不定之时,密约舟人孙静俟于淮岸,自己以催发钱粮为名,与妻王氏等数人于当夜乘舟而去。行六十余里,宿于丁家寨南,次日,为涟水军统制丁禩逻者所得。入寨后,诸将颇不信,复有一刘靖者欲杀桧而取橐橐,幸为桧当面折之,事寝不发。

但朝中大多数人对此表示怀疑。

确实,事情的疑点甚多。当初与秦桧同时被拘者还有何㮚、孙傅、司马朴,他们三人下落不明,唯独秦桧得脱虎口,此可疑者一;自中京大定府至燕京有千里之遥,自燕京再至楚州又将近有二千五百里,敌人一路之上岂无防禁,而容你秦桧轻易逃脱?此可疑者二;金人若无放归之意,则必然于命其随军之同时质其家属,绝无使王氏等同行之理,此可疑者三。最令人疑惑的是,秦桧自称随军至楚后,定脱归之计于顷食之间,借催粮之名匆忙而奔,照情理言,绝不应携带橐橐之物。则如何又有抵达涟水军后,军将因觊觎其行囊包裹而图谋不轨之事?人们有理由认为,秦桧的南归确有不明不白的地方。

但这些猜测却被朝廷宰执们所否定。宰相范宗伊、同知枢密院事李回一向与秦桧友善,此次更是站在了秦桧的一边。特别是范宗伊,此人不仅一贯主和,而且曾经一度出任过张邦昌的伪职,因而对秦桧的逃归便持有一种天然的肯定态度。两人授意秦桧先谒见诸宰执大臣,以期首先打消朝廷重臣的疑虑。初六,秦桧来到政事堂,在范、李两人证明下,大家果真接受了秦桧的说法,并上报天子。

除了范、李两人的力保外,秦桧早年的名声也是使宰执们消除怀疑的一个原因。秦桧政和五年(公元1115年)进士及第,先补密州教授,后又中"词学兼茂科",出任太学学正。靖康元年(公元1126年)金兵攻汴京,秦桧上书言事,其大略云:金人贪得无厌且奸诈无信,朝廷至多只可割让燕山一路,同时东京守御绝不能缓。因言论不符钦宗之意,疏入不报。那时的秦桧虽不比李纲等主战派,但至少是与朝廷上下惊慌失态的衮衮诸臣确有不同。后来的廷辩中,赞成割让三镇的人有七十人,而反对者只有三十六人,秦桧即是其中之一。肃王入质金营,秦桧是随驾奉往的大臣之一,金师退兵后回朝,正是因李回之荐入为殿中侍御史,寻迁左司谏,一直做到御史中丞。金人再度来犯二帝被囚后,金人传意立异姓为帝,众臣皆失色无语,身为御史台之长的秦桧进状请存赵氏帝脉,因此而为金人要执。这段事迹虽谈不上轰轰烈烈,倒也有目共睹、臣庶皆知。对这一点,幸免于难的诸多南渡大臣心里是有数的。

然而一个人早年的表现并不能证明日后的一切。单凭秦桧这点过去的忠诚,就对他陷入敌手后四五年的经历不加审查,显然也悖于事理。不过,这也是此刻政治环境的产物,国家新遭丧乱,百废待举,尤须以广大包容之心接纳故臣旧民,这是既定的国策。国家正当用人之际,事贵从权一切不问,更是天子内心根深蒂固的想法。对僭逆事敌的张邦昌都可以不咎既往,又何况千辛万苦奔回故国的秦桧?从现实的角度上讲,此际弃家别土从敌占区内辗转南来的士绅庶民数量极大,也不可能一一加以甄别。所以秦桧从海上来到行在的第三天,谒见宰执后的翌日,高宗就予以召见。

毫无疑问,自从他决定从金地脱逃之时起,秦桧就一直盼望着这个时刻的到来。这天上午,秦桧是踌躇满志地走进天子行宫的,他为此酝酿已久,有着充分的思想准备,对自己的未来抱有必胜的信心。他也知道,自己一定能够打动人主之心。这是建炎四年十一月初七,公元1130年12月10日,帝国历史上一个永远值得纪念的日子。

秦桧对皇上道:

"如欲天下无事,须得南自南,北自北。"

这就是说:南方归于南方,北方归于北方,双方各成一家,互不相涉。言下之意,不仅金人的吞并两河能够承认,就连刘豫的僭伪也是可以默许的。

很显然,秦桧已彻底放弃了本朝百年廉耻礼义之训,对祸变危迫既不以为忧,对败衅迎降更不以为耻,所以他才要朝廷正式面对南北分裂的现实。秦桧这个十足的投降主义言论也证明,他虽是不得已而北去,但却独受金人青睐而受伪职随军,其中不会没有原因。变节者只有泾渭之分,没有程度之别。不能舍身求义,反而以事贵从权的理由自遁,这从某种角度止说,与那些弃君叛父、奉敌称臣者如张邦昌、刘豫等并无明显的区别。秦桧的理论要是放在以前,恐怕任何一位天子都有可能将说话人逐出殿堂。然而眼下之时,正是理灭欲兴的末日之世,一切苟全性命的主张,都自有它的市场。

高宗已决定做一个彻底的务实者。按照他的想法,王朝正统犹在,是可以不怕那些割据者僭逆一时的。克己复礼而天下归仁,我们的天子自有他行事处世、统临四极的原则,所以他对秦桧的话便有一种强烈的认同感。

秦桧立即着手他的计划,第二天就草就了给金酋完颜昌的国书,由宰相范宗伊呈送御览。高宗为此感慨万分,对宰相道:

"秦桧朴忠过人,朕得之喜而不寐。既得到了二帝和母后的消息,又得到了一位佳士!"这一赞叹确是发自内心。

这时,完颜昌已攻占楚州,继而又有南下之意。就在秦桧入对的这天,完颜昌近二十万大军已向泰州附近的鼍潭湖水寨发动攻击,得手后又转攻泰州。转战长江沿岸的岳飞五月中旬收复了建康府城金陵后,此时受命出任通泰镇抚使进驻泰州,但敌众我寡,不得已渡江退守江阴。这下,局势顿时又紧张起来。消息传到绍兴府,天子行在已经是一片惶恐。

高宗对秦桧的讲和之书未作任何改动,只是将"国书"的名义去掉,转以私人信件的形式命负责长江防线的刘光世伺机转致金军。宋家天子尽管无可仗恃,但仍旧还是要面子的,扬州覆败后的那封辞意谦卑的信函,同样是采取了这种方式而未预外闻。假如这种东西的内容泄露出去,朝野强大的舆论将会是一个巨大的牵制力量,天子不愿看到如此事件的发生。

本来,范宗伊对秦桧的安排尚有些顾虑,但天子却十分爽快,立即就给了一个"试礼部尚书"的头衔。"礼部尚书"原是寄禄官,相当于一种薪俸的级别,元丰改制后,方实领本部事务;"试"是试用的意思,一般在一段时间后转正。任命下达,秦桧照例上了一道让表,说自己泛海而来,只是奏报两宫安好消息而已,既已蒙受恩赐,志愿已毕;况且新从敌中脱身,理应投闲,请求按原职致仕。但天子正属意有加,未予接受,四个月后的绍兴元年(公元1131

年)二月,进而擢升秦桧为参知政事。参知政事一职原本已罢,一年前朝廷简化政制,并三省为一,以"尚书左右仆射同中书门下平章事"为宰相,原门下、中书二侍郎改为参知政事,废尚书左右丞,参知政事遂又重新成为执政官。

秦桧取得初步的成功后有些得意忘形。绍兴元年(公元1131年)七月,范宗伊罢相,近一个多月的时间里相位无人,秦桧有点耐不住了,他逢人辄道:

"我有两条计策,可以耸动天下。"

听者中有人奇怪:"何以不言?"

秦桧回答:"方今朝廷无相,说出来也无法施行。"

这话传到天子耳里,高宗不由得不动心。此时,刘豫的伪齐已经僭立,张浚在西北战场上的主动出击也遭致失败,陕西地区的永兴路和秦川五路已尽为金人所占。形势已愈趋严重,满怀疑惧的天子当然不会放过每一个可以让他安枕无忧的妙策。八月二十三日,朝廷发布任命,以秦桧守尚书右仆射、同中书门下平章事兼知枢密院事,与吕颐浩同登相位。秦桧从逃归到入相,只用了十个月的时间。

然而秦桧入相近一年,也并未看见他有什么惊天动地之举。秦桧大约也知道他的两条所谓的奇策其实是老调重弹而已,所以尽管早已成竹在胸,并且也将此付诸文字贻观有关大臣,但却不急于付诸实施。他现在最关心的仍然是权力,因此当务之急是要排挤掉与己不合的吕颐浩。颐浩字元直,元祐进士,是一位老资格的大臣,自高宗于应天府即位后就一直随驾在侧,在建炎三年

（公元1129年）的一次兵变中立有大功，入为右相，次年罢。此次与秦桧分任左右相，是第二次入居中枢。颐浩此人在政治策略上倾向于抗战路线，主张先平内寇，再御外侮，并进而北伐。但他的个人作风却很难令人恭维，既挟私用人，也好倾覆异己，这样的人与秦桧共担朝纲，自然不能相容。

两人争斗下来，颐浩取得胜势。他的撒手锏是讽使御史黄龟年上书劾弹秦桧主和误国。高宗本来无意以此罢去秦桧，但兵部侍郎綦崈礼出示了秦桧所谓的奇策后，天子也觉得有些说不过去。

秦桧的原话是八个字："南人归南，北人归北。"虽然简单，但明显是比当年的"南自南，北自北"具体得多了，更确切地说，这八个字是拨开云雾露出了庐山面目，暴露出了他的真实想法。

所谓"南人归南，北人归北"，意思就是要把河北人归于金，中原人归于刘豫。这话的涵义也有扩大，不仅仅是承认了敌伪占领的现状，而且连帝国本身也否定掉了。把北方人赶走，这不就等于说大多数南渡臣民不是大宋帝国的子孙吗？难怪天子看后不悦道：

"秦桧说'南人归南，北人归北'，朕是北人，归到哪里去？！"

秦桧第一次入相的经历就这样宣告结束。绍兴二年（公元1132年）八月二十七日，高宗下诏罢免秦桧，制词责两策之诡，同时榜于朝堂，谕以永不复用之意。消息传出，议论沸腾，对秦桧的谬论，人无贤愚，交口唾斥。秦桧成了众矢之的。

秦桧竟会提出如此荒谬的理论，实在是匪夷所思，朝野中有不少人就认为这是有意资敌。联想起秦桧南归的种种疑点,人们怀疑他甚至有可能是金人的奸细。秦桧自称是从金酋完颜昌处逃脱的,若非其有意纵归,为何秦桧甫一回朝就献策天子,致书于完颜昌?再说,金人攻陷扬州时,就曾张榜城内,鼓动"西北人从便还乡",秦桧要不是金人所遣,他又怎么会有如此相似的说法?不幸的是,朝野的这些议论也只是怀疑而已,尚拿不出确凿的证据。

秦桧擅权,黑夜更黑

从绍兴二年(公元 1132 年)八月秦桧被罢后到绍兴六年(公元 1136 年)年底,帝国事务的中心内容一是与敌伪军对峙中的拉锯战,一是对各地盗寇的收剿,再有就是不断地向金人派遣使节示以停战议和之意。对高宗来说,前两者并不是时政之要,重要的是后者。让天子感到无奈的是,即位以后虽屡屡遣使如金通问,但绝大多数都被对方拘留,金人也从未派遣过一介之人报聘。直到绍兴三年(公元 1133 年)春,通问使潘致尧去而复回,才终于打破了旧例。这件事情当然是某种消息的透露,高宗感到由衷的高兴。为此,天子立即停止了吕颐浩的北伐准备,同时由枢密院发布命令,谕戒边将不得擅越疆界。这年七月,命韩肖胄为使如金。五个月后,韩肖胄不辱使命,返国时带回了金帅完颜宗翰派遣的九人使节团,双方终于开始了正式的谈判接触。此后的几年里,金廷不断在战场和谈判桌上双管齐下,迫使宋方答应苛刻的条件,但宋廷内部反对和议的力量甚大,使高宗一时不能遽下决定。另外,有两个重要的因素也使高宗不得不暂时将和议搁置一旁,一是金人的要价甚高,一是局面有所缓和后,朝廷上下滋生了一些相当乐观的情绪。殿中侍御史常同的话就是一个典型,他认为,和、战其实是同一件事,关键在于掌握主动,本朝已有二十万的兵力,用不着畏首畏尾。在这段时期里,主战派基本占据了主流,也不能不影响到我们的天子,尽管高宗从心底里恨不得一朝一夕就达成永久的和平而一劳永逸。

与和、战的艰难选择相关联,朝堂之上的政治斗争同样十分激烈。吕颐浩罢于绍兴三年(公元1133年)九月,直接的原因是他因独断专行过于苛刻而遭致御史的参劾,但内里的原因则是因他屡请北伐而一无效果,使一心望和的高宗有所不满。此后是朱胜非担任了一年的宰相,胜非是绍兴二年(公元1132年)秦桧去职后由吕颐浩力荐出任的,也是第二次入相了。他与吕颐浩很有相似之处,一是他们在建炎三年(公元1129年)的那次兵变中同有斡旋靖难之功,二是两人的时誉都不很好。绍兴四年(公元1134年)九月朱胜非罢相后,赵鼎与张浚先后入相。

赵鼎字元镇,南渡后历任右司谏、殿中侍御史、御史中丞,由参知政事拜相。他基本上是一个稳重派,主张战、守、避三者并重,反对退守吴越。在这一年的二月,极力赞成岳飞收复荆襄要地襄阳的主张,并一力促成以岳飞主持战事,使其最后取得胜利。因此,赵鼎得到了高宗的充分信赖。张浚字德远,靖康初为太常簿,闻高宗即位,驰赴应天。建炎三年(公元1129年)后力主经营川陕以保东南,并受命出任川陕宣抚处置使,一去就是五年。张浚在川陕主持抗战中取得过一些胜利,但也在富平战役中遭致严重失败,丧失了陕西大部。从总体上讲,张浚尽管有所失误,但毕竟还保全了整个蜀地和陕西的部分领土,为屏蔽江淮、牵制金军起了很大的作用,应该是功大于过的。然而张浚回朝后,却有不少人攻击他丧师误国,处事无方,甚至说他当年请行川陕是"避祸远去",此番受命回朝是"闻知虚位,前缓后急"。不过,高宗并没有为此所左右,仍然命其入相,并对他们两人寄予了甚高的希望。

可是事与愿违,赵、张两人虽被舆论誉为"同志辅治"的不二之选,但几乎从一开始就产生了摩擦。赵鼎特别注重程颐之学,因此十分推崇元祐政治。高宗早在建炎初期罢停王安石在宗庙中的配享地位,反熙宁而尊元祐,就是赵鼎一力所促成。赵鼎此次入相后,提倡程门之学,擢用元祐大臣子孙不遗余力,显得十分偏激。可笑的是,由于赵鼎从没有见过程颐,有人冒称程门子弟,他也照纳不误。赵鼎的努力加上高宗本有否定熙宁之意,一时程颐门人充斥朝野,大有死灰复燃之势。

然而张浚却不以为然,至少不像赵鼎那样以个人好恶妄定雌黄,他认为元祐未必全是,熙宁也未必全非,对程门之徒喧嚣朝野也有所不满。在对待金人的态度上,赵鼎主守,张浚主攻,也有不同。政治原则上的重大分歧必然反映在日常事务中,因此两人之间不断产生龃龉,议论既不合,言语之间也有冲撞。绍兴六年(公元1136年)底,赵、张的不和达到顶点,赵鼎对皇上抱怨说:虽然我两人早年如兄弟,但今日共相,势同水火,不如留彼而去臣。经过一系列冲突后,赵鼎终于在绍兴六年(公元1136年)十二月罢去。九个月后,因为刘光世部将郦琼叛变投敌的事件,张浚也引咎辞职。不过,张浚此际的表现还是值得称道的,罢相后主动荐举赵鼎自代,于是赵鼎复相。

赵、张不睦并不是悲剧产生的根源,他们犯下的不可饶恕的错误是让秦桧复出。始作俑者是张浚,他这个人性格轻躁锐进,喜欢奇士,因此对秦桧十分赞赏,不止一次地在其他人面前夸奖秦桧。绍兴六年(公元1136年)后,和议之论渐占上风,秦桧的境况开始好转,张浚又力荐可用,遂使其渐渐起复。赵鼎去后,张浚进一步引用秦桧,最终让他做到了枢密院使的位置。赵鼎本来很鄙视秦桧,但再相后在秦桧的逢迎苟合下,竟也改变了想法,反倒认为他堪当大任。张、赵二人在与秦桧共事一段时间后都有所省悟,但明白得太迟了,最后皆被秦桧排挤出朝。张、赵的这个错误使我们的帝国从此真正变成了一个不思进取、退守自保的偏安政权。

由此看来,一时名臣赵鼎、张浚德才器量不过如此,识见更不见得高明。高明的是秦桧,这位左之右之翻云覆雨的诡黠奸佞之徒。可叹的是,这种人总是能运用巧妙的手法为自己铺平道路。

绍兴七年(公元1137年)是一个不平常的年份。

事情要从三年前说起。绍兴四年(公元1134年)九月,金军协同刘豫部队南进,在近两个月的时间里,给宋军的长江防线造成了极大的威胁。但不知为何,金军前锋完颜宗弼在十一月间的一个风雪之夜里突然就撤军而返,使得整个南侵战役不了了之。事后才知道,原来是金太宗病重的消息传到了金营,宗弼已经无心恋战。

金太宗死于绍兴五年(公元1135年),由金太祖孙完颜亶继位,是为"金熙宗"。金廷自发动侵宋战争并取得胜利后,以完颜宗望、完颜宗翰东西路大军为主的军阀派别即已形成,宗族之间不可避免地开始了激烈的争斗。宗望死后,宗翰所谓的"西朝廷"在后来成为金国最具实力的军事集团,继宗望出掌东路军的完颜昌等人已无法企及。宗翰的权势如日中天,必然引起新帝金熙宗的疑忌,即位之后,首先采取架空的策略罢卸了宗翰等人的军权,然后又默许以完颜宗磐、完颜昌、完颜宗弼为首的一批实力派合力排挤宗翰。绍兴七年(公元1137年)秋天,宗翰终于被逼迫致死。刘豫的"大齐"本是完颜昌一手树起来的,不料刘豫被立后,为生存计竟大力攀附宗翰,这使得完颜昌甚为痛恨。完颜昌一上台,立即就在金帝面前弹劾刘豫,并得到了响应。这年的十一月中旬,金廷正式下诏废除了刘豫的政权。此后,完颜昌升任左副元帅。完颜昌成为金廷的掌权人物,也是高宗重新启用秦桧的动机之一,因为据说完颜昌一直都很赏识秦桧,两人的私交还很不错。既然天子有意与金人谈判,秦桧的作用是不能忽视的。

宗翰被除后,金人内部的矛盾又开始转化,宰相完颜宗磐和完颜昌成为一派,与另一派太傅完颜宗幹、军事统帅之一完颜宗弼发生利益冲突。为了增加自己的砝码,完颜昌主动向宋廷示以和谈之意,于这年的十二月份遣送宋使王伦返朝,表示可以归还徽宗灵柩。而且只要宋廷臣服,愿将刘豫所领河南之地归还。王伦辞行时,完颜昌意味深长地说:

"自今以后道路畅通,和议可以平达了!"

刘豫伪齐既已不复存在,宋金之间名义上的缓冲阻塞也随之消失,双方当然可以方便来往。但是,这种方便对我们的帝国意味着什么呢?

高宗皇帝为此欢欣鼓舞。"只要能从朕所求,其余一切无所计较",这是他的原话。王伦回来后仅几天,又被高宗再度遣往金廷,名义当然是奉迎徽宗梓宫。绍兴八年(公元1138年)五月,金使乌陵思谋、石庆来到宋境。此时秦桧已升任宰相,他不折不扣地执行着高宗的方针,开始了帝国历史上前所未有的一次和谈。

金人当然附有苛刻的条件,这从朝廷没有公布金廷国书内容的事情上也可略知一二。高宗当然也没有立即表态,原因是宰执大臣争论不定,参与谈判的宰相赵鼎、枢密副使王庶两人就表示不能接受金人的侮弄。但高宗的犹豫只持续了很短的时间,七月,又派王伦出使。到了十月份,高宗已经和秦桧达成了完全的一致,明确表示坚决讲和,并且同意了秦桧提出的由其独主此事、不许群臣干预的请求。十月二十一日,无可奈何的赵鼎只有称疾求去。十月二十六日,金使张通古、萧哲抵达宋境。这一次朝廷已无法像上一回那样遮人耳目,因为这两位使节所挂的头衔一是"诏谕江南使",一是"明威将军"。既"诏谕"又"明威",天子想躲都躲不过去。张通古一到临安,事情马上就会摆到了眼前:要想达成和议,我们的天子就必须跪接金人的诏书,更不用说那封诏书上有什么屈辱的条件了。但是,高宗已下定了决心。

朝野内外针对皇上不惮屈己,只求速和的政策掀起了声势浩大的抗议浪潮。早先的澶渊之盟尽管带有岁币的条件,但毕竟还是两个国家之间的和议。而靖康之难中的徽、钦二帝,乃迫不得已屈膝称臣。帝国历史上,从来也没有过哪一朝天子主动以臣子之礼事敌的。负责起草国书的曾开当面痛责秦桧:

"主上以盛德当大位,相公则当强兵富国,尊主庇民,为何自卑辱至此?"

司勋员外郎朱松等六人的联名上疏更是一针见血:

> 金人以和之一字,得志于我者十有二年,以覆我王室,以弛我边备,以竭我国力,以懈缓我不共戴天之仇,以绝望我中国讴吟思汉之赤子,以诏谕江南为名,要陛下以稽首之礼。自公卿大夫至六军万姓,莫不扼腕愤怒,岂肯听陛下北面为仇敌之臣哉?

这可以说是自南渡以来最具酣畅淋漓之气的一道奏疏。尤为可贵的是,从中可以看出本朝士子也并非都是心态糜烂而不可收拾。特别是枢密院编修胡铨的上书,直接要皇上处斩秦桧、王伦等人,一时间市井之间争相传诵。然而天子和秦桧并不理会这些,秦桧甚至干脆大事清洗主持抗议的大小官员,将他们一一处理,其中受到打击最大的是程颐门生。同时秦桧把自己的党徒勾龙如渊提升为御史中丞,对反对和议的大臣专事弹劾。其手段之强硬,已臻极致。

但军队的参与让秦桧紧张了一阵。帝国此时的三大军事统帅中,除了岳飞在鄂州不知详情外,张俊、韩世忠均上表极力反对。御军将领杨沂中等甚至告诫秦桧:若皇上必行屈膝之礼,万一军民汹涌闹出乱子,我等概不负责。在群情激昂面前,秦桧虽然毫不动摇,但如果拿不出好的办法来照顾天子的颜面,则必然激发事态进一步扩大,导致和议中辍。不用说,秦桧绝不愿这样的事情发生。

天子也未尝不知道跪受诏谕对他来说是多么的尴尬,但为了自己想望已久的大计,似乎也没有其他的选择。高宗认定,这从某种程度上说还是万乘之主所作出的牺牲,他不止一次地标榜说:梓宫未还,母后在远,陵寝宫阙久稽汛扫,兄弟宗族未得聚会,南北军民十余年间不得休息,是他不惜屈己就和的出发点。所谓"若使百姓免于兵革之苦,得其安生,朕亦何爱一己之屈?"他甚至有理由为自己这种忍让与厚生之仁感到骄傲。因而天子不仅十分奇怪臣民们不能谅察苦衷,对士大夫们缺乏为人主分忧的勇气尤感到愤怒,进而对秦桧、王伦也有相当的不满,认为他们拿不出良策来帮助圣躬。可见,最使高宗为难的不是国家的尊严而是自己的面子,假如真的跪在金使的面前,这对于堂堂大宋君主威信的消极影响确实是无法弥补的。十二月二十四日,金使到达临安,下榻于左仆射府邸。同时,金国方面也不断施加压力,甚至放出有意立钦宗为帝的消息,我们的帝国朝廷已到了必须做出最后决定的关头。

还是秦桧为天子解决了这个难题。他受到一位聪明的大臣楼炤的启发,突然想到天子眼下正在为先帝徽宗守丧,嗣君谅荫虽不一定三年,几个月还是必要的,这岂非是一个绝妙的借口!四天后,秦桧以暂摄国政、总领百揆的冢宰身份,代替天子在金使张通古的面前跪受诏书。秦桧以下的从官,其实都是些披绯着紫,装扮成朝廷大员的低级官吏。这样一来,既维护了天子的尊严,又照顾了士大夫们的颜面。也亏他想得周到。

这件事一完成,和议就成功地告一段落。无论如何,金人毕竟答应了归还河南之地,朝廷还是得到了不少战场上没有得到的东西,天子觉得有资格为此自许。绍兴九年(公元1139年)元旦,不无欣喜的高宗下诏布告中外,同时大赦天下,并开始了一系列落实措施,其中包括派遣各种使节,或如金报聘,或交割地界,或宣谕诸方,甚至派皇族前往河南恭谒祖陵。天子的心情十分迫切,恨不得达成的书面协议马上就变成现实。这时,前线的岳飞方得知确切消息,累表反对和议不果,于三月份愤然上书乞解军务。高宗没有同意,他在敕书中信誓旦旦地表示,朝廷并没有放弃武备,希望岳飞不要遽而言归;但他同时告诫岳飞要始终一心保卫社稷,切不可以贪功为念。张浚在永州也前后上疏五次,力言金人狡诈无信,但同朝内外许多上疏讽劝的人一样,没有得到任何的回应。

和约实施了一年有余,河南地区也差不多交割完成。但是,和平终归是金人赏赐的,操纵权既然在人家手里,注定事情必然会有反复。

金国的形势陡然又起了变化。完颜宗磐、完颜昌联盟得势未久,就遭到了完颜宗弼等一派的打击。宗弼自建炎以来,一直就是金军南侵的急先锋,此人极端狂傲,从来都不把宋廷放在眼里,尤其反对完颜昌让地和宋的做法。绍兴九年(公元1139年)七月,宰相宗磐被诬以谋反罪处死,完颜昌也由汴梁调往燕京,到任不及一月,即以"与宋交通,倡议割地"的罪名被执,满门处斩。完颜昌死后,宗弼顺理成章地进位"都元帅",并立即撕毁和约,于绍兴十年(公元1140年)五月向宋廷展开进攻,帝国刚刚得到的东京汴梁、西京洛阳、南京应天等地又告沦陷,高宗的欢喜瞬间化为乌有。

为此,朝廷上下自然群情激愤,这也包括天子在内。高宗又在诏书中称金人为"贼",对夷狄之徒出尔反尔的行径感到由衷的伤心。在这种情况下,帝国也只有开始全面的抵抗。令人兴奋的是,在岳飞的奋勇抗击中,金人的势头很快被遏制。本朝建国以来最伟大的军事统帅岳飞率领他那支战无不克的岳家军,进而把矛头指向了河朔,欲乘此东风,从头收拾帝国的山河。绍兴十年(公元1140年)六月,岳飞的牛皋、孙显部首战告捷,大破敌军于陈、蔡州界;闰六月二十日,张宪部克复颍昌城;二十四日,张宪、牛皋克复陈州,几天后,另一路王贵军收复了郑州,此外河南义兵也纷纷而起,占领了不少州县。岳家军所向披靡的同时,负责淮西战事的张俊、王德部却无意锐进,攻克亳州后便班师庐州,这使得宗弼集中兵力,开始对岳飞实施重点打击。七月初八,完颜宗弼探知岳飞本人驻扎在郾城,遂派了一支突击队偷袭,以冀建立奇功。但在岳飞亲卫军的迎击下,这支近一万五千人的敌军还是大败而逃。七月十二日,岳家军进入洛阳城。七月中下旬,岳飞以挺进突兀、两翼空虚的孤军,犹与完颜宗弼在颍昌府境内展开决战,并取得了辉煌的胜利。在一系列战役中,整个岳家军号令严明、作战英勇,具有一种守死无去、有进无退的顽强精神,俨然是一支不可动摇的力量。那句有名的话"撼山易,撼岳家军难",就是所有金兵从内心发出的感叹。

然而岳家军由于不断的进攻而掉进了一个危险的境地,这是因为淮西一翼的张俊、王德部不仅没有火速并进,反而继续撤退,使岳飞完全暴露在敌人的夹击中,前不能进,后不易退。颍昌决战胜利的第三天七月十七日前后,岳飞在连章请求增援而不得的情况下,反复掂量得失,不得不按照朝廷的严令"措置班师",使眼看就要到手的胜利付诸东流。这一事件使岳飞为之痛心疾首。确实,十年之功废于一旦,所得州郡一朝全休,这对于一位赤胆忠诚、以灭虏复仇为己任的志士来说,又岂是一个"痛"字所能概括的!

金人叛盟对秦桧是一个重大打击,他为此很是忧恐了一阵子,生怕他的地位会从此丧失。但事实证明担心是多余的,因为高宗依旧对他保持信任。秦桧转忧为喜,决心重整旗鼓,从头再来。

到绍兴十年(公元1140年)八月,中原和淮东的宋军已基本撤退,金军也开始休整。从十二月起,经过了充分准备的完颜宗弼选择了淮西作为重点进攻的目标,开始从汴梁一带向南移动,绍兴十一年(公元1141年)正月,渡过淝水攻占了寿春,揭开了第二次战役的序幕。进军初期,金人并不顺利,在柘皋县一战中,还遭致了失败,但不久宗弼就来了一个回马枪,将轻敌的淮西宋军张俊、王德部成功地击退。在这场战役中,奉命驰援的韩世忠水军也没有起到任何的作用。等到岳飞受令移师淮西时,沿线宋军已全部脱离了战场,岳家军也自然也无可施为。

此次战役双方的得失参半,但这两年进攻宋军如此不顺,是宗弼没有想到的,这使他锐气顿失,大有无可奈何之态。在绍兴十一年(公元1141年)的八月,宗弼转而在心理上向宋廷施加压力,放回了扣押的宋使莫将、韩恕,并让他们带信返国,信中极尽威胁利诱之能事。岂料这个效果竟出奇的好,高宗一下子就表示接受金廷的责备,愿意以新的条件重新和谈。

许多迹象表明帝国的天子根本就无心恋战。去年停发援军,让岳飞不明不白退军是一例,今年四月,更以庆贺淮西之捷为名,一下子就将三大主帅张俊、韩世忠、岳飞明升暗调,从而罢卸了他们的兵权更是一个典型的表现。在这一事件中,秦桧与高宗的目的相同,但出发点却不一样,他之所以汲汲于此,是因为他知道如果不把这三人除去,自己就不可能安居其位,秦桧并没有忘记前番议和时三大帅强烈反对的旧事。三帅名义上担任了枢密使和副使,但除了战功最逊的张俊逐渐倒向秦桧外,韩世忠、岳飞两人都成了地道的闲人,内心苦闷中,表面上还不得不装作优游闲散的样子。最可忧的是两帅的部属,疑惑之下,不免猜测纷纷,军心已有所动摇。这一倾向不仅给秦桧重新整编韩、岳两支部队提供了动机,也为他们的主帅埋下了悲剧命运的种子。

最能表现秦桧丑恶嘴脸的事情是岳飞的冤案。岳飞对我们帝国的贡献有目共睹,短短十年间,他从一个普通的将校成为一个举足轻重的主帅,完全是凭着自己对国家社稷的忠诚和血汗努力。然而,甘泉易竭,秀木必摧,岳飞的赫赫功勋却使许多人由嫉妒而忌恨,张俊就是最不能容忍岳飞的人,就连韩世忠也不能免于此病。金人就更不用说了,宗弼就曾一再表示,若要议和,必须杀掉岳飞。利害得失如此,叫我们的天子和秦桧怎么做呢?

这场冤案的过程虽然很复杂,从这一年七月初秦桧党徒谏议大夫万俟卨率先弹劾,到张俊首告岳飞部将张宪与岳飞子岳云谋反,再到十月份岳飞入狱,前后共三个多月的时间。但制造冤狱者的动机如此,这件事情其实是十分简单的。岳飞的申诉已经毫无意义,他脊背上刺写的那闪耀古今的"精忠报国"四个字,更打动不了诬陷者的顽石心肠,他只有在最后的逼供纸上写下"天日昭昭"的字样来迎接最后时刻的到来。十二月二十九日,岳飞被毒死,年三十九岁;岳云、张宪斩首。

似乎不能认为秦桧一人就可以一手遮天,若没有天子的默许,秦桧要想杀掉一位朝廷重臣绝非如此轻而易举。本朝虽然一向防忌武人,但自太祖以来,从未杀过一位大将,秦桧胆敢开此先例,不可能没有倚仗。更能说明问题的是,岳飞之死竟没有引起朝堂之上的任何反应,只有韩世忠一人到秦桧面前说了句气话。士大夫们可以为天子的无端受辱而不顾性命,为己辈的忠而不察而抗言直疏,但却不能为精忠报国的岳飞说上一句公道话,这是一种什么样的悲哀?

与此同时,和议在紧张地进行着。这一次已与帝国的颜面浑无关系了,因为天子已全盘接受宗弼的条件而表示臣服,再在细枝末节上锱铢必较不仅毫无意义,也不为高宗所同意。十一月二十六日,天子不等金朝一方的誓书签返,就正式告祭天地宗庙,宣布和议的完成。誓书的主要内容是:双方以淮水中流为界,宋方另割京西一路的唐、邓两州以及陕西大半予金,每年纳贡银、绢二十五万两、匹;金方则归还徽宗梓宫及太后。帝国的誓书最后说:"既蒙恩造,许备藩方,世世子孙,谨守臣节。"

誓仪完成后,高宗先后两次对金使表达这样的意思:朕有天下而养不及亲,徽宗已不能及,若太后能回,自当谨守誓约,否则朕不惮用兵。这就是说,天子不耻屈和是为了孝义。那为什么一字不提他的兄长、正在敌人囚窗中度日如年的钦宗皇帝呢?可怜的钦宗,在送高宗生母韦太后返国的时候,痛哭流涕地拉着太后的衣服不放:

"寄语九哥,吾若南归,但为太乙宫主足矣,其他不敢望于九哥。"

绍兴十二年(公元1142年)八月二十三日,当高宗在临平镇与母亲抱头痛哭的时候,太后一定对他转达了此话,但效果自是不言而喻的了。

　　帝国的半壁河山就这样形成了,整个疆域只有两浙、两淮、江南东西、湖南湖北、四蜀、福建、广东广西十五路,京西路襄阳一府,陕西路阶、成、和、凤四州,共计府州军监一百八十五,县七百零三。

第四章 雍容与惨淡,安逸与痛苦

楚天千里清秋,水随天去秋无际。
遥岑远目,献愁供恨,玉簪螺髻。
落日楼头,断鸿声里,江南游子,
把吴钩看了,栏干拍遍,无人会,
登临意。

——辛弃疾

天子与秦桧

可叹的是,帝国近似于以胜利之势向敌夷投降了。

绍兴十年(公元1140年)金军的再一次南进,不仅不能与建炎时期的三次入侵相提并论,就是和两三年前的情况也有绝大的不同。这一次完颜宗弼背盟毁约大举南下,在军事上并没有捞到什么好处。尽管在淮西、西南两个战场上双方互有得失,但最大的失利者却无疑是金国一方,因为宗弼的整个进攻计划受到重挫,业已丧失了战略上的优势。凭着金军眼下的情况,绝对不可能再有靖康、建炎年间长驱直入的实力,敌人所谓"问罪江表"、"水陆并进",只不过是祭起早年的法宝恫疑虚喝罢了。很明显,宗弼正是由于军事上的困顿才想到进一步威胁宋廷,却没有料到歪打正着,一下竟击中了高宗的要害。天子也没有认真想一想,狡诈多端的金军哪一次大兵压境时,像这样"先事以告"过?

比起十多年前的惊恐万状,帝国的整体心态已趋向于稳定,朝野反对和议的呼声高涨,至少证明现时的民心士气可用。以帝国目前的实力,假如上下激励、同仇敌忾,也未必就不能再与金人决一死战。虽不一定能直取河朔,保住淮水一线当不会有太大问题,又何至于主动示弱而未战先降?

即使单从天子的利益考虑,我们的高宗皇帝似乎也没有必要如此屈辱苟和。能够成功地保住宋室的国脉,这已经让许多人为之额手称庆,再加上十多年的惨淡经营,我们的天子已经为自己奠定了稳固的基础。就算金人施以辣手,把钦宗从五国城请到汴梁,也未必就能对现在的大宋皇帝构成威胁。当然,宗弼如果把钦宗送回到临安,这倒会使南渡政府产生一点麻烦。不过,和与战的主动权一直都在金廷一方,两国交兵时金人固有理由不放钦宗,但说不定在双方媾和后,金人反而会弄出送返宋室旧帝的伎俩,这都是很难保证的。高宗是个聪明人,他不会不明白其中的道理。

既然如此,我们的天子无心恋战、不惜屈服的原因何在?特别是默许秦桧以莫须有的罪名杀掉了岳飞,表现出高宗不仅已经对和议已义无反顾,而且从根本上彻底放弃了武备。这种自毁长城的做法对于一个刚刚得到恢复,并且依然处于强敌威胁之下的政权来说,无疑是一个非常危险的行径。

有一种说法是高宗不能容忍武将势力的坐大。这种见解基于这样一种考虑:如果一味持久抗战下去,除了三大帅将越来越难以控制外,还很有可能产生新的军事势力。因此,天子要收回三大帅的军权,并且纵容秦桧杀掉岳飞。这个解释或许有一定道理，但并不能完全说明问题。

限制武装固是本朝的国策，高宗因为登基不久就曾遭逢兵变，从而对将领手握重兵心存顾忌也不难理解。但按常理来说，兔死狗烹是和平局面下的事，眼下国家正灾祸未已，岂可因所谓尾大不掉的担心做出这种荒唐之举？中兴以来战事频仍，武将确实也有恃功骄纵的一面，但尚还没有发展到囿于个人得失而不顾国家利益的程度。同时，帝国如果与金军打上持久战，也就是勉强维持淮水以南而已，更不可能取得完全的胜利。另外，三大帅内调后，都已经明确表示放弃兵权，另一位资格较老的刘光世也在不久之后称病赋闲。天子即使有心，也没有这个必要再动杀机。

一切的一切其实很简单。高宗是一位天子，天子无上的地位决定了所有登上这一宝座的人都不免迥异于常人。因为天子可以做几乎一切事情，所有理论和规范都是在这一前提下制定的，尽管它们在表面上看起来冠冕堂皇。从历史上看，天子过分的随心所欲也许会带来危及本身的祸端，但这仍然不过是一个空洞的经验教训而已，皇帝们有遵守帝王规范的义务，但并没有不得不去遵守的限制。因而他们要做的事情只是因为他们想做，他们只要想做就一定会去做，国家和民众的利益并不在考虑范围之内。即使独夫之辈每每以道义作为标榜，然而从根子上讲只不过是一种借口而已。所有的皇帝并非都是低能儿，如果能使自己从心所欲，又何妨讲一点手法？这样的例子实在是不用多举。归结到高宗的身上来，我们的第十位天子的机会是上天所赐的，这个机遇来得太突然而几乎令人难以置信,它让高宗在欢欣鼓舞的同时承受了巨大的心理压力:他必须绝对珍惜这样一个上天的礼物。早年的经历更加剧了这样一种心理障碍,他已经变得脆弱不堪,几乎所有的风吹草动都会使他草木皆兵,眼见的事实和确凿的逻辑也不能增加他的任何自信。高宗在后来已经不知道怎样分析利害得失了,他就只知道"和",无论何时何地何种情形,只要能求得哪怕是一纸空文的和平,他都能感觉到最彻底的满足。对这样一种病入膏肓的人主而言,除非把未来的一切放到他的面前,否则他就永远无法改变已经形成的禀性。所以,以妥协求和为国是,遂成为高宗朝政治的法律性决策。而二十年后金兵再一次南侵时,高宗便宁愿去当太上皇,他已经没有丝毫的勇气再去面对如临深渊般的恐惧。

只要有这样一位天子存在,就一定会有秦桧这样的人。

事实已证明秦桧是一个无耻之徒,为了自己的利益可以不顾一切。因此秦桧孜孜以求的投降动机只能归咎于我们的天子,是皇帝的需要赋予了他动力和源泉。贪生怕死、全无操守的人虽然也有他的处世原则,但绝不可能对任何事都一以贯之、始终坚固。所以即使他确为金人的奸细,一旦身居高位后,也并无绝对的理由再为金人奔走效忠。如果秦桧当初可以为身家性命而卖身投靠,现在也可以为高官厚禄而纳宠新主,这是一而二、二而一的事情。

秦桧的成功在于他从里到外都与天子达成了高度的契合。

高宗没有什么强烈的癖好，秦桧也没有蛊惑人主的奇巧诡异之术，因此这种亲密无间就绝不是性情之合，而是为了某种功利的认同，这就是从权变通、一切为一己得失考虑的路线，为保存自己而不惜任何代价的强盗逻辑。假如高宗是一位好战的天子，秦桧一定也会努力把自己打扮成以雪耻兴复为己任的志士。

秦桧当然也自有他的手段来保持这种契合。早年提出的二策没有落到点子上，反倒迫使他采取了更巧妙的策略来抓住天子的动向。本朝不比以往，没有宦官可资利用，也无法攀附后宫作为依托，因此秦桧发展了一位天子御医王继先成为自己的亲信，同样在皇帝身边找到了一位通风报信者。王继先是汴梁人，世代为医，他本人也是由于医道高明而受到了高宗的宠信，成为天子身边唯一能说得上话的近臣。高宗之所以对一名御医如此宠爱，有一个原因也不能不提。那就是建炎三年（1129年）扬州惊变落下的那场严重的疾患，使天子病于"熏腐"。人道既失，为己身的快乐以及宗脉的延续考虑，都必须尽可能地加以治疗。因此继先得以凭恃恩宠，在相当长的一段时间里上蹿下跳，势焰熏灼。秦桧当然不会放过援引的机会，所以让妻子王氏与继先拜为兄妹，两人联手，对双方都有好处。秦桧其实是很不轻松的，他必须始终为巩固自己的地位殚精竭虑，于是人们常常可以看到他乘轿、骑马或默坐时，经常是嚼齿动腮若有所思，好像是在筹划什么重大的举措。阴险者的嘴脸，往往如是。

高宗皇帝之外，秦桧的妻室王氏对秦桧的一生也起了一种异乎寻常的作用。秦桧本人就说过,若不是王氏给他出了一个绝妙的主意,他是不可能使金酋完颜昌答应让他们夫妻同时随军的。确实,王氏在某种程度上可以说一直是秦桧的主要智囊和谋主,因而秦桧北去时要王氏同行;出任伪职随军南下,他也要想尽办法把王氏带在身边。最后临机应变仓皇逃走时,犹不惜冒险与王氏同生共死。这似乎不能单纯以秦桧夫妻情深的理由来解释,要知道国破家亡之时,往往变故突发,绝大多数人都不免骨肉分离、妻离子散,要都像秦桧一样面面俱到,根本就无法照顾自己,又何论保全妻孥。所以当秦桧南来后,朝士们都奇怪秦桧竟能与家偕归,由此而怀疑其中有没有一些不可告人的东西。

无论秦桧如何逃脱,无论其夫妇感情如何,他离不开王氏是可以肯定的,秦桧在很多方面确实都要靠他这位贤妻为他运筹帷幄。岳飞下狱后曾有很长一段时间里不能定案,当时就有不少传说,认为是相府闺阁中拍了板才促使宰相最后下了毒手。无风不起浪,假如这些传说并非全都是无稽之谈的话,王氏的不简单就可略见一斑了。

王氏算得上是名门之后,其祖父就是当年被人戏称为"三旨相公"的王珪,在神宗后期及元祐太后掌权初期担任过十五年的宰执。王珪这个人基本上属于折中派,在变法与反变法的夹缝中起过一定的缓冲作用,就客观效果而言,对变法也有一些贡献。王珪有两个儿子,一曰王仲山,一曰王仲嶷,王仲山就是王氏的父亲,大约是在秦桧中进士后不久,以二十万贯的嫁妆,把女儿嫁给了这位南方人。

王家后人继承了王珪赋性不坚的特点之外，尤还增加了懦弱胆怯、贪生怕死的劣质。建炎四年（公元1130年），金军渡江后分兵追击隆祐太后进入江西，一路攻城掠寨，沿途守军望风披靡。王仲山时知抚州，仲嶷知袁州，也都无一例外地开门投降。名门之后如此恬不知耻，还一度引起朝廷的愤慨。但事过境迁之后，在帝国政府宽容一切、不咎既往的政策下，王氏兄弟犹还不断钻营，力求重新起用，但遭到朝野公论的鄙夷。秦桧当权后，王氏当然会要她的丈夫想尽办法营救，秦桧也确实为岳父奔走援引不遗余力。可以想见的是，既然有心为弃城投降者开脱，则必须要在理论上分清战与和的原则是非，秦桧力持和议，不可能没有这方面的原因。

高宗迫切希望的是和谈能够从速达成，因此十分需要了解金人的动向，确切地说，需要知道完颜宗弼到底有没有和的意思。天子既然把主动权拱手让给了对方，他当然还必须清楚对方究竟会有什么样的条件，其中哪些可以婉拒而不至于影响大局，哪些又绝不可贪图细节而因小失大。秦桧在这方面做得尤为从容，他似乎很能洞悉金人的谈判砝码，因而在具体的措置中，秦桧也能够让高宗彻底放心。在这一点上，与秦家有着几重亲戚关系的人物郑亿年起了不小的作用。

郑亿年的母亲是秦妻王氏的姨母，而王氏的哥哥王晚，又娶了亿年的妹妹。下一辈中，秦桧的养子秦熺又娶了亿年的侄女。郑、秦、王三家亲上加亲，注定了他们少不了臭味相投、互为庇护。郑亿年是建炎四年（公元1130年）金军追击南逃朝廷时在宁波被俘的,刘豫僭立后,出任伪齐高官。秦桧当政后的第一次金宋媾和时,亿年自觉有所依托,遂从北方脱归回到临安,明里上表待罪,暗地里当然向秦桧进行了通报,说不定还曾密疏皇上。果然,秦桧和天子都为他一力开脱,最后不顾朝间大臣的汹汹之议,作为一个特例恢复了他的官职。亿年的凭仗当然不止是一个秦桧,显而易见,他一定还掌握了高宗所不得不对他礼遇有加的东西,所以他才敢回到朝廷。至少,亿年就曾在朝堂之上以全家性命作保,说金人绝不会背盟。他如果不知内幕,何来这样的信心?从某种程度上说,郑亿年或许才是金人有意放归并负有特殊使命的人物,以利用他的关系向南渡朝廷的天子和宰相传达信息。至于后来的反复,那主要是因为宗弼发动政变掌握了权力的结果,亿年所负的当然是完颜昌的使命,他也不可能预见到金廷内部政治斗争的风云变幻。绍兴和议达成后,金人据有关协议要求宋廷放还原在汴梁伪齐任职后又逃归宋廷的有关人员,郑亿年也在名单之中,但高宗就是不放。于此也可看出,亿年具有一种双重奸细的身份已无可置疑。

一个人从来都不是孤立的个体。没有高宗自不会有秦桧,没有王继先、郑亿年乃至万俟卨等人,秦桧还不能完全成为秦桧。而没有王氏,秦桧也不可能发挥出他的全部极致。

后来的事情不难想见。

秦桧在达成和议后的绍兴十二年(公元1142年)进位太师,历封秦、魏两国公,稳如泰山地做了十五年的宰相。这十五年中,秦桧所做的不外两端,一是粉饰太平,以此抚慰天子的心神,同时也为自己的丰功伟绩制造证据。此外,援拔党徒,打击异己,进一步巩固他的地位,也是秦桧在十几年中的一贯方针。在天子始终如一的恩宠下,秦桧最后的势力如日中天,无人企及。甚至有时在天子面前,秦桧都敢于抗言争辩,强迫皇上遵从己愿。只有到了晚年,他才感到为众论所嫉的恐怖,于是设置逻卒,布满京城,闻有议之者,当即收捕,深文罗织,必置于死地而后快。

高宗天子与秦桧绝对是一种相互利用的关系。秦桧从中得到了尽享威福的实利,而天子也得到了安居宝位的满足。双方求同存异,各取所需,于是十五年来相安无事。高宗在后来并非不讨厌秦桧,甚至对他的专权十分恐惧,但只要一天存在着金人的威胁,高宗就一天少不了秦桧,天子为了根本的利害也只有委曲求全,就像他对待金人的态度一样。只到绍兴二十五年(1155年)十月二十二日,秦桧病死后,高宗才终于长吁了一口气道:

"朕今日始免靴中置刀矣!"

十二月,高宗马上就开始亲决政事,收揽权柄,并罢黜秦桧姻党,清除他的势力。不过,天子并不允许"和"的方针在秦桧去后有所改变,因此他早在秦桧死后的第二天就下诏明示:"秦桧力赞和议,天下安宁。自中兴以后,百度废而复备,皆辅相之力,诚有功于国。"第二年三月份,朝臣纷纷请废和约,太学生们也在酝酿着伏阙上书,而一些冲动之士甚至在私底下伪撰废和诏书以鼓动民心,高宗为此再次严诏督责道:

"讲和之策,断自朕意。秦桧但能赞朕而已,岂以其存亡而渝定义耶?"

可见,天子需要的是秦桧的政策而不是秦桧本人。千百年来,恐怕再没有人能像他们两人一样把君臣之分变成如此赤裸裸的利用关系。

需要强调的是,和议本身的利弊得失并不是主要问题。秦桧和我们的天子把天下正气销蚀殆尽,才是帝国的真正损失。秦桧在相位,久擅威福,士大夫一言合意,便立取显美。这使得朝间的风气愈趋浇薄,人怀速化之望,仕于朝者多不肯外迁,随事俯仰,共乐晏然。忠臣义士贬逐略尽,而执政者皆乃沽名钓誉、柔佞奸巧之辈。轻儇之徒,竞于告讦,虽朋旧骨肉,亦相倾陷。如此薄恶之风,不能不给本朝百多年苦心培养的道德礼义造成了无法言喻的损害。

逆水行舟,不进则退。国家的命运亦复如此。

成功的防守和失败的进攻

北方的金国也并不平静。

金廷的世系与宋室有一个相同的地方,两位开国皇帝太祖阿骨打和太宗完颜晟也是同胞兄弟,皆为劾里钵之子。金太宗驾崩后完颜亶即位,史称"金熙宗",他是太祖阿骨打的孙子。金熙宗以第三代继承人的身份登基时只有十六岁,因此整个在位期间,老一辈的宗室元勋始终没有停止过争权夺利的斗争。完颜宗弼、宗幹两人也是兄弟,都是太祖的儿子,他们联手诛灭了完颜昌、宗磐、宗隽集团后,基本主宰了金廷的政局。其中宗弼进为太保,领行台尚书省、都元帅,算得上是金廷负责南方事务的首脑;宗幹则进位太师,封梁宋国王,是朝中最显赫的人物。不幸的是,与宋签订和议的那一年也就是金皇统元年(绍兴十一年,公元1141年),宗幹从熙宗出幸,在回京途中病故。宗幹的次子叫作迪古乃,汉名为"完颜亮",这个人在不久后掀起了一场不小的波澜。

完颜亮这个人保存了女直人残暴而野蛮的一面,为人僄急猜忌、残忍任数,自以为与熙宗同为太祖之孙,对皇位常怀觊觎之心。皇统八年(绍兴十八年,公元1148年)十月,集军事民政大权于一身的宗弼去世,完颜亮终于有了机会。

年轻的皇帝熙宗无力平息朝中贵族大臣之间的纷争,因而金廷内部的派系一直处于相互对峙的局面,表面风平浪静,其下却暗伏潜流。宗弼死后熙宗亲问政事,但也没有办法控制事态的恶化,由于处事不当,更引起了朝中部分贵族的不满。到了皇统九年(绍兴十九年,公元1149年)十一月,熙宗杀掉了与完颜亮等大臣勾结的皇后裴满氏后,事态已一触即发。

十二月初,完颜亮已经与左丞相秉德、驸马唐括辩及大理卿乌带等达成共识,又开始在宫廷内外秘密联络。他首先争取了熙宗几名重要护卫的支持,然后重点开始策反熙宗的近侍局直长大兴国。熙宗最信任的近侍就是大兴国,未尝一刻轻离左右,只有在就寝后才放他归去。大兴国掌握了皇帝寝宫的钥匙,同时又能自由出入,要想发动宫廷政变,他这一关非过不可。

完颜亮先找了一位与大兴国有旧的人探知了一下底细,知道大兴国正因无端受到熙宗的责备而心怀怨望。遂在一天夜里将他邀致府第,终于把他说服。两人约定,事不宜迟,就在十二月初九举事。

初九这天夜里二鼓时分,大兴国窃取符钥打开宫门,矫诏熙宗有旨召唐括辩。唐括辩早已候在宫门附近,见机立即趋入。守门者因唐括辩是当朝驸马,不敢怀疑,便将他放入,于是完颜亮等人暗藏利刃也随之入内。走到殿门,守宫卫士方觉有异,刚要动手,被唐括辩手起刀落一下砍倒几个。惊惧之下,其余卫兵竟无一敢动。熙宗在寝殿中听到动静,察觉情形不妙,急往榻上取刀,岂料往日从不离身的佩刀早已被大兴国藏到了床下。几位反叛护卫首先持刃进弑,完颜亮继之,熙宗血溅当场,时年三十一岁。

完颜亮即位后本性便开始彻底暴露。最典型的表现是任意妄为,需索无度,依附群小,滥杀无辜。为了巩固统治地位,完颜亮采取了极端手段,所谓"刑杀不问有罪"。未过多久,对政变有功的秉德、唐括辩皆被诛杀,太宗子孙、宗幹子孙等宗室子弟亦遭诛夷,一些军事将领如左副元帅撒离喝等人被满门抄斩。完颜亮为满足一己之好,甚至抛弃了基本的伦理纲常,以至于淫嬖不问骨肉,妇姑姊妹尽入妃嫔之列,为夺人妻则使之杀其丈夫。完颜亮的行径是开化未久的游牧民族残存劣根性的典型反映,因此在他身上,既有残酷而缺乏人性的一面,同时也有豁达任性、不以礼法为意的天真之趣。比如他有时出巡,见到民车陷入泥淖,辄令卫士为之牵挽，必俟其出而后行；他身边常备有黄金钱币，如有需要者，即令自取。最有意思的是，身为一朝之主，他甚至允许臣子直呼其名。完颜亮以强制和压迫性的手段统治他的国家，虽然在客观上能够加强集权政治的威力，但也在很大程度上加剧了金国内部各种矛盾的激化，最终导致了自己的败亡。

从某种程度上说，金帝完颜亮既然代表着女直民族野蛮性的一面，他便具有一种与生俱来的好战掠夺本性，并不会因为环境的改变而改变。完颜亮念念不忘讨伐宋朝，早在即位的翌年就曾公开表示迟早要将江南之地收为己有。即位后的第五年，完颜亮把首都由上京迁至燕京，并改名为中都，仿造宋制，大事营建。当然，模仿宋朝制度仍然只不过是他用来满足猎奇性格的一场游戏罢了，他从来也没有真正的从理念上接受汉家文明的熏陶。在完颜亮的眼里，只有那未知的广阔江南才是他真正急需的东西，他把帝都从遥远的北方迁到燕京，目的也就是为此。到了绍兴二十六年（公元1156年），连一向麻木的宋廷上下，都有不少人感觉到完颜亮叛盟南下只是迟早的事情，但未被高宗和属于秦桧余党的朝廷宰执们接受。第二年，完颜亮决计南下，绍兴二十八年（公元1158年）二月，开始小规模挑衅，二十九年（公元1159年）正月，开始进行军事准备，打造战船、运贮军械、调兵遣将。金廷计划了近五年，可宋廷方面却始终一无防备，就是到了中外籍籍、路人皆知的当口，高宗犹还不愿相信：

"朕待彼甚厚，金人拿什么借口出兵？"

权礼部侍郎孙道夫哭笑不得："敌夷出兵，岂需借口！"

绍兴二十九年（公元1159年）八月，金军重兵已屯驻淮水宿、泗一带。绍兴三十一年（公元1161年）六月，完颜亮移驻汴梁。七月，大肆屠杀宋、辽宗室一百三十余人，八月，又弑杀反对南侵的太后徒单氏，南进之意已无可动摇。九月，完颜亮戎服亲征，以六十万的兵力分三路大举入寇：西路自凤翔攻大散关，以取宋朝侧翼四川；中路由蔡州攻荆、襄，从正面压迫；其本人亲率东路主力从淮西进攻江南东路。另外，完颜亮还派遣了一支水军由山东取道海上直袭临安。金军此次入侵在战略上虽是老调重弹，但规模却明显地超过了以往的任何一次。

然而不同以往的是，金人这一次虽然来势汹汹，但早已失去了当年鞭梢所指、所向披靡的效果。金军的战斗力不是一成不变的，早在绍兴九、十年间，就已有明显的征兆表明他们并非不可战胜。此次金军数量虽众，但大部分是各族士兵拼凑而成，成分既复杂，相互之间的差异也大，加上兵员众多势必造成后勤保障的困难，确实很难做到速战速决。首先南进的西路军一开始就遭到宋四川守将吴璘的阻击，退守凤翔；接着中路军也被击退，被迫改向东进。十月二十七日，曾在岳飞制下的李宝率战舰一百二十艘挂帆北上深入敌境，将正在密州陈家岛停舟待风的金军水师一举歼灭。

决定性的采石大捷虽然看起来是一些偶然因素造成的，特别是中书舍人虞允文的临机果断，确实起了重要的作用，但实际上这场胜利也有其必然性的一面。客观上的因素一是完颜亮不顾朝野一片反对之声竭举国之力兴兵南下，已促使金廷发生内变，十月初八，曹国公乌禄在辽阳被立为新帝。消息传到前线，金军亡归逋逃者更是不可胜数，这也使得完颜亮部队的士气十分低落；二是塞外契丹诸族也开始叛乱，声势已趋浩大，加上河北汉民的起事，不得不使完颜亮分兵以征，导致南侵军力的分散。另外，金军的水战经验要明显逊于宋军，宋军在水面上的装备也大大超过对手，金军以小而缓的战船对付宋军大而速的战船，以长江的宽阔汹涌，绝对不是对手。完颜亮过分高估了自己，他认为当年宗弼能以小舟在海上追击宋帝高宗，此次必然也能成功渡江。事实也证明，宋廷淮西守将王权所统领下的士兵并非不能打仗，而只不过是胆怯的主帅临阵逃脱瓦解了军心，才使金军渡过淮水直逼长江。若无民心士气可用，虞允文纵有回天之力，也无法力挽狂澜。十一月八日，虞允文到采石犒军时，王权已被罢免，而新帅尚未到任，一路溃散下来的宋军士兵只剩下一万八千余人，散坐路边，不复成伍，情况已是千钧一发。允文毅然负起指挥重任，以其出色的组织能力将采石一带的军民调动起来，结果保住了长江防线。

当然，采石之捷的具体战果绝非像宋廷渲染的那么辉煌，完颜亮临江时已无心久战，所以只派了先头部队渡江。为采石宋军击败后，完颜亮大队人马立刻就趋回扬州，并没有再次尝试强渡。尽管如此，虞允文将金帝亲征之师打得落荒而逃仍是一个不容争辩的事实，宋军以一儒生率区区乌合之众就能将完颜亮的精锐主力一举击溃，虽不能证明宋室的军事实力是如何的强大，但至少说明金人五十年来的南侵确已成了强弩之末。

采石大捷的意义极其深远。

十一月底,众叛亲离的完颜亮被部将杀死,残部退军三十里后遣人持檄至宋镇江军议和。不久,荆、襄及两淮各地金军亦皆拔寨北还。乌禄即位后更名为"雍",史称"金世宗",世宗得知完颜亮死讯后,进驻燕京正式掌权。此时,中原一带民众纷纷起义,山东人耿京起兵收复东平,成为其中声势较大的一支。金廷为安顿局面,一方面在两淮及西南收敛兵力以图再战,一方面也不得不遣使请和以作喘息。尽管金军仍在各地与宋军往复交战,但完颜亮发动的南侵毕竟还是以彻底的失败而告终。

更大的影响还是在我们的帝国方面。绍兴三十一年(公元1161年)十二月完颜亮死后,高宗尚还有意乘胜恢复汴京,并亲临至镇江府。但当金国新帝即位后兵势复振,高宗的意向马上就开始改变,坚决要返回临安。绍兴三十二年(公元1162年)正月,宰执奏金使将于二月份渡淮南来议和时,天子的和意已经十分坚决。照理而言,徽、钦二帝已经驾返道山,重兵大将也所剩无几,用兵取胜破虏复仇,丝毫没有背其所利而中其所忌的成分。然而帝国的天子所担心的早就不是得失利弊,高宗的怕事已融入骨髓,他既没有心思去作任何的判断,甚至连面对明白无误的胜势的勇气都没有。早在十二月份朝廷下令在西北战场上首先撤军就是天子的主意,结果使秦凤、熙河、永兴三路所光复的十三个州又为金人所占,吴璘部仓促退还,在金军的掩击下损失惨重。全军将士无法接受这样的现实,连营痛哭,声震原野。在高宗心里,

败固然非所情愿,胜也并不能保证一切,他只相信眼下的无事才是最最要紧的,因此他对臣下说:

"朕料定最后还是一个和字。"

和是不错,战争发展到最后也就是妥协。但怎样去和?绍兴三十二年(公元1162年)四月,金使高忠建来到临安,经过一番激烈争执,抗战派中坚左相陈康伯驳斥了金国仍要宋廷行臣子之礼的谬论,以洪迈报聘,国书采用敌国之礼。这种方式的休战似乎才是我们的帝国所能接受的,外交上的胜利当然是战场上胜利的产物,根本没有必要惧怕谦让。然而,高宗还是密付了洪迈一道手札:

"若彼诚能以河南地归还,必欲居尊如故,朕复屈己,亦何所惜。"

这又是退回到老路上去了。天子在大好局面下仍不惜屈己退避的做法,显然已无法被十几年来第一次扬眉吐气的主战人士所接受。洪迈到了金国,金世宗见到国书用词不逊,先令洪迈更改,洪迈不从;后又命他朝见时行旧礼,洪迈也坚执不可,结果被金人反锁在使馆中,水浆不通达三日之久。本来,洪迈完全可以按照高宗的手诏行事,屈膝称臣以讨得金人欢心,然而他就是没有屈服,表现出难能可贵的高风亮节。与洪迈在敌营的大义凛然相呼应的是,朝中要求乘胜恢复的呼声也极为高涨。代表人物一是当朝首相陈康伯,一是完颜亮南侵时方被重新启用的张浚。

康伯字长卿,宣和进士,绍兴二十七年(公元1157年)除参知政事,三十一年(公元1161年)迁左相。完颜亮南侵时,举朝震

第四章 雍容与惨淡,安逸与痛苦

骇,不少朝士都遣家属南下以避寇,独有陈康伯具舟迎家眷入浙,对安定人心起了很大作用。敌骑逼江,康伯坚决反对幸闽之议,迫使高宗留在了临安。虞允文出任参谋军事前往采石,也出自康伯的倡议,结果取得了采石大捷。张浚虽然一直被高宗闲置,但在朝中主战派中却享有甚高的威望,此番出判建康府后,处事布军,风采依然,赢得了朝野的广泛尊敬。此时的另一位元老级大将刘锜刚刚去世,张浚遂成了抗战一派的希望所在。陈、张二人得到普遍的拥护,反映出时下的主战潮流确实无可抵挡。在这样的情况下,我们的高宗皇帝要想再蹈故辙,实在也是非常困难了。

但究竟是什么原因促使他采取了退位禅让的做法来作最后的逃避,其中的原委倒也颇令人困惑。高宗从建康回到临安是绍兴三十二年(公元1162年)二月十八日,五月二十八日便下诏立皇子赵玮为皇太子,明显表露出禅让的意思,到六月初九正式下诏内禅,前后只有不到四个月的时间。洪迈出使金廷是在四、五月份,如果从那时算起,高宗实际上是在一个月内就作出了选择。前唐玄宗、本朝徽宗之内禅,都是出于不得已而为之,我们的天子目前正处于一个国威复振的大好时机,年龄也只不过五十六岁,又何至于如此心灰意冷而想到归于淡泊、颐养天年?严格说起来,古今都没有这样的先例。

实际上,高宗要是一意孤行,再次委曲求和,尽管会遇到前所未有的阻力,但也并非不能做到。当年的和议所遭受到的反对浪潮,也并不比今天逊色,天子彼时能不惜任信奸佞、滥杀大将,此次当然也可以如法效仿,从这一点上讲,他似乎没有理由做此无谓之举。有一种说法是陈康伯对皇上施加了压力,但这显然不符合情理。康伯是个正直之士,他不可能做出这种有悖于臣下之道的事情。眼下的情形也不同于靖康之时,高宗的声望虽然由于不惮屈己而有相当程度的下降,可与当年的徽宗仍是不可相提并论的。康伯即使有心逼宫,也不会为天子所答应。

最后的解释仍要归结到高宗的懦弱本性上来。所有的天子都没有丝毫的逻辑性可言,高宗也不例外。他内心的害怕恐惧情结已经根深蒂固,任何外力都无法左右,这使他完全丧失了基本的判断和思考能力。败时可以和,但胜时如何呢?我们的天子显然也是黔驴技穷,所以内禅完全是出自他的本意,他也只有这条路可走。高宗的禅让诏出自洪迈的哥哥洪遵的手笔,但有一句话也真实反映出天子的心态,即所谓"思欲释去重负以介寿臧"。他已经安居帝位三十有六年,与其忧勤万机,宵旰靡怠,倒也无宁雍容释负,退养康宁。六月十一日内禅典礼结束后,已成为太上皇的高宗随即驾往德寿宫,从此平安地度过了二十六年,以八十一岁的高龄走完了他并不轻松的人生旅程。

高宗唯一的儿子早夭,因为扬州兵败时染上痼疾,从此再无生育。即位的皇子赵玮是秀王赵子偁的儿子,算起来是太祖的七世孙,受册太子时更名为昚,后来的庙号为"孝宗"。翌年,孝宗改元"隆兴"。孝宗是个主战派,即位伊始,就重用了张浚,同时追复岳飞父子官爵,正式予以平反。朝野气象,为之焕然一新。

高宗内禅只是采石之捷深远影响的一个方面而已,这场抗战胜利对帝国产生的最大后果是孝宗主持下的朝廷发动了一次北伐。很显然,这次乐观情绪下的主动出击同完颜亮的南侵一样,都是不合时宜之举。南渡朝廷是否具备足够的实力彻底降服金敌并不是主要问题,重要的是朝野上下究竟有没有形成高度统一的思想意识。不幸的是,帝国并没有做到这一点,许多事情表明帝国内部的主和倾向已经蠢蠢欲动,只不过暂时蓄而未发罢了。孝宗以新君的锐气一贾其勇固然值得嘉许,然而恢复大业并不是单靠一腔热情就能实现的。而金国虽然内乱频仍,但底气尚在,金世宗能够迅速抚定局面就是一个最好的证据。以帝国久弛的武备遽而北上劳师远征,能够速战速决尚还有取胜的希望,如果一旦受挫,立即就会带来不可收拾的后果。年轻的嗣君是否有这个思想准备?

隆兴元年(公元1163年)初张浚出任北伐统帅,四月,李显忠、邵宏渊取得宿州大捷,成为近十年最为辉煌的光复胜利。然而时隔不久,由于李、邵不和,未能协同作战,导致宋军在符离的大败。此次失利在军事上并不算什么严重的挫折,然而它在政治上的意义却非同小可,这使朝廷妥协的潮流又开始抬头,并进而影响到即位不久的天子。果然,一贯主张议和的汤思退又重新入为宰相,在他的一力干扰下,先是张浚被迫去职,接着主战派遭到清洗,最后两淮宋军在金军的袭击下全线溃败。宋师尚还未渡过淮河,就宣告了北伐的破产。

想望中兴的孝宗仍旧未能避免高宗的命运,最终还是不得已与金人求和。尽管这一次的和约看起来比绍兴和议有了大大的进步,比如双方不再称君臣而改称叔侄,"岁贡"改称"岁币",数量上也减少了十万等,但宋廷一方仍然割去了六个州。帝国的形势原本已一派大好,即使不能渡淮北上,至少也不必再度割地。假如孝宗意志坚决,准备充分,应该是能够避免这样一个结局的。

但我们只能承认这个无奈的现实,这是隆兴二年(公元1164年)十二月的事情。第二年,孝宗改元"乾道",时为公元1165年,距高宗南渡已近三十五年。它标志着一个时代的结束,另一个新时代的来临。

临安:销了剑锋,雌了男儿

这是雍容富足的时代,这是惨淡萧条的时代;这是安逸平和的时代,这是痛苦无奈的时代;这是湖山歌舞、尽事逍遥的时代,这是志士堪悲、拔剑而起的时代;这是水云浩荡迷南北的时代,这是断肠落日千山暮的时代。

自绍兴二年(公元1132年)高宗自绍兴府移驻临安后,因为敌情的变化,天子行营或因巡幸或因亲征,也曾有过短暂的迁移。当年冬天,宗弼军南下,天子出幸平江;绍兴六年(公元1136年),高宗再次亲征,行在随之北上。绍兴七年(公元1137年)春天,张浚力主北伐,遂鼓动天子移驾建康;赵鼎复相后的绍兴八年(公元1138年)二月,又奉皇帝复还临安。自此以后,始无变动。

临安府所在地杭州本名钱塘,隋始置州,大业初又改名余杭郡,唐复置杭州,五代时吴越王钱俶即定都于此。建炎三年(公元1129年)高宗升其为临安府,属浙江西路。

虽然临安已成为南渡帝国实际上的京师,但在名义上还不算是永久的首都,故仍曰"行在",朝廷亦称"行阙",这当然都是不忘故都之意。不过,名号的不正丝毫未能影响它在南渡以后的飞速发展。绍兴初年,临安数遭兵火,户口仅存十之二三,大半还是北方流寓的客户。和议以后,人口激增,到了绍兴末年,户数已臻至二十五万左右,人口近五十五万,使临安一跃而成为一个庞大的都市。整座城池周遭约七十余里,分内外两城:外城一名罗城,在沿袭吴越城垣旧制的基础上有所扩建,形成南跨吴山、左江右湖的极为可观的规模;内城即大内宫城,位于凤凰山下,本乃州治所在,过江伊始因陋就简改作行宫时,不过只添造了二三百间房屋。绍兴八年(公元1138年)至二十六年(公元1156年)间先后建成慈宁等八殿后,宫殿始具规模,但仍只不过是汴京的四分之一。孝宗即位后,大内建制方日趋完备,新建宫殿大都朱钉金户,画栋雕梁,覆以铜瓦,又镌以龙凤飞骧之状,巍峨壮丽,光耀溢目。而规划中的许多亭台楼阁都在陆续营造之中,照其建制预计,假以时日,行宫将来的规模超过旧都汴梁当是毫无疑问的。

临安吸纳诸方精华,渐渐而成繁盛之都。方圆数十里的范围中,人烟生聚,民物阜蕃,市井坊陌,铺席骈盛,数日径行不绝。尤其突出的是,临安已彻底消除了历来天子都会严格划定的坊、市界限,店铺甚至临街而设,通衢坊巷,连门俱是。自然的,夜市亦应运而兴,交易之盛,一如白昼。各种官办及私营作坊,遍布杭城内外;勾栏瓦舍,不计其数。

临安更是一个美丽的城市。如果说东京汴梁是蕴藉深沉的,行在临安则是秀丽妩媚的。多雨而温暖的南方所具有的那种绚烂的色彩、和煦的氛围,临安无不俱备。春之燕语莺歌,夏之荷钱榴火,秋之金风玉露,冬之梅红雪白,四时之美,齐集于斯。更妙的是,临安城中尚抱有一如珠之水,号曰"西湖",一城胜景,全在此一勺碧玉中,本朝苏轼曾有诗写其妙处道:"水光潋滟晴方好,山色空濛雨亦奇。欲把西湖比西子,淡妆浓抹总相宜。"便是其万种风情的绝好写照。南渡后,湖山之间,堤桥成市,歌舞丛之,走马游船,达旦不息。

温柔的临安像一位绝代佳人,她以温暖的怀抱,化解着无数伤心人的痛苦。销了剑锋,雌了男儿。

经历过苦难的人,才能真正知道欢乐的可贵。太上皇高宗就是其中的一个,这位高寿的太上皇晚年喜静好佛,在优游闲淡的岁月中打发着余生。早先的痛苦记忆随着时间的流逝渐渐褪去,剩下的只是吟风弄月的潇洒和恬适。上皇尤爱西湖,常常泛舟湖上乐而忘倦。平日居于北内,亦甚属意器玩之物,嗣皇帝孝宗秉意承欢,时时网罗人间奇珍以供怡颜,遇得佳物,不复问价。每逢上皇生日,进奉尤甚,孝宗为承上意,曾一次进钱四十万缗之数。宫廷靡奢之习影响甚大,贵近之家、北来豪客,仿效之风不绝,进而也传染到民间。

莫等闲白了少年头,空悲切!

聊足安慰的是,新一代皇帝孝宗显然不同于他的前任,并没有经历过惨痛的教训,因此尚还不失锐意进取的精神。早在藩邸时,孝宗对恢复大业就十分向往,导致在即位不久就有了一场轰轰烈烈的北伐。然而符离失利使新帝的一腔热情陡然浇灭,从此不敢轻言出师。不过,孝宗并没有忘怀恢复大志,内心深处也时时都在考虑如何去达到这个目标。问题是时势又有所变化,敌国的金世宗果断息兵专治内政,同时不忘广蓄严备,使我们的帝国根本无隙可乘。乾道三年(公元1167年)十一月十三日,天子又一次对辅弼大臣们谈到了恢复故疆的事情,同知枢密院事刘珙的意见反映出一种比较典型的看法。刘珙道:"复仇雪耻,诚乃当今之要务。但臣以为,若非积十年之功内修政事,恐怕未可轻动。"

刘珙早年曾因忤秦桧被逐,论事峻切,一向主张收复旧地。这样的人说话都如此保守,看来其中不乏原因。当廷臣中有人提出疑问道:汉之高祖、光武二帝,起于匹夫而有天下,不过数年工夫。帝国恢复之业,如何竟要十年?刘珙说出他的道理:

"正是因汉之高、光起于匹夫,所以他们无所顾忌。陛下躬受宗社之寄,其轻重程度,岂彼两君所能比!"这就是说到点子上了。

帝国所经历的遭遇是前所未有的,在敌人几度兵临城下的危机面前竟能一次次逢凶化吉,更难免让人们心惊肉跳不已。尽管国家用丧失绝大利益的代价换取了暂时的和平,但隐藏的祸患并未根除,久积的弱势也尚未改善,若置宗庙社稷之安危存亡于不顾而一味好战,确实也不见得有效。相反,如果处置不当,还会带来危及帝国根基的灾难,这都是有前车之鉴可以记取的。当然,在有志之士的心中,恢复仍是第一急务,但关键是如何去做到这一点。无疑,刘珙是相信德政和文治的力量的,所以他提出要皇上取法古代的贤王周宣王,"侧身修行以格天心,任贤使能以修政事"。公平地说,刘珙此时提出攘外必先安内的方针是符合帝国目前的实际情况的,它代表着一种务实的政策,与高宗天子在敌我刀剑相向时尚还固执地坚持委曲退避的投降哲学仍有根本的不同。

刘珙的意见绝非偶然。整个帝国的心态仍旧不很正常,怕事怯战的懦弱心理很难一日消弭。四个月前,朝廷修治前线重镇扬州的城隍,谏议大夫陈良祐就表示反对,他认为备战绝不能招致敌人之疑,而修扬州城又徒劳无益。这个意见代表了相当一部分人的看法。

孝宗不解:"备战如何无益?"

良祐道:"万一敌人突破时我不能守,则此岂非为敌人所筑?今遣二三万人过江治城备战,敌人一旦探知,便有挑衅借口。"

不想到胜而首先考虑到败,这就是目前帝国大臣的通病。他们的畏敌情绪发展到这样一个程度,既有客观因素,也有主观成分,但最终的结果是对国家的利益造成了损害。

天子又问:"若临淮不可,在内地如何?"

就是这样良祐也主张缓行缓施,总之不能被敌夷所乘。所以他说:"今日为备之要,莫过于选择将帅,收蓄钱粮,爱民养士。"

在一个相当长的时期内,这种意见占据着绝对的统治地位。就是倾向于锐进的人士,在考虑问题时也变得谨慎小心,试图规划出一条切实可行而又稳妥可靠的路线。他们也清楚,天子目前的心态正处在矛盾之中,过于激烈的方案,必然会被拒绝。乾道六年(公元1170年)五月,一位从北方南来的义士辛弃疾入对,提出明确的抗战主张而未被孝宗接纳,就证明了这一点。辛弃疾献策后不久,张浚的儿子张栻也上疏皇上请求朝廷下哀痛之诏,明示复仇之义。但他同时也承认:当今之势,"我亦未有必胜之形",为此必须修德立政,用贤养民,选将练兵,把"内修外攘、进战退守"统一起来。张栻在后来又不断向皇上阐述这种观点,从某种意义上说,他的观点虽是刘珙、陈良祐两派理论的综合,但确是大大前进了一步。这年十二月,代表着激进思潮的太学生中有一位叫袁枢的上书天子,也认为今日图思恢复,应当审察至计以图万全之举。显然,在这一点上君臣的意见已经大致相同。

事实上,孝宗垂拱天下的近二十年里,在主观出发点上一直都把人才、财用以及治理得道等内政放在了中心地位。特别是理财方面,朝廷虽然并没有采取大规模的改革举动,但始终予以高度的重视,尽量在加强国家储备上多做一点文章。与金国的和议在客观上为理财创造了条件,而南方优厚的物质基础又使它成为可能,因此帝国开始幸运地走向一条繁荣的道路。人口的增加最能反映出经济的改善,乾道二年(公元1166年)整个南方帝国的人口数已达到二千五百多万,尽管其中有不少南迁的北方人口,但这个数字还是相当惊人的。临安的风物鼎盛和君臣士民的奢华之风,都是国家财政开始好转的必然产物。

当然,帝国的国力尚远远达不到充裕有余而能应付强大军力的程度,这一点朝野上下都十分清楚。主要的原因是国家的负担依然很重,为了收拢士心而继续采取的优厚政策,使冗官闲士的数量有增无减。既无事职,犹还挂名食俸的现象甚至还要超过南渡以前。国家既重视文治,又必须在经济上予以扶持,所以文化教育事业空前兴盛必然也伴随着物力的消耗。民生条件虽然有一定的改善,但地区之间、贫富之间也存在着相当不平衡的情况。除此之外,财政金融等经济领域里的各项措施,也频繁发生差舛错失,政府有时应付偶发的天灾人祸尚还捉襟见肘,更不用说大规模的用兵征讨了。为了解决这一问题,除了加强中央政府对经济事务如盐、茶、酒专卖的绝对控制外,只有沿袭高宗的做法继续重税重赋。尽管朝廷上下对此反应强烈,要求拿出切实的惠民政策,然而这种情况始终没有多大的改善。帝国的物质状况固然是处于上升之中,但正如刘珙所指出的,生聚教训需要时间。

在采石大捷中立下殊功的虞允文在孝宗初政期间做了一段时间的宰相,在整军肃武、增加军备方面做了不少实事。孝宗对这位有胆识的大臣寄予了很大的希望,为此专门派他到蜀中任职,想让他在富庶的四川地区率先出兵。但允文使蜀近一载,始终没向朝廷报告进兵的规划,于是天子在乾道九年(公元 1173 年)左右又一次密诏催促。

允文的回答是军需未备,不能出击。

孝宗十分不满,又派人持御札敕谕允文尽早行动。但传令者到时,允文已不幸病殁,使天子的愿望又一次破灭。这是孝宗的第三个年号"淳熙"元年(公元 1174 年)的事,从此出师之议便再没有被提起过。

无情的时势使孝宗的政治策略最终还是趋向于折中。乾道七年(公元1171年)二月十五日,孝宗对宰相虞允文等人谈及他的为政之道,曾说过一番意味深长的话。孝宗道:

"近世废弛之弊,宜且纠之以猛,它日风俗变易,却用宽政。"

天子打了一个比方说:"这就好比立一华表,倾则扶之,过则正之,使之适中而后已。"

最初,天子的本意是想力纠时弊,就是更张以往一味退守不思进攻的废弛之政。所以他坚持认为:天地间若无肃杀,就无所谓发生。言下之意,为政之道并不忌讳暂时的用强。为此他发挥出一套"适中"理论,拿来为他的"猛纠"政策服务,其用意不可谓不深。不过,宰执大臣们却不同意皇上的观点,比如虞允文虽然承认救宽之道在于猛,但他也说,虽然"杀之"是为"生之",但天地之心终归于仁,政治仍须以重德厚生为准则。在这当口,聪明的宰相虞允文固然以阴柔之功巧妙地化去了天子的一腔壮志,但最终让孝宗走向自己反面的东西却是时间,这个造物主最伟大的魔具。淳熙三年(公元1176年)十月,天子终于无奈地承认:本朝家法虽远过于汉唐,但唯独用兵取胜一道,实不及之。孝宗此时已开始更正他的想法,他对宰相龚茂良道:

"治体不可有所偏。比如四时,春生秋杀而能成一岁,若一于肃杀,则物有受其害者。"

孝宗把他自己"无杀则无生"的理论整个颠倒了过来。说这话的时候,我们的天子的心情一定是十分复杂的。

早在几年以前,帝国便已经明显呈现出无为而治的状态。值得赞许的是,政治妥协在客观上总能取得良好的效果,孝宗以他的平和、宽厚的作风在某种程度上又加强了这种效果,从而使整个当政期间的朝廷政治基本上保持了一个平静的局面,这当然是应该肯定的。当今天子的政治作风无疑也有着性格上的因素,孝宗的为人可以说是当得起"淳厚英毅"四个字,所以他也能和太上皇始终保持着亲密的父子关系。我们这位帝国的第十一位天子以外藩身份入继大统,而能做到克尽宫廷之孝,自古而来确实无有及之者。他后来的庙号为"孝宗",就这一点来说实在也是当之无愧。

然而帝国的心腹大患仍然近在眼前,如果安于现状积重难返,后果便不堪想象。天子最后返归到保守的老路上,饱受国禄的宰执大臣们要负主要责任。乾道时期的虞允文等尚还有些作为,但大多数人都是无所建树。本朝优待士人,而士大夫亦能不懈砥砺,所以也还能算得上人才辈出。然而党派斗争剧烈,政治迫害严酷,再加上蔡京、秦桧之流的钳网之风,使人才摧抑亦极。此际终于看出了恶果。而士气一旦摧损,流弊必及于百年之后。士大夫们虽心怀贞志,但在行动上却不求尽忠,但思无过,各有安身立命之术,以使进不贻君子之讥、退不逢小人之怒。正如后人王夫之在《宋论》中所云:举世习与相安,为获一吉人之誉而随事俯仰,始以容容,终以靡靡。孝宗一朝,书生意气也始终充斥朝堂,言战者指斥言和者忘记不共戴天之仇,言和者又嘲讽言战者好大喜功、无所顾忌,双方互执一辞,议论不已而全无实效。最后在天子的妥协方针下，大家彼此消化，又都成了折中路线的实践者。

肉食者鄙，未能远谋。

幸运的是，天下事往往得失参半。不知不觉间，帝国迁来临安已近四十年了，造物主的自然法则使南渡帝国的第二代人开始走上历史的舞台。这一代人大都出生在南渡以后，在相对平和的环境中长大，虽没有亲身经历过靖康之难的血泪洗礼，但他们自束发受教之日起，面临的就是半壁河山的惨痛现实。在父老耆旧的教诲下，他们同样为帝国的奇耻大辱而愤懑难平；即使在耽于安逸无所更张的无奈现实中，犹能不忘砥砺慷慨激昂之志。更重要的是，这一辈人已不同于他们的父辈，他们对国家的命运有着自己独特的思考。正是这年轻的新一代，肩负着帝国未来的重任。

南渡帝国的新一代

孝宗登基不久的隆兴元年（公元1163年）十月二十四日，张浚符离失利五个月后，新天子在垂拱殿召见了一位有禄无事的赋闲官员朱熹。一个多月后，一名客居临安的布衣之士陈亮也向天子上书。其时北伐方遭顿挫，天子下诏求言，各种人士纷纷怀牒于朝上书言事，朝野气氛正处于激动紧张的状态。与军事失败后的尴尬情形相比,召对上书一类事情本身并不能引起多少人的注意,但朱熹和陈亮这两个名字,还是给了人们以强烈的印象。

朱熹字元晦,一字仲晦,其家世居南方。父亲朱松进士出身,宣和末年授建州政和县尉,大部分时间在福建一带任地方官。南渡后,一度入朝,因言论与秦桧不合而被贬出。朱熹于建炎四年(公元1130年)生于福建南剑州龙溪,绍兴十八年(公元1148年)时进士及第。陈亮字同甫,婺州永康人,比朱熹小十三岁。其父名次伊,身名不显,大约只不过是一地乡绅。

朱熹与陈亮两人虽然在年龄上有一定的差距,但经历仍有一些相似之处,最主要的是同属于南渡以后的南方新生之辈,且都在少年时期就表现出了聪睿的才智。朱熹幼年就被其父课以《孝经》,自题其眉曰:"不若是,非人也。"从小就对古代礼训产生倾慕之心,十八岁时贡于乡,一举登第。陈亮虽终生未仕(五十二岁时曾被朝廷授以官职,未到任而卒),但一样是才气超迈,卓尔不凡,年轻时就写了一篇洋洋洒洒的《酌古论》,得到了所居郡守周葵的赏识,目为他日国士。

但从早年的经历上看,两人也存在着绝大的不同。朱熹是个沉潜思深之士,对传统有着一种天然的向往,五六岁就知道向天发问,十五六岁时便能读经传而为之警砺奋发,自小就对形而上的问题发生了浓厚的兴趣。自十四岁时父亲去世后,朱熹遵从遗嘱,跟从胡宪、刘勉之、刘子翚三位老师继续学习。这三人都是朱熹的父执之辈,也都是德养深厚的名士,特别是在程颢、程颐所倡之学方面有较高的造诣,对朱熹最后归入二程的洛学起了很大的

第四章　雍容与惨淡，安逸与痛苦

影响。二十四岁时，朱熹执弟子礼第一次拜见了父亲的同门学友、在当时极为著名的儒学大师延平先生李侗，从此奠定了他一生思想学术的旨归。朱熹当过一任崇安县主簿，此后一直挂衔赋闲，其间不断向李侗请教，同时孜孜于儒学，特别是对二程之学进行了深入钻研，基本形成了自己的人生信仰和哲学观念。早在一年前他就曾向孝宗上书，建议皇上首以明理，次以养气，复以任贤修政经纬其中，以此三纲治天下之事。隆兴元年（公元1163年）时的朱熹三十四岁，已全然是一位饱受圣训且心有所得的儒学之士，在天子的征召下，怀抱着强烈的思想原则和政治理想来到临安，向孝宗上了三道札子。

朱熹在第一札中提出修身齐家治国平天下务须以儒学圣典《大学》之道为本；在第二札里明确表示君父之仇不共戴天，主张战以复仇、守以制胜，合战守之事为一；第三札则向皇上推崇"内修政事、外攘夷狄"之道，要天子以正心诚意为主，修德业、开言路、正纪纲。可以看出，朱熹早年的思想尚不失积极进取的精神。遗憾的是，当时孝宗正为军事的失败与和战的选择而大伤脑筋，对朱熹高深的理论并不十分感兴趣。读第一札时，天子尚能温颜酬酢，至第二、三札时，孝宗便沉默不语。失望的朱熹从此辞职归里，专心于探究学问、著书立说，近十年间一直力辞征辟。

陈亮与其不同，他生来目有光芒，迥乎常人，十来岁时就独好伯王大略、兵机利害，慨然有经略四方之志。年轻的陈亮善于机辩，议论风生，同侪不能及。尤能著文，下笔千言立就，具有一种逼人的英气和豪放的性格。他虽然没有师承，但天道酬勤，刻苦的学习使他在世事学问上独具慧眼。一贯器重他的父母官周葵在陈亮来到临安之后入居宰执，在朝士间为他大事揄扬，凡有官员前来办事，周葵必命其访见陈亮，于是一时俊杰，多与结交，陈亮也因此声名鹊起。绍兴末朝廷与金人缔约，天下人多为之忻然庆幸，独有陈亮力持不可。他的禀性是激扬踔励不甘默守，因而断然向天子上书极言抗金。与朱熹的遭遇相同，书入不报，没能得到任何的回应。统治者的下诏求言自古以来都是一种安慰士心的姿态而已，它的意义在于求言本身，而不在于照方行事，所有慷慨上书的忠臣义士除了能达到宣泄的目的外，其实别无所得。

此后的十年间，除了在乾道四年（1168年）以乡贡解元赴临安省试未第，并于次年再度向天子上了一道《中兴五论》外，陈亮一直在故里砺志读书、著述传学，四方学者慕名访问者不绝。所不同的是，陈亮家贫日甚，为生计不得不托于讲授，但乡间却不信其说，对他的激进言论更有所不满，这使得他的处境十分不妙。

乾道三年（公元1167年），陈亮家童杀人于境，恰巧被杀者又曾与陈亮的父亲有隙，因此其家人向官府状告，陈亮父子遂被执于州狱。朝廷台官认为情节严重，又把父子二人移下大理。当时的宰执中有一位叶衡是陈亮的同乡，对陈亮的印象甚好，于是一力援救，再加上有不少人特别是很有名气的辛弃疾看重陈亮的才志，又从中出力，方使陈亮父子幸免于难。

天降大任于斯人必先劳其筋骨，陈亮走的就是这条道路。十年的磨砺使得陈亮的志气益坚，信仰愈固，他推崇孟子和王通的王霸之学，以"推倒一世之勇，开拓万古心胸"为自己的奋斗目标，因而便与朱熹的主张差之千里。此时,婺州的另一位德高望重的有道之士吕祖谦亦退居故里讲索学问,祖谦极博学,虽亦主张"明理",但更提倡"躬行",十分讲究经世致用。陈亮往谒,祖谦一见如故,与之彻夜长谈而不倦。吕祖谦与张栻、朱熹极相友善,陈亮也许正是从他那里开始知道了朱熹的学术蕴义,不用说,他对这种理论是不以为然的。

在朱熹和陈亮之外,第二代人中还有一重要的人物不能不提,这就是为援救陈亮出过大力的辛弃疾。辛弃疾是我们这个民族所具有的那种无与伦比的优良品性的杰出代表之一,在他的身上,凝聚着千百年来中国土地上最光辉的精华,他以自己有限的生命把这种闪光的结晶发挥到极致,从而又一次给天地之间的浩瀚正气添加了一抹壮丽的色彩。辛弃疾的一生再次使我们相信,无论在怎样的艰难困苦的岁月中,对国家民族的赤子忠诚不仅不会消失,相反还能激扬奋发、跌宕升腾而至于永恒。

辛弃疾与朱熹和陈亮等有着绝大不同的是,他是北方人,绍兴十年(公元1140年)出生在济南历城时,整个淮河以北地区沦陷敌手已经十多年。辛弃疾一家和所有无力南来的众多士人百姓一样,都成了无奈的亡国之民。人在檐下,百事艰难,弃疾的祖父辛赞为了全家生计,也不得不出仕金国的地方守吏。辛赞是个普通人,他虽然不能以杀身成仁的壮烈证实他的忠诚,但在心中始终未能忘记对灾难深重的祖国所应尽的匹夫之责,他把这一切都教给了他敏而睿哲的孙子,在弃疾的身上寄托着报效祖国的一腔壮志。弃疾没有让他失望,二十二岁那年,他成功地组织了两千多人,在济南山区英勇起义。

弃疾尽管年轻,但文才武略兼备,他遵从祖父的教导,以精忠报国为己任,因此从未在繁文缛节上下过功夫,而代之以对文韬武略的刻苦学习和广收博蓄。弃疾先后两次借赴金廷科举北去燕京,一路考察山川攻守要略、四方民心向背,开始在心中谋划恢复故国山河的大计。弃疾心怀高志而又能临事有方,正是惨淡现实所磨砺出的那种干略之才。泰山之麓本有一支义军,其首领就是在绍兴末年完颜亮南侵时,被南渡朝廷遥封为"天平军节度使"并节制山东河北忠义军的耿京,弃疾率众起义,正是为了响应耿京。

弃疾来到耿京军中,耿京委任他为掌书记,负责军中书檄文告的工作。但不久之后,弃疾就显示出他文学以外的杰出才能,开始在义军中发挥重要的作用。当时金廷正挥戈南下,为后方安稳计,对起义各军施展以分化利诱和压迫围剿等各种手段。在这种情况下,耿京义军显得内外困窘,处境十分艰难。弃疾当仁不让,他首先为耿京处理了内部的叛贼,然后审时度势,果断向耿京提出南渡淮河归靠朝廷,以保存这支起义力量的建议。这个策略得到了耿京的赞同。绍兴三十二年(公元1162年)正月,辛弃疾等数人经楚州来到当时天子行驾所在建康府,高宗立即予以接见,并同意耿京军南来。

但弃疾返回途中,情形又顿生变化。其时完颜亮已死,金世宗即位后一方面与宋廷讲和,另一方面在境内招抚纳降,采取怀柔政策,使得耿京义军分化日重。耿京部下一位叫张安国的人在

第四章 雍容与惨淡,安逸与痛苦

弃疾走后,竟联络了一些人杀掉了耿京,劫持部分义军向敌人投降,自己并且去做了金廷的济州知州。弃疾走到海州时得知了这个消息,他当机立断,约集了当地义兵五十人轻骑突袭径奔济州,在张安国五万大兵的军营中将其缚捉,并策反近万人渡淮南归。他在后来回忆此事道:"壮岁旌旗拥万夫,锦襜突骑渡江初。燕兵夜娖银胡䩮,汉箭朝飞金仆姑。"豪迈俊逸之风,溢于言外。可以想见,在弃疾的心目中,上马杀贼是一件多么酣畅淋漓的快事。弃疾的脾性显然接近于陈亮,所以在南来朝廷任职后便全力援救陈亮,并与之在后来结下了深厚的友谊。然而辛弃疾所没能想到的是,他的南来也许根本就是一个错误,南国的半壁河山竟成了埋葬他一腔抱负的坟墓。

乾道元年(公元1165年),辛弃疾向孝宗上了一封共含有十道论札的奏疏,他称之为《美芹十论》。在这篇书奏中,辛弃疾不仅为皇上分析了金国的虚实,提出了帝国御戎的策略,更重要的是他在书中向天子大声疾呼必须破除朝廷上下惧于争衡的懦弱之气,反对承认南北定势而安于东南。在十论书后,弃疾又着重强调,绝不能再把和战之权让于敌夷,尤不可以暂时的失利而放弃根本大计。同样,他的观点也是接近于陈亮而又更富于现实意义。然而天子既已定下了和议的国是,弃疾的主张便同朱熹、陈亮一样,最终还是被无情地搁置。

南来以后,弃疾便再也没有回到军队中。乾道四年(公元1168年),被派往建康府任通判,三年后再度入对,亦未能被天子认同。此后任职朝廷又近两年,其间反复献策宰相虞允文,仍没能达到效果。乾道八年(公元1172年)弃疾赴职滁州,开始了任职地方官的生涯。身怀大志而不能伸,这对弃疾这样一位忠贞之士来说是一个莫大的痛苦,尽管他在各个任所都克心尽力多所建置,但依然不能消解心中的苦闷。辗转徙驻之间,登高临风,悲世伤生,满目江山,献愁供恨,缕缕幽绪岂堪怅惘;醉里挑灯看剑,梦回吹角连营,这又是何等的悲楚!

淳熙时代是一个新老交替的分水岭,因为南渡后出生的新一代已逐渐步入了他们的壮年时期。然而现实给他们划下的种种藩篱,常使佼佼者往往不能身居大位,譬如朱熹、陈亮乃至辛弃疾等,他们都未能对政局起到决定性的影响。这样的人还很多,他们大都声名卓著,空怀才智而无处施展。不过,政治并不能替代一切,精神的力量同样推动着历史的进步。第二代中的杰出之辈从个人遭遇来说也许是不幸的,但他们得以把心灵升华在无尽的时空中辉映千古,谁又能说这不是人生的最高境界?

陈亮与朱熹、辛弃疾相识较早,而朱、辛直到绍熙时期才第一次见面。三人中朱熹的年龄最长,就他们对时局及后世的影响来说,朱熹也无疑要排在第一位。

朱熹:当学术与政治相遇

本朝是学术鼎盛的时代,然而迄今为止形成巨大影响的,却只有王安石与二程兄弟这两派理论,这是政治因素的作用。王学与程学的分歧虽然由来已久,但直到徽宗时期,双方的斗争主要还是表现在政治范畴而非思想领域。靖康以后王安石的所谓"新学"被否定,程氏兄弟的洛学曾经一度活跃了近十年,但此后也同样遭到了排斥。洛学这一段短暂的兴盛在某种意义上也是权力扶持下的结果,当时的宰相赵鼎并未从理论上真正了解洛学的精蕴,而高宗天子的态度则是来自于对眼前利益的考虑而并非出于对学术的尊重。至于秦桧当政后在更大程度上禁黜程氏洛学的做法,更是独裁统治必然带来对学术的禁锢和摧残这种一般规律的典型表现,此中道理自是不须分说。

就本朝而言,把学术和政治结合在一起肇始于王安石,元祐时期的种种做法又加剧了这种劣习。思想家和学者如果入主政坛,便不可避免地以政治的眼光来对待学术,王安石与司马光的错误正在于此,二程之一的程颐在某些方面也未能免于此病。学术上的真理绝非是用强权就能树立的,朝市之显学若非是一种宣传手段,便一定是荒谬错陋的俗学。对以往经验的反思使南渡以后的很多人意识到了这一点,反对赵鼎一味扶植程学的张浚、后来主张对学术派别不当一切摒弃的叶谦都是其中的代表。不过,排斥异端是政治的内在要求,并不以人们的善良愿望而转移,有识之士的努力相对于强大的政治权威来说,实在是微不足道的。南渡以后的杰出人物朱熹以在野身份潜心学术所创立的哲学,假如聊备一家而容与修正,本来应该是一个伟大的贡献。难以预料的是,政治却不容许思想意识独处事外,最终必然会选择某种理论标榜于庙堂之上而成为官学,朱熹之学同样也没能避免王安石新学那样的命运。当然,这是本朝后期的事情了,但一种思想能在一个相当漫长的时期里成为钳制其他思想的工具,朱熹的哲学是第一个也是唯一一个例子。如果他知道自己会带来这样一个结果的话,不知是否会黯然神伤。

朱熹的理论直接起源于二程,而二程哲学则是继承发挥了本朝以来一种传统儒学的精髓而形成的,后来的人们将洛学的师承划归于濂溪先生周敦颐的看法虽不一定确切有据,但从二程及朱熹的学术渊源上看,他们接受濂溪之学的影响是确凿无疑的。周敦颐字茂叔,生活在仁、英、神三朝,就其对"心性义理"之学的畅幽抉微来说,他可以称得上是所谓"理学"的开山之祖。"理"者,道理、法则也,如果一言以蔽之的话,理学就是有关天人性命定理的哲学。孔孟之后,只有传经之学,性道微言之义既乖,道德人心之用亦绝。濂溪之后,张载、二程、邵雍等大师辈出,这些思深之士始终不懈地锤炼心智、发展性灵,有意识地从具体的现实向形而上转化,以千年的文化传统为积累,转益多师,厚积薄发,从思想上对人生、社会、国家的终极问题展开了更深一层次的思考,终于使集大成者如朱熹等人横空出世,开始奠定未来中国的思想基调。

朱熹的特点是融会贯通,把理学推到了极致。乾道三年(公元1167年)朱熹在长沙访问了张栻,相与两月,从张栻所传的衡山胡(宏)学中得到了很多的启发。乾道四年(公元1168年)编成

《程氏遗书》。乾道八年(公元1172年),又撰成《资治通鉴纲目》五十卷,对司马光重视史鉴的格物致知之学也进行了深入的思考。同年,朱熹纂集了《八朝名臣言行录》,第二年,阐释周敦颐的太极之说而成《太极图说解》等著。也就在这一年,朱熹在与吕祖谦的往复探讨中撰成《伊洛渊源录》,进而在两年后又共同编纂了《近思录》,把周敦颐、张载、二程四君子之说整理成文,标志着理学系统架构的完成。这一年朱熹四十五岁。

朱熹的哲学是一个博大精深的体系,不过,它的核心却十分明了,最重要的一点是把"理"字发展到严密、精致和深邃的境界。他说:合天地万物而言,只有一个"理",未有天地之前,也只有一个"理",有此"理"才有天地,才有流气发挥万物,所谓"放之则弥六合,卷之则退藏于密"。朱熹认为理与太极是同一的东西,理就是天之道理,此理摄万理,万理又归于此理,理依于气而行,化育流行,涵盖万物。从这一点出发,人之性也就是天赋之理,天理使人具仁义礼智之禀赋,而化气则使人有善恶刚柔之区分。因此天理人欲,不容并立,"修德之实,在乎去人欲,存天理"。

朱熹之学无疑是传统儒学的最高之致,他把人对自身修养的要求提到了一个崇高的地位。"若非圣贤,即是禽兽",这是朱熹思想规定下的天理、人欲关系的必然产物。每个人都必须居敬穷理,"内无妄想,外无妄动",方不失为立于天地之人,这既是朱熹对人性的定义,也是对政治和社会范畴里一切行为的规范。从这个方面来说,无论他本人能不能做到这一点,朱熹的思想都不失为一个伟大的典范,它把我们与禽兽和事物相区分,指示了一条走向终极目标的艰难而又崇高的道路。

但不幸的是,也正是这一点注定了朱熹哲学的荒谬。假如以天理来规定人,人之本身岂非毫无意义?如果照朱熹所说,天理与人欲是绝对的对立,那么造化育人本身就是一个错误,以天理的神圣,又何能容忍气之所化,再赋予人性之恶?当然,也许天理的本意是磨炼我们的意志,但理在气先,气化我成,以我们渺小的形而下又怎能与至高至极的形而上同归一途?朱熹指示的道路太艰难了,也许根本就没有人能做到这一点。事情明显的是,如果做到了这些,人也就不是人而成为"天理"了。从另外一点上考虑,"天理"的标准在哪里?如果这个标准只不过是由圣贤来决定的话,那它还是一个历史的东西而绝非是一个纯粹的原则。朱熹哲学被后来的政治用作统治理论看来并不是偶然的,因为它提供了一种使统治者的强迫手段成为可能的思想基础。

淳熙二年(公元1175年)四月,朱熹送吕祖谦返乡时,来到江西信州铅山的鹅湖寺。由于祖谦的撮合,朱熹与当地的两位人物陆九龄、陆九渊得以相会,进行了一场激烈的学术论争。

陆氏兄弟也是知名当时的思深之士。特别是比朱熹小九岁的陆九渊,刻苦向学,覃思精微,取孟子"放心"之说而发挥,主张以廓复人之本心为第一要务。九渊认为天之所以与我者不过此心,心皆具此理,因此心即天理,不待外求。所以一开始就与朱熹追求名分、讲究行为的观点有着重大的分歧。在赴会之前,两兄弟专门预先讲辩直至深夜,准备折服朱熹。

第一天双方不欢而散,原因是九渊一上来就抢了先手,直截了当地宣称自己的"易简工夫"要胜过朱熹的"支离事业",这使得朱熹很不高兴。

但第二天朱熹在如何教人求学的问题上展开反击,他坚持认为只有居敬存心才能穷理致知,而致知问学又是涵养尊德的必要过程,二者不可偏废。他对陆九渊"先求本心,然后泛观博览"的教人方法很不以为然,认为过于简单。

九渊仍然坚持己见,批评朱熹的方法过于支离。朱熹那些"正其衣冠,尊其瞻视"、"守口如瓶,防意如城"的所谓持敬工夫,在九渊看来当然是难以容忍,所以针对朱熹提出的"泛观为先"发出诘难道:

"尧舜之前,何书可读?"

这话说得就近乎于强辩了,幸好下面的话为其兄九龄所止,否则两人的唇枪舌剑说不定就要闹出伤害感情的结果。

鹅湖之会虽然未能取得一致,但双方通过这场学术讨论多少还是有了一点融合。特别是九渊的哥哥九龄在思想上起了重大变化,自此以后幡然悔悟,转向著书讲学的求道方式,与朱熹取得了契同。朱熹虽然不能同意九渊的"求心"理论,但也对他的为人深表钦佩,一直希望两家能兼补所长,并且后来在某些方面也接受了九渊的理论。只有九渊终身未改其说,他甚至在后来公然宣称"宇宙即是吾心,吾心即是宇宙",把"心"的作用同样发挥到一个绝对的境地。九渊在学术上的从一不二,在某种角度上说也是使得自己的"心学"传人在后来与朱学一派发展成水火不容之势的原因之一。

朱、陆虽然分歧严重，但他们的大前提还是共同的，只不过是在具体的认识方法上存在着迥异的见解而已。真正与朱学既殊途又殊归的是陈亮的学说。

浙东婺州一带是南渡帝国的一个经济发达的地区，经济既能导致文化的昌盛，必然也影响着学术思想的内容。婺学有一个共同特色是主张经世致用，带有明显的事功色彩。南渡后最著名的学者先是唐仲友，后是吕祖谦，都无一例外地具有这样的特色。唐仲友与朱熹在学术上甚不相容，由此后来两人之间还发生了互相诉讼的事情；吕祖谦虽然也强调性命之学，对朱熹理学也有很大程度上的契合，但仍未放弃强调躬行实践的初衷，所以他既与张栻、朱熹私交极佳，又能与陆氏兄弟时相过从，同时也能与思想激进的婺州后进陈亮有着亲密的交往。这一切都反映出环境对学术思想所起的影响，确实是不容低估的。

但最能代表婺州事功特色的是陈亮的学说，他与吕祖谦的调和理论完全不同。陈亮从根子上反对性命之学，同时把致用的目标彻底地具体化，明确提出中兴复仇、致达王道霸业的目标。从来也没有人能够像他一样，将功利提到这样一个明确的高度。陈亮的哲学既是环境的影响，也是时势的反映，更是其坎坷遭遇的产物。

淳熙四年（公元 1177 年），陈亮在家居十二年后入太学为诸生，这无疑又是叶衡帮助的结果。在这一年，陈亮于太学的一次试论中再度发表见解，以至于满学之士口语纷然，腾谤之言数月未已。第二年，陈亮再度上书孝宗畅言恢复，结果让锐意恢复的孝宗读后赫然震动，天子当即在朝会上传旨，要将陈亮所上书榜于朝堂，并欲召陈亮授以官职。

不幸的是，当朝宰臣中大多数人一下想不起来陈亮是谁，殿前独有一位叫曾觌的官员知道陈亮，主动提出前去宣召。这个偶然事件从某种程度上说改变了陈亮的一生。

曾觌这个人名声很臭，他早年以父荫补官，孝宗在藩邸时为内知客，因而在孝宗即位后为天子器重。曾觌与另一位经历相似的官员龙大渊恃宠骄纵，横行不法，在当时甚为正直之士所不齿。陈亮是何许人？以他的性格，甚至都不愿见到曾觌，如何又能在他的面前受诏接旨！所以陈亮在居处听到曾觌将到的消息后，立即翻墙而逃，给了曾觌一个绝妙的软钉子。曾觌当然十分怨恨，为此在朝间一力攻击陈亮。而一部分宰执怪罪陈亮出言不忌，也在天子面前谮沮不已。他们受命天子前去复考，陈亮的慷慨陈词尤使这些朝廷大员感到落落不合，遂使得授官之议被暂时搁置。

十天后，陈亮先后两次诣阙上书，反对坐守临安、偏安东南，并对献书数天后没有回应深表遗憾。在第二书中，陈亮把自己向汤思退等朝廷重臣的面进之言和盘托出，言下之意，对某些人的从中阻挠也表示了不满。陈亮的勇气和精神于此可见一斑。

孝宗仍然十分欣赏陈亮的切直，再度要授官陈亮。然而陈亮得知后不过是淡然一笑而已：

"我的目的是为社稷开数百年之基，岂是以此而博一官？"

陈亮当日便渡钱塘江而归。数罹祸患使陈亮愤懑难禁，归乡后常与同邑知己狂饮，以壶中之物浇胸中块垒，醉后拔剑起舞，少不了豪气干云,说出一些狂话来,有些人便把此事告到了刑部。刑部侍郎何澹在省试中黜陈亮下第,陈亮对他曾有所不满而语出不逊,何澹便借此报复,又把他下到大理寺狱中,笞掠批杖以至体无完肤。幸亏天子依然有心袒护,否则这一次陈亮难免就要身遭不测。

出狱以后的陈亮再度归乡发愤读书,潜心思考,终于使自己的思想理论趋于成熟。淳熙九年(公元1182年)二月,陈亮出乡访问朱熹,两人在一起待了十几天,彼此充分地交换了意见。此后的十年,他与朱熹书信往复,展开了激烈的辩论。这一次的争论虽然不像鹅湖之会那样面对面地进行,但它所涉及到的深度和广度,都无疑要超过鹅湖之辩许多。

一个基本问题始终贯穿在这场辩论中,这就是王霸和义利。陈亮认为,天理人欲不可分割,因此王道与霸业可以并用,义与利也可双行。无疑,这自然遭致朱熹的强烈反对。两人从三代以至汉唐,通过历史事实互为诘难,但谁也说服不了谁。陈亮的学说从根本上讲是针对当今的现实而发的,所以在"成人之道"的问题上,陈亮以"志在天下"反驳朱熹的"独善其身",把自己的哲学发展成为天下生民计利的有为之论,当然比保守的朱熹高明得多。实际上,在陈亮的堂堂英气面前,朱熹根本就无力抵挡,他就像一个年长的禅师一样,故作高深地作着劝谕:

"奉告老兄,何必如此撐掇?闲汉在山里咬菜根,与人无相干涉,了却几卷残书,岂非一事?……名教中自有安身处。"

陈亮答道:"风不动则不入,蛇不动则不行,龙不动则不能变化,今之君子欲以安坐感动者,是真腐儒之谈!"

两相比照,优劣尽知。就连朱熹也不得不承认,陆九渊的近禅之学倒并不可忧,因为学者一旦无可摸索,自会弃去;唯有"浙学"专于功利,学者学之便可见效。他为之而感慨万端道:

"陈同甫之学已行到江西,而浙人信响已多。家家谈王霸,可畏!可畏!"

看来朱熹之学后来成为帝国恢复大业的一种拘碍势力同样不是一个偶然,它的核心就包含了反对进取的因素。他所力持的那种"先得吾身好,党类亦好,方能得吾君好,天下国家好"的理论,尽管是种地道的迂腐之谈,但无疑会被人拿去当作逃避的凭据。朱熹过分相信道德修养的力量,并不是他一家的发明,而是本朝以来甚至是有史以来中国这个礼仪之邦的通病。它带来的无穷恶果是:天下生民肉体上的血泪痛苦既不能免,而道亦未必能行,心亦未必能安。也许它唯一的长处就是把伦理道德树立为先验的标准,在一种虚幻的理想世界里麻醉自己也麻醉别人,从而维持着社会的长期稳定。但是代价太沉重了。

淳熙十一年(公元1184年),陈亮义遭受到一次冤狱,得脱后又为人聚凶徒击于路,卧床一月始告平复。淳熙十五年(公元1188年)二月,陈亮来到金陵、京口,观察沿江山川形势,其后来到临安,再度上书天子极倡恢复,一心内禅退位的孝宗没有加以理睬。陈亮义无反顾地倡言王霸义利,浑无顾忌地疾呼恢复,当然使许多人无法忍受,他们把陈亮视作狂徒,极尽排挤打击之能事。朱熹就认为他是祸由自取,乃平时自处法度之外、不闻礼法的结果,甚至来信要他痛自收敛,绌去王霸并用之说。在落魄境遇中,唯有辛弃疾不断来函抚慰劝励,赋壮词相寄,使得陈亮深为感动。这一年冬天,陈亮约请朱熹前往紫溪与辛弃疾相会,但朱熹负约未至。陈亮遂独与弃疾在江西信州的铅山山中重逢。铅山的主峰就是鹅湖,峰中的鹅湖寺也就是当年朱、陆辩论的所在,陈、辛两人也常常去那里小坐,但他们却不是相与争辩而只是互道衷情、共论时事。两人盘桓近十日后洒泪而别,这一场相逢成了他们不幸人生的唯一可堪慰藉之事。

辛弃疾此时已罢职闲居好几年了,无奈、愤懑、痛楚和不甘交织在他的心里,百转千回而不能已。"近来愁事天来大,谁解相怜?"当陈亮走后的第二天,对挚友的依依难舍之情使弃疾又去追赶陈亮,希望能再与他把酒起舞,倾吐心事。但追到鹭鸶亭时,雪深路滑,实在无法前进,弃疾只有无奈而止。夜宿于道旁孤馆,中宵闻笛,不能成眠,弃疾将一腔惆怅化作歌词,遥寄知己。词中有道:

> 佳人重约还轻别。怅清江,天寒不渡,水深冰合。路断车轮生四角,此地行人销骨。问谁使君来愁绝?铸就而今相思错,料当初费尽人间铁。长夜笛,莫吹裂!

陈亮答词有道:

> 树犹如此堪重别!只使君、从来与我,话头多合。行矣

置之无足问,谁换妍皮痴骨?但莫使伯牙弦绝!九转丹砂牢拾取,管精金、只是寻常铁。龙共虎,应声裂。

弃疾再答曰:

事无两样人心别。问渠侬:神州毕竟,几番离合?汗血盐车无人顾,千里空收骏骨。正目断关河路绝。我最怜君中宵舞,道男儿到死心如铁。看试手,补天裂!

陈亮又答曰:

斩新换出旗麾别。把当时、一桩大义,拆开收合。据地一呼吾往矣,万里摇肢动骨,这话霸、只成痴绝!天地洪炉谁扇鞴?算于中,安得长缨铁!泲水破,关东裂!

把忧怀社稷生民的一腔血泪铸成词什最终成了他们唯一的选择。最突出的就是辛弃疾,他的作品肝肠似火,色肖如花,雄奇阔大委婉缠绵之美,不仅独步当时,亦可冠盖古今。也许我们唯有相信,现实的本意就是让真正的志者只能在心中完成他们的壮烈。否则,我们又如何面对这许多泪洒江山的英雄豪杰呢?

历史的合理性总是出人意料

淳熙后期的朝廷事务基本上是由王淮主持。王淮字季海,绍兴进士,淳熙二年(公元1175年)入为副相,淳熙八年(公元1181年)拜右丞相,不久升为首相。取法汉制而将左右仆射改为左右丞相是乾道八年(公元1172年)的事情,自此以后,宰相的名号便没有再变动过。王淮此人从总体上讲倒也是个持重之士,风骨清癯,萧然简远,为人冲淡寡欲,喜愠不形于色。但这种秉性的人虽会有善名,但却不一定会有善政。

至少,王淮也不是完全像孝宗所认为的那样不党无私。朱、唐交讼一事就是个例证。

朱熹在朝廷的一再征召下,于淳熙六年(公元1179年)赴知南康军,两年任满后接受王淮的推荐,出任"提举两浙东路常平茶盐公事",这是一种经济监察官职,但在其时主要的责任是监督浙东一带的救灾措施。朱熹到职后,先后弹劾多位官员的不法行为。淳熙九年(公元1182年)七月巡按至台州时,发现离任的知州唐仲友有不少问题,遂连章朝廷请予惩罚。王淮起初压下不报,此后又在天子面前为仲友开脱,最后大事化小,以夺唐仲友新授之职转授朱熹的处理了事。

仲友是王淮的姻亲,王淮在这个问题上有点感情用事可以理解,但事情并不那么简单。王淮也是婺州人,与唐仲友一样具有一种讲求经世的思想倾向,所以对朱学有一种排斥心理。尽管他为政宽厚,但在这个问题上同样不能摆脱学术偏见,以至于在不久后默许郑丙、陈贾诸人攻击程、朱之学,开了以政治手段压迫朱熹学术的先例。就事实而言,朱熹所提倡的理论在客观上对帝国的恢复大业确实存在着一定的消极影响,朱熹本人从再度出仕之后,就明确主张"先以东南之事为忧",反对急功近利妄生衅端。但当时朝廷反对朱熹者并非出自这个考虑,他们只是攻击朱学之人"饰怪惊愚"、"欺世盗名",这对于朱熹来说当然不是很公正的。平心而论,只有陈亮对朱熹的批判才具有一种无私的意义。从政治上对学术思想进行压制无论从什么方面来说,都是非理性和非人道的。

王淮罢于淳熙十五年(公元1188年)。虽然他刻意为天子理财治政、区分军务,但不言自明的是,他的努力没有带来任何实质性的效果。山河依然,气氛照旧,帝国政府从没有真正把眼光转向沦陷已久的北方。淳熙十六年(公元1189年)正月,与孝宗并驾齐驱、和平共处的金熙宗去世时,几乎没有引起南方的任何反应。

从高标准上说,帝国第十一位天子御临天下的时代其实是庸碌和无为的,孝宗皇帝最后一个举动证实了这一点。淳熙十六年(公元1189年)初,皇上几乎在没有任何先兆的情况下就突然宣布自己将禅位太子。他对新任宰相周必大、留正说,准备在旬日之间就把这件事情完成,并密赐当年高宗禅位的手诏给周必大,命令他立即依式进呈诏草。孝宗没有详细说明原因,只是说年来稍觉倦勤,所以想退就休养,同时也可终毕先帝高宗三年之孝。太上皇高宗于两年前返归道山。

这在帝王原则上是不能成为理由的。人主受命于天治御万民,本就应当治道忧勤、宵衣旰食,绝不能以日理万机劳心蚀骨而遽让神器。何况天子不过五十三岁,春秋方盛,圣体未愆,如何竟能以倦勤而想到休养!至于上皇驾崩,哀深慕切,欲以塞耳闭目之道以尽三年之丧,则更悖于古来的圣训。尽孝之大者在于尽道,欲报高宗之恩,尤应殚心竭力以奠安天下,哀毁过礼岂足以慰先帝于溟漠?孝宗虽是个淳厚的人,但并非不明事理,他所谓宅忧谅荫以尽丧纪的理由明显是一种饰词。

这件事情确实也让人百思不得其解,朝堂上下一片寂静多少说明了这一点。孝宗把绍兴禅让挂在嘴上,目的是想打动二府的宰执,并不能说明他的真实想法。当年高宗的内禅,明显是出于时势压迫下胆怯懦弱心理的作怪,而眼下虽然国步未康、恢复无功,但依然不失为一个平和熙乐的年代,我们的天子根本没有任何动机去效法先君。至于说他的禅位是因为抱志未伸、不甘屈辱,那只不过是后来臣子美好的愿望罢了,祖宗之仇家国之痛又岂是退处闲适所能消磨的?值得注意的是,天子急切希望此事能速战速决,正如他计划的那样,从透露风声到最后禅位确实只用了十来天的时间,如果没有难言之隐,又何必惧怕其中的波折?

根子出在已故的上皇高宗。他在绍兴三十二年(1162年)内禅时正当盛年,这个事实使得入继的嗣君只有二十六岁,照本朝诸帝大都御极长久并能享高寿的先例推论,新一代天子像高宗那样再次垂拱三四十年是不成问题的。果然,孝宗居位一转眼就是二十八年,这叫有心大宝的储君如何能堪呢?

太子赵惇排行第三,已经四十三岁了,人为储贰也有近十年的光景。天意难测,以他这个年龄走在皇帝前面也不是不可能的,长兄庄文太子早早而薨就是先例。太子没有父王至淳的修养,因而心怀怨望也就顺理成章。在这个问题上,太子妃李氏起了推波助澜的作用。李氏是庆远军节度使李道之女,出身将官之家,既缺乏礼义簪缨之家应有的教育,更没有金枝玉叶所具备的涵养,因此性格粗率又悍妒狭刻。尽管孝宗一度有废去之意,但她成功地掌握了太子,一直我行我素。在李氏的影响下,太子不止一次地做过母后的工作,希望她能说服皇上能效法祖翁而早日内禅。爱子心切的成穆皇后当然也委婉地劝过孝宗,但起初未被天子同意。孝宗对皇后道:

"孩儿尚小,缺乏经历,故不能与之。"

当皇后无奈地回复太子时,太子推起头巾,露出前额:

"儿臣毛发已白,尚以为童,岂非翁翁之罪!"他也许不好指责皇上,所以只能把怨气发泄到祖父高宗的头上。

上皇高宗的去世是太子的怨气开始表露的契机,当孝宗最后得知这一情况时,不能不在心底有所触动。自古以来,储位之事一直是个两难的问题:久阙不建,对国家来说无疑是一个隐患;但过早确立,也会带来新的麻烦。东宫的影响是很微妙的,历代都不乏太子不道而祸起萧墙的故事,孝宗自然是十分清楚的。从这一点出发,孝宗最后选择当年高宗的道路,以抛弃一切而自求快活的退让来达到折中之道,自与他性格十分契合。太上皇高宗二十几年恬淡的生活给孝宗的印象实在太深刻了,这也是他甘于退却的另一个因素。当然,天子是个至孝的人,以老吾老之义推及幼吾幼之情,是他最终下定决心内禅的根本原因。

不过,孝宗的做法既是一种逃避,就注定不能解决这个难题。受制于悍妇的赵惇并没有因顺利地入继大宝而改变性格,反而愈陷愈深,作了自己皇后的傀儡。李氏当然也没有因为顺利地执掌大权而消释积压已久的情绪,第二年就对曾经有心废己的太上皇孝宗开始报复,不断离间他们父子的感情。一段时间后,两宫的关系竟成隔绝之势,有时太上皇要见儿子都不可得。

这事使得举朝忧虑。一两年来,宰辅百官以至布苇之士,过宫为请者不绝,但亦未能立即改善状况。新天子本就有心疾,在李氏的悍妒暴躁下,震惧成疾,不能视事。孝宗遭此打击,独处在幽深的重华宫里快快难捱,后悔不迭,但为时已晚。孝宗的这个失误就如同他二十八年的临政一样,怀有良好的愿望,但却没有良好的结果。

新帝后来的庙号为"光宗"。光宗即位第二年改元"绍熙",也只做了五年的皇帝。后宫干政是本朝家法所严格禁绝的,在这方面存在着一种强烈的共识,也有着一系列成功的经验。光宗陷入妇人之手的遭遇决定了他必然成为龙銮宝座上的匆匆过客。绍熙五年(公元1194年)五月,上皇孝宗大渐,思见光宗犹不可得。消息传出,朝廷上下顿时哗然,六月初九太上皇孝宗驾崩,光宗又未能赴重华宫尽礼,这导致了光宗帝位的最后终结。以赵汝愚、韩侂胄为首的一批贵戚及宰执大员发动了一场近似于政变的运动,请出寿圣太后——这是孝宗的母亲,光宗的祖母——主持了又一次禅让,使光宗的第二子赵扩成为帝国的第十三位天子。这是绍熙五年(公元1194年)七月初五的事,新一代天子史称"宁宗",时年二十七岁。

历史的合理性常常使人无比困惑。

以公元十二世纪四十年代以后的宋帝国来说,尽管和议在精神上严重挫伤了国家的气势,然而在客观上也造就了一个休养生息的机会。即便是高宗的退避和秦桧的专制,在产生不思进取的消极心态的同时,却也使得半壁河山的稳定得到了进一步的加强。在军事上,我们的帝国虽说从原来的基础上又退后了一步,比如十几年的兵戈不兴武备不整使得战斗力已经大大下降;但在另一方面,本来诸事不张的经济却得到了意想不到的繁荣。

第一当然是农业的恢复。以南渡之后的半壁之地应付居高不下的政府开支,首先得依靠农桑,这是天子臣民的共识。为此政府实行了不少政策,比如蠲免租税、招抚流散、经界田亩以去民之扰等,从实际情况看,都起到了良好的效果。特别是大兴水利,使南方河道密布、水泽纵横的地利得以发挥,更使生产水平大大提高,从根本上促进了农业的发展。

农业的恢复带来民间产业的兴盛,举凡采矿冶铸、丝染棉织、造纸制瓷,甚至工艺技术要求甚高的造船业,都能克尽其善。物质需求的强大动力使民生工业在这个时代第一次得到了相当程度的进步,这是很值一提的。其中对我们帝国最大的贡献是造纸的发达,本朝的纸无论从品质、种类来说都已臻致极高的水准,更重要的是它促进了印刷业的繁荣,自然也就保证了文化的积累和传播,这更是划时代的事情。本朝的书被后人称为"宋本",并不是单单以时代命名,它代表着一种精美和准确的典范,尽管后世不断取法模仿,但始终难以超越。

另一个突出的表现则是商业,这个被传统理念所排斥的经济成分也在南渡以后的历史条件下蓬勃兴旺起来。它的最好反映就是行在临安和大大小小的城市,比如平江、镇江、衢州、江陵、潭州、襄阳、成都乃至兵燹之后的扬州,工商辐辏,极尽其盛。濒海的福州、泉州、广州又能通舟洋外,商货输入,不计其数。商户富户金珠罗绮,也已经成为一个不容忽视的阶层。

南方优越的物质条件当然是经济繁荣的原因之一,但起决定作用的是政府的南迁。南北之分由来久矣,历史因素使中国的政治中心一向处于北方的中原地区,"圣人中天下而立定四海之民"的信条最后固化成一种原则,不断强化着所谓四海归一的向心力。由于这个原因,地利优越的南方始终未能得到充分的开发。南渡的现实打破了这个藩篱,从而使广阔的南国自六朝以后再度成为天下的中心,南人不受重视的时代也已一去不返,因为他们已成为唯一的百姓。绍兴和约使北方移民南来的规模与程度已经大大减低,而靖康一辈又已谢世,第二代人早已融合在这个新的大家庭中而不分彼此。这个事实造就了一切,南渡帝国得以稳居东南的奥妙,也尽在于斯。

但我们若是以这种眼前的利益就承认现实的合理性,那就是大错特错了。世事的合理与否绝不可以一时的结果来下判断,更不能以实际效果来取代是非标准。否则的话,历史就成了称斤论两的数字而不再是一种惩恶扬善的理念了。帝国持续已久的战、和的分歧也就在此,究竟是坚持原则还是图求实利,成为一个难以回答的问题。特别是此刻帝国的现实正处在承平已久、渐得其利的情况下,这个问题便显得十分突出。

朱熹在光宗即位的那一年完成了两部重要的著作《大学章句》和《中庸章句》,在完善学术理论的同时,也建立了一种道统,人们称之为"道学",开始受到普遍的注意。他又在各地任所复古建礼,躬行实践,广泛传播他的学说,影响也越来越大。

在雪耻恢复的问题上,此时的朱熹已经形成了比较系统的观点。他认为恢复之计至少需要有二三十年的辛苦准备,像现在这样既不练兵又不积财,一味高谈恢复就只能是一个空想。朱熹在这个时期内曾对他的弟子们反复强调,除了"战"与"和"之外,还有个"守"字,只要措置得当顽强固守,就不会再为敌夷所侵。他的这种看法基本反映了淳熙以来务实派的思想主张,也成为时下的理论主流。这种理论就道理上讲固然是不错的,但承认现实就必然会亵渎原则,假如强烈的正义感竟因为"不切实际"而受到指斥,这必将给我们的帝国造成更为严重的危害。

这种风气首先给那些坚持信念的仁人志士带来了不幸。陈亮于绍熙元年(公元 1190 年)十二月再度入狱,这是某些当政者不满于他狂放如初的结果。幸有大理少卿郑汝谐阅其辨疏,诧为奇才,力言于光宗,陈亮始免一死。出狱后,陈亮虽在绍熙四年(公元1193年)策举进士,第二年又终于被朝廷授以官职,但这时陈亮已经五十二岁,困苦的遭遇使他的身体也受到损害,未到任便突发急病而卒。

闲居十年的辛弃疾在绍熙二年(公元1191年)被朝廷起用为"提点福建路刑狱公事",为政公正,奉职勤勉,并与朱熹一起也在任所内推行丈量田亩的经界之法。朱、辛两人在这一年见了很多次,讨论政事之外,也谈到了双方的分歧。绍熙三年(公元1192年)弃疾奉召入朝,上书皇上建置长江军务,毫无结果。此后又出任福建安抚使近一年,在任职期间撙节钱财、整肃军队,甚至还准备扩充地方军力,但谏垣的一道措辞严厉的弹劾再度扑灭了他的满腔热情,"残酷贪饕,奸赃狼藉"的罪名使辛弃疾罢官卸任,于绍熙五年(公元1194年)八月又回到江西信州的带湖,这一年他五十五岁。

时光荏苒,南渡以来最著名的诗家莫过于尤、范、陆、杨四人,其中曾出使金国不辱使命而享有盛名的范成大死于前一年,而光宗皇帝的老师尤袤已在本年去世。另外两人陆游与杨万里也都已到了古稀之年而致仕在乡。他们两人同弃疾一样,都是满怀报国之诚而终未得伸的高洁之士。烈士暮年,壮心未已,陆游有一首诗可以略窥其志,这是他在绍熙三年(公元1192年)十一月的一个风雨之夜里所作。

僵卧孤村不自哀,尚思为国戍轮台。夜阑卧听风雨声,铁马冰河入梦来。

金戈铁马的时代总是会到来的。不在战火中新生，就在刀剑下灭亡，没有谁能逃脱掉这个法则。

第五章

败局：坏在根柢

湛湛长空黑。
更那堪、斜风细雨,乱愁如织。
老眼平生空四海,赖有高楼百尺。
看浩荡、千崖秋色。
白发书生神州泪,尽凄凉、不向牛山滴。
追往事、去无迹。

——刘克庄

三朝内禅:南宋皇帝的无奈选择

在我们这样一个帝国里,天子的行为法则总是不可理喻的,政治的关键还是在于朝堂之上的衮衮诸公,在于他们的道德修养和个人素质。假如执政者不能尽到士民与皇帝之间的折中之责,国家的灾难便不可避免。

绍熙五年(公元1194年)七月的那场变故既为宗庙社稷带来了一位新天子,也给我们的帝国推出了一位重要人物,这就是韩侂胄。从某种程度上说,正是这位韩侂胄改变了帝国历史的进程。

韩侂胄为内禅得以顺利实现起了一个很关键的作用。当时情形的尴尬程度,在本朝历史上十分罕见。孝宗崩后的第二天,宰相留正率百官拜表请天子就丧成服,竟被光宗诏以疾病未愈而推却。国遭大丧,嗣君不出,这是个相当严重的事件,朝廷宰执们受到了极大的震动。在左司郎徐谊及另一位老资格的大臣吴琚的建议下,留正与知枢密院事赵汝愚转趋寿圣皇太后,想请这位两朝太后垂帘主丧,但也被皇太后拒绝。两人一再恳求,寿圣太后也只答应暂代祭奠之礼。显然,这并不能根本解决问题。

尚书左选郎官叶适果断提出以早正储位、太子监国的办法来彻底扭转帝国政治的不良局面。留正赞同此议,当天就率宰执进呈,但疏入不报。六天后再请,天子在奏疏上批复了"甚好"两个字,似乎已经同意了宰相的请求。翌日,留正与众臣将拟好的诏旨递进,请天子正式批付翰林学士院降诏。但这天晚上,光宗突然给宰相来了一道手札,上有八个字:

"历事岁久,念欲退闲。"

这就是有退位的意思了,留正看后大为惊惧。按照他原来的意思,皇帝既以疾病未克主丧,宜立皇太子监国。这样的话,即使无可奈何而行内禅,太子名分已立,自可即位。现在皇上竟然首先想到禅位,这不能不使他大为紧张。留正不敢拍板,便去找赵汝愚商量,但汝愚一向不同意宰相在如此情形下尚还坚持循规蹈矩的做法,此刻更是主张顺水推舟:以太皇太后传旨,宣布禅位皇子嘉王。留正听罢十分无奈。

留正是个聪明人,他心里清楚:储诏未下,遽提内禅,这是不符合礼制的越轨之举。事情顺利便罢,若以后一旦有所变故,宰相必然要负责任。留正显然不愿以一时的冲动而致使日后难处,所以在第二天早朝时假装跌倒受伤,以一乘肩舆离开了朝廷。刚出官门,便立即上表辞职。他这一走,朝会上人心益摇。这还不算,光宗刚刚出现在殿上,便晕倒在地。朝堂上所有的官员顿时目瞪口呆,就连一向沉稳的赵汝愚也手足无措。

紧急关头,还是徐谊给汝愚出了主意。徐谊认为,禅让事关重大,非皇太后出面不可,知门韩侂胄是太后的亲戚,若通过他去说服,事情一定能成。"知门事"是门司的主管,负责朝会、游幸、宴享以及文武官员、外国藩邦朝见谢辞礼仪,一般有外戚勋贵担任。知门等官员虽是一清要之选,但不预政务,若非事出急需,韩侂胄本来是不可能参与到这件事情中的。始作俑者徐谊与他非亲非故,完全是因为他同皇太后的亲戚关系才想到把他派上用场。

侂胄做得很好,他通过内侍张宗尹、关礼两人见到了皇太后,并说服了太后定下内禅之策。侂胄复命后,汝愚这才向另两位宰执陈骙、余端礼通报,并让近卫军统帅郭杲等人分兵把守大内,做好了应急准备,最后使内禅得以完成。应该说,新一代天子宁宗即位的第一功臣是赵汝愚,他是宗族大臣,在这个问题上既怀有为国分忧的忠诚,也有克襄大计的勇气。汝愚在事后尤以"同姓之卿,不敢言功"的谦逊辞让了右相之职并只担任了枢密使,犹不失宗臣的本色。韩侂胄当然在其中也起了决定性的作用,但相比之下还是略为逊色的。不过,侂胄却并不明白这一点,他自认为自己的功劳十分巨大。

新帝即位后,汝愚主持朝局,裁抑侥幸,起用名士,甚至还召回了留正。同时进行了一系列人事调整奖掖有功,包括以陈骙为知枢密院事,余端礼参知政事,郭杲为武康军节度使等。但出入意料的是,侂胄只被升衔为宜州观察使兼枢密都承旨一职。

第五章 败局:坏在根柢

佗胄面谒汝愚,希望至少能像郭杲一样加赐节钺而成为一地节度。但汝愚却予以婉拒,对他道:

"吾是宗臣,汝是外戚,何可言功?只有普通大臣才应当推赏。"

佗胄极为失望。

佗胄是当年忠献王韩琦的曾孙,父亲韩诚娶了高宗皇后的妹妹,官至宝宁军承宣使。而他自己以父荫入仕,并且又娶了寿圣皇太后的侄女,因此既是外戚,也算得上是武臣世家。在此之前,佗胄本身就带有一个汝州防御使的武职,所以他十分想成为封疆大吏的心情是可以想见的。作为元勋子弟,佗胄当然还有一些别人所不具备的特点,那就是对建功立业非常向往,对功迈远祖、光耀门楣有着一种天然的希冀。也许是读书较少的缘故,佗胄为人直率,冲动而不拘小节,他的思想行为与传统的礼训有一定的距离,与朝中那些进士出身的文臣们当然也有相当大的区别。

实际上大家对此也都十分清楚。叶适就对汝愚说过:"佗胄所望,不过节钺而已,与之又有何妨?"但汝愚没有接受。本朝有一种鄙视近幸的传统,特别是对于担任知门一类官职的皇亲国戚,更有一种天然的反感,当年陈亮对曾觌的态度就是例子。汝愚多少也有些宗室大臣的傲慢习气,他与不少人从骨子里就看不起身为外戚的韩佗胄,这也是他不同意擢奖佗胄的原因之一。

最典型的就是留正,此人除了老奸巨猾之外,尚还有自以为是的毛病,他把对佗胄的鄙视表现了出来,直接导致了佗胄后来与他们这些文臣们的对立。这是当年八月份的事,天子即位以

后,佗胄自恃恩宠,经常到宰相办公所在地发表意见,留正甚为不满,指使省吏转告:

"宰相部堂不是你知事日日往来之地!"

这话近似于侮辱,佗胄当然无法忍受,于是他立即就到宁宗面前进言,以留正当初在内禅中的暧昧态度为由,使天子下诏罢免了留正。赵汝愚一向倚重留正,所以不惜在新帝即位后立即将他召回,现在佗胄不先预告就使天子出诏罢免首相,汝愚无法不感到气愤。他像留正一样把这种情绪付诸行动,当佗胄就此事来谒见时,汝愚辞而不见,使佗胄惭忿而返,终于和他彻底翻脸。事后,汝愚为自己失去控制而怒形于色也感到后悔,曾经一度想补救,但被佗胄拒绝。

朱熹在这个月被任命为焕章阁待制兼天子侍讲,这是新帝两位老师黄裳和彭龟年推荐的结果。他们两人因十分推重朱熹的学说,所以经常在天子面前提及这位名噪海内的儒臣。朱熹在孝、光两朝的处境不是太好,有点心灰意冷,此次受诏后曾上章辞谢,但未被接受。朱熹不得已在八月底来到临安,由此也卷入到政治斗争的漩涡中。

佗胄的优势在于接近天子。他不仅是当朝皇太后的亲属,又是宁宗皇后的堂祖父,同时与新帝的婕妤曹氏也有一层亲戚关系。另外,曹氏的几个姐妹通籍禁内,与佗胄的关系亦十分融洽,这都为他邀受皇恩浸预政事创造了条件。新帝遽而登位,本身就缺乏自信而十分需要有所倚仗,佗胄不失时机地走到天子身边,正好填补了宁宗心理上的某种空缺,因而获得他的充分信任是很自然的。患难之交往往牢不可破,侂胄在后来的成功似乎在很大程度上得力于这种难以言喻的感情因素。

当觊望转化成怨恨的时候,单纯的不满便被刻意的报复所代替。侂胄排挤掉赵汝愚只用了不到四个月的时间,事情出乎意料的顺利来自于与侂胄同样心怀怨气的同事知门刘弼,他为侂胄勾画了一条便捷的途径,建议他首先任用台谏以树植势力。台谏一向是宰相的对立面自不待言,关键还在于台谏之官一向是天子任命而宰相不得与闻的,这正好充分利用了侂胄的优势,刘弼的计策不能不说是相当高明。在十月份,侂胄开始以御笔批出的手法调整台谏人选,其党人刘德秀、杨大法先后被他提升为监察御史和殿中侍御史,罢吴猎之监察御史,而以刘三杰代之,为打击汝愚排除障碍。当然,事情伊始就使得朝廷上下一片哗然。

原因是天子御批不由中书的情况太露骨了,而且谁都知道这是侂胄一力左右圣意的结果。第一位被免的谏官黄度就公开宣称侂胄"假御笔而逐谏臣"的做法,具有当年蔡京擅权的性质。而朱熹则进而上书天子,明确指责侂胄窃取圣柄而使"主威下移",把这个问题提到了原则的高度。侂胄恼羞成怒,立即予以反击,又唆使天子罢免了朱熹。这是绍熙五年(公元1194年)闰十月的事,朱熹担任天子侍讲仅仅四十余天。

侂胄对付朱熹的做法使不少人气愤之余又忍俊不禁。他让一个宫廷优人装扮成峨冠阔袖的形象,在天子面前逗笑,以影射朱熹的迂腐不堪。朱熹可能是有一些这方面的缺点,他坚持居理持敬的修养功夫,也不得不首先使自己道貌岸然,当年的陆九渊就曾讥笑过他,以侂胄的性格,对此当然尤为讨厌。不过,以此细琐小节而进行人身攻击并达到政治迫害的目的,则无疑是一个极端荒谬的行径。朱熹的罢职使双方的矛盾进一步恶化,中书舍人陈傅良、起居郎刘光祖、起居舍人吴猎、吏部侍郎孙逢吉、工部侍郎黄艾、吏部侍郎兼侍讲彭龟年等人连章抗议,指责侂胄奸佞不法。而侂胄倚恃天子展开反击,先后将陈傅良、刘光祖、彭龟年罢免,知枢密院事陈骙虽素与汝愚不协,也被侂胄排挤,于这年的十二月份罢职。侂胄引用了一位老资格的大臣京镗入为副相,并用为谋主,使汝愚在朝中完全被孤立。第二年,新帝改元"庆元",这一年的二月,赵汝愚在侂胄一连串的打击下终于罢相。清除汝愚的同时,所有反对者也一概被侂胄诬以汝愚党人而被逐斥出朝,其中既有十数位朝廷大臣,也有六名伏阙上书的太学生,甚至对他有过重大贡献的徐谊也未能幸免。

侂胄在对待汝愚的态度上十分强硬。太府寺丞吕祖俭因上书反对,被侂胄出旨安置韶州。这是一个岭外荒蛮之地,处分已不能不说是太重。有人提出:祖俭是当年社稷功臣吕公著的孙子,投之岭外,岂非过分。但侂胄的回答是:谁要是再敢援救,就把祖俭放到新州去。新州比韶州更远,这下没有人再敢说话。虽然后来侂胄迫于舆论压力而一度将汝愚改置吉州,但仍然对他怨恨未解,一心欲置其于死地。七月,罢停了汝愚祠职,十一月,又使人上书请斩汝愚,未能得逞后,再将汝愚改置永州军。

汝愚自知必死,这时倒反而很坦然。临行前对诸子道:"观侂胄之意，必欲杀我。我死，汝等或可免。"果不出其所料，次年正月二十日，汝愚暴死于贬途衡州，时年五十七岁。

汝愚的政治经验显然很欠缺，他既没能想到侂胄因为求节钺不得而会如此失望，也未能注意到侂胄越来越重的报复心态。在这一点上就连朱熹都比他明智，曾建议他厚酬侂胄以消其预政之望。但汝愚不以为然，认为区区一个韩侂胄并不足为虑，他的幼稚最终使他命丧黄泉。在本朝历史上，从来也没有哪一个宰执大臣像他这样不明不白地暴死在异地他乡。

韩侂胄的出现再次暴露出我们的帝国在权力问题上的弊端。太祖以来制定的政策只是一味地限制宰相和重兵大将，结果使天子的权力过重而失去牵制。天子本身是凌驾于制度之上的，蔡京和秦桧的故事早就证明，宰相一旦和天子结合在一起，手中的权力就会极度膨胀，独裁也就应运而生。

天子的权力凌驾制度之上

侂胄得以主宰政局也有一些客观因素。正如本朝历史上曾经出现过的几个专政时期其实都是迎合了某种需要一样，侂胄的强硬手段也是适应了朝野上下某种不满情绪的结果。这种不满当然不一定尽是出于公义，其中的绝大部分甚至是党派之见或个人恩怨的产物。然而事情既然存在，它就必然会通过各种各样的方式表现出来，绍熙内禅的险恶风波造就了这种气氛，而韩侂胄的恣意妄为又为此提供了必要的条件。

侂胄对朱熹的打击本出于政治报复，但事情最后归结到朱熹所提倡的"道学"上，并不是侂胄本人事先所预料到的。朱熹发展儒学思想功不可没，但他在淳熙末期对其所谓"正心诚意"之说的过分渲染多少就有点哗众取宠的味道，而此后树立严谨的道统，就更明显地表露出自我标榜、独立门户的倾向。人们没有理由把他与孔、孟先师相提并论，因此不能不对他的动机发生怀疑。当然，前些年王淮等人对朱熹的攻击还是不免政治上的因素，但也表明朱熹自高其道的做法并没有多大的市场。淳熙十五年（公元1188年）兵部侍郎林栗指斥朱熹时，有一位婺州人叶适曾经极力为他辩护，反攻王淮、林栗随意创名诬陷朱熹。但也就是这位叶适，在不久之后就开始对朱熹的理论进行了系统的批判，认为朱熹之说完全是背离孔子大统的"浮论"，充分反映出与朱熹对立的思想潮流仍具有相当的社会基础。侂胄正是利用了这一点。

侂胄先是组织了一场声势颇大的批判运动，反复从理论上论证朱熹之说的伪学性质，然后按照他的需要，将所有不附己者尽数列入"道学"的名单。既然朱熹的"道学"已被指斥为"伪学"，那么道学之人也就是伪党，这对侂胄完成他的政治清洗是再好不过的借口。庆元二年（公元1196年）八年正式申严道学之禁，十二月，朱熹被削职罢祠。这时的朱熹才明白事情的性质已有所转化，但既已错过了反击的机会，除了在福建家里焚烧文稿之外，别无办法。

第五章 败局:坏在根柢

庆元三年(公元1197年)十月,事态臻于极致,有一位绵州知州王沇上疏,建议订立伪学名录,以便今后处理。这简直就是蔡京"元祐党人碑"的翻版,侂胄当然乐于取法。于是在这一年末,五十九人被列入了这个名单。其中宰执有赵汝愚、留正、周必大、王蔺四人,待制以上官有朱熹、徐谊、彭龟年、陈傅良等十三人,其他官员则有刘光祖、吕祖俭、叶适、黄度等三十一人,甚至还包括武臣三人,普通士子八人。

很明显,这个道学党籍可以说根本就与所谓的"道学"无关。赵汝愚不必说了,留正与王蔺两人也从未涉及过道学,特别是留正,他与朱熹的个人关系甚至都不怎么样;另一位宰执周必大以文知名,更与道学浑不相干。严格来说,五十九人中真正的道学家也许不超过两三位,由此可见,这完全是一个政治运动的黑名单是毫无疑问的,他们之所以名列其中不外乎是与侂胄发生了抵触而已。刘光祖在绍熙元年(公元1190年)曾说过的,"因恶道学乃生朋党,因生朋党乃罪忠谏",确实不失为先见之明。侂胄禁黜道学之党,其实是从反面证实了自己的朋党事实。

独裁政治的一个最大效应就是趋利之徒奔竞于道路,结党营私排斥异己。世事既不可能清明如水,人性自然也就不会全如光风霁月般纯洁无瑕,即所谓天道流行化育万物,必得是气而有是形,禀得衰颓薄俗之气,便为愚、不肖。在这一点上,朱熹确实是说到点子上了。愚不肖者既然无法避免,那么侂胄一人翻云覆雨如此肆无忌惮,也正是适应了他们的需要。小人当道,则道德沦丧、士风日下就是个必然的结果。

侂胄当政后，吏部尚书许及之谄媚所事无所不至，但两年内却一直未得升迁。及之每次拜见侂胄，总是涕泗俱下，其衰迟之象，就差要跪在侂胄面前。如此次数既多，侂胄恻然生怜，终于把他升为同知枢密院事。有一次侂胄庆贺生辰，及之来迟一步，阍人已经上栓落门，及之无奈之下，只得俯偻而入，奴颜之气，令人扼腕。不过，这还不是最典型的。

相比之下，有一位叫赵师的比许及之高明得多了。侂胄尝与众客饮于私园，信步之间，他指着山庄中人工修筑的竹篱草舍道：

"真是一派田舍气象，只是缺了犬吠鸡鸣之声。"

话音未落，丛草之中立时就传来犬嗥。众人趋前视之，原来是师在那里匍匐为狗，侂胄大笑。这一笑给师笑来个工部侍郎的官衔。

群小之象虽不值置喙，但有些事还是颇发人深思。侂胄兴道学党禁最得力的助手是京镗，这个人比侂胄要大十四岁，早年也是个响当当的人物。孝宗初政锐意用兵，群臣大多附合，唯有他主张徐缓图之；高宗驾崩后奉命报谢金人吊丧而出使，京镗以正为上皇服丧之故，在金廷不肯听乐，金人强之，京镗大义凛然：

"头可断，乐不可听！"

但也就是这位京镗，在侂胄欲逐赵汝愚而苦于无计的关口，竟对侂胄说：

"汝愚是宗室之臣，若诬以谋危社稷，则可一网打尽。"

这简直就是杀人而不择手段，与他当年的作为不啻霄壤。在党禁过程中，京镗也是主要的策划人，对侂胄的襄助甚大。若不

第五章 败局：坏在根柢

是他几年后死去的话，这场政治打击运动恐怕还不会轻易地平息。权力的诱惑实在是太大了，有些人能不畏刀剑，却不免在欲望面前轻易就范，这是无可奈何的事情。

朱熹卒于庆元六年（公元1200年）三月，当朝廷听说朱熹四方信徒可能会齐集信州，为这位道学宗师送葬时，又特别下诏，严饬地方予以约束，禁止彼辈聚会之间妄议时政。结果使朱熹殁后，门生故旧无一至者。但严酷的禁令并不能磨去天下的正义之心，辛弃疾就为朱熹撰写了祭文道：

"所不朽者，垂万世名。孰谓公死，凛凛犹生。"

耄耋之年的陆游也为朱熹的不幸遭遇深表感慨，专门为文祭之并给朱熹以很高的评价。如就两人的思想倾向来说，他们无疑与朱熹存在着一定的分歧，但他们并没有因学术观点上的不同而落井下石，这充分表明韩侂胄的政治迫害是相当不得人心的。

执政的侂胄一方显然非常心虚，因为对立一方虽然遭受重挫，但未必就不会东山再起，有报复就有反报复，这是极为浅显的道理。朱熹死了两年后，侂胄方在很大程度上松弛了道学之禁。这是因为在侂胄看来，目的既然已经达到，再在连他自己都不甚清楚的所谓"道学"上做文章，当然也就没有必要了。

朱熹去世的这一年十月，侂胄进位太傅。有意思的是，以侂胄的外戚身份是不可能出任宰相的，但他却能将太傅这类荣衔变成实职，从而成为宰相的宰相。这再次说明制度这种东西的虚幻,对聪明人来说,它毫无约束力可言。一个月后,皇后韩氏突然病故,这对于侂胄来说是个不小的损失。次年宁宗改元"嘉泰",嘉泰二年(公元1202年)二月份,侂胄接受了一位党人的建议,突然宣布放宽对道学的禁令,并且先后追复赵汝愚、朱熹两人的官衔,留正、周必大、徐谊等人也渐渐复官还秩,实际上也就是基本停止了这一场暴风骤雨般的政治运动。接下来,一件更大的事情发生,对侂胄后来的人生经历起了重要的影响。

皇后韩氏死去后,坤位虚悬了一年有余,册立新后逐渐提上了议事日程。侂胄与曹婕好相善,按他的意思当然是把想把曹氏扶上皇后的位子。但另一位候选人贵妃杨氏却是个有心计的人,不愿束手就毙,与侂胄展开了针锋相对的较量。就接近于天子来说,杨氏显然比侂胄要得天独厚,控制一位年轻的皇帝,作为女人的杨氏更具备侂胄所没有的条件。嘉泰二年(公元1202年)十二月十四日,宁宗下诏立杨氏为后。新皇后奉受册宝的这一天,侂胄也进位太师,封平原郡王。但这却并没有使他感到一丝一毫的兴奋,侂胄知道,宫苑深处已经出现了一个潜在的威胁,他必须赶紧拿出对策来应付这个变故。正是在这个时候,侂胄发现了他真正应该做的事情,几乎是从一开始他就意识到,这件事将会获得的支持和响应,比禁黜道学不啻要高出多少倍。

侂胄之所以在后来作出这个震惊中外的重大决定,主观因素是最主要的原因。侂胄十分清楚,自己这个近幸出身的人很难服众,更无法对付由于大兴党禁而带来的普遍反抗。假如不能建立殊绝的功勋,他也就无法永远掌握天子,因而也就不能抵御新皇后的排斥。就目前形势而言,建功立业的最好方式就是恢复故疆、尽雪仇耻,这一点触目可及。同样,这一件光辉大业所能产生的反响,也是无需判断的。帝国为这件事情已经争论了七八十年,从来也未曾在人们的心目中淡忘,侂胄有理由相信,只要抓住这个东西,登高一呼必然应者如云。有一个事实更是昭然若揭:凡是在恢复大业上有作为的人物,不仅能在当时提高威望,也都能在身后受到广泛的赞誉。毋庸置疑,侂胄想望这样一个结果的心情比任何一个人都要强烈。

侂胄是个粗率的人。他对自己当政之后种种专权擅政、恃势骄居的作为从来都不加以掩饰,只是率意放纵、为所欲为。内宴之上,常常会看到他与妃嫔杂坐,言语肆意,无所忌惮;而与曹妃的姐妹们出入宫闱,秽声传于朝外,侂胄也不把它当一回事。侂胄既没有受过严格的传统教育,也不像蔡京、秦桧那样富于心计,因此他从来也想不到自圆其说。只要是能够做到的事,侂胄从不考虑是非,当然也就不会去认真地考虑后果。眼下他最迫切的需要是巩固自己已经得到的地位,为达到目的,自然就会不择手段。

当嘉泰二年(公元1202年)年初侂胄匆忙停止所谓的伪学党禁时,他就已经在考虑这个问题,十二月份杨氏立为皇后,促使他进一步确立了方针。为此,他开始作出姿态,不仅追复朱熹、赵汝愚,恢复受排斥人员的官职,同时将一大批长期不受重用的人擢升入朝,其中就有一贯主张用兵恢复的薛叔似、辛弃疾和陈谦,甚至包括年近八十的陆游。其中的陈谦还是赵汝愚的门客,因党禁而被罢斥,但因为力主抗战,也为侂胄起复。从这件事情上看,侂胄的用意已非常清楚。到了嘉泰三年(公元1203年),侂胄开始进行具体的行动:七月,命殿前司制造战船,出封桩库府钱十万缗;八月,增派战略要地襄阳骑兵;十月,命两淮诸州教阅民兵弩手。种种战备措施已全面展开。

不过,最后促使韩侂胄付诸实施的还是客观因素。

这个时候金国的情形很不妙。

本来,金世宗统御的几十年里,金国的国势已经基本稳定,中原地带也逐渐融合在既成的现实环境中。世宗取法汉制,宽厚治政,在相对平和的态势下使久经战争的国家得到了很大程度的休养生息,制度文化以及社会经济等各个方面都得到了发展。但与南渡帝国相似的是,金廷上下对怎样维护长治久安也没有很好的办法,安乐之下,淫逸易生,这个新生不过数百年的民族似乎还是缺乏生存的经验。世宗之后是后来被称为"金章宗"的完颜璟成为金国皇帝,即位后不久,内部的问题就开始渐渐暴露,特别是与中原汉人的矛盾又开始突出起来,成为金廷的一个绝大心病。但最主要的威胁却是来自于它的外部。

得中原者得天下是以不断进取为附加条件的,它是一条进攻之道而并非一个守成之策。金人的窘迫正在于此,它在入主中原之后既未能进而克服南方,相反又面临着北方异族的挑衅,结果两面受敌。对宋朝的休战是个明智之举,使它得以腾出手来对付北面特别是几个渐趋强盛的游牧之族鞑靼、蒙古两部落,因而取得了初步成果。但自金明昌五年(宋绍熙五年,公元1194年)起对北方开始大规模的征讨后,金人才终于感觉到用兵再也不像早年一样毫无顾虑了,因为内部的问题时时在掣肘着它的对外进攻。两年后,契丹人占据信州反叛,远近震动,使得金廷不得不分兵以击;又一年后山东汉人亦纷纷起义,再次给金廷制造了极大的麻烦。此后在边境及境内两方面,这样的事情连续发生,金国政府已是焦头烂额。金人的不幸是因为进驻中原后,它所扮演的历史角色已经有了根本的变化,业已从一个掠夺者成为反掠夺者。成为中国人是有极大代价的,必须学会付出、学会忍让、学会用精神力量来克服困难。显然,金人尚做不到这一点,历史给予它的时间太短暂了。

暗怀心思的韩侂胄自然不像以前的帝国大臣那样对金敌的情况麻木不仁,在嘉泰三年(公元1203年)左右,当不少人将有关情形汇报给侂胄时,立即就促成了他的决策。嘉泰四年(公元1204年)正月,除授浙东安抚使的辛弃疾受命入朝,给天子上了一道奏疏,又给了侂胄决定性的影响。

辛弃疾此时已经六十三岁了,但几十年的光阴并没有让他的报国之心和誓清中原之志发生丝毫的衰减。他是一个有眼光的人,即使赋闲家居也没有忘怀国事,一直就注意了解敌国的动向。他与好几位朝廷派往金国的使节有着较密切的交往,从他们那里初步得知了眼下的形势。出任浙东方面的封疆大员后,弃疾又先后派遣了不少人前往北方的河北、山东一带探听虚实,力求掌握第一手资料。弃疾知道,知己知彼方能百战百胜。他对好友程珌说：

"谍者师之耳目，兵之胜负与国之安危皆系于此。"

弃疾给谍报人员布置了很详细的任务，既命其深入幽燕，也让他们到中山、济南等地详细调查，凡是有关山川形势、官寺位置、兵马数目、将帅姓名都在侦察范围之内。弃疾自己就在山东长大，又历经北方诸地，对反馈的情况有着独特的判断能力。他向程珌出示的一幅战略地图，正是根据各种谍报综合处理而绘制的，它的详实程度，颇使程珌叹为观止。

其实弃疾根据手中的材料所下的判断，对目前的局势并不十分乐观。他私下里就对程珌承认，眼下敌人的士马状况还是相当可观的，绝不能掉以轻心。然而弃疾对恢复大业刻骨铭心般的向往，使他仍然觉得这是一个机会而不应白白错过，因此他在给宁宗的奏疏中说：目前敌夷的势态如果继续恶化，金国必乱必亡是肯定的，朝廷可以考虑采取应变之计。弃疾是相当一部分人心目中的将帅佳选，以他的身份提出这样的建议，侂胄不能不予以高度的重视。

但最后促成侂胄贸然开战的却是刚刚出使金国回朝的邓友龙，他对侂胄说：

"臣出使时有一金国的驿使夜半来见，具言金国业已困弱不堪，王师若来，势若拉朽。"

显然，这是根据一个含糊的事实做出的一个极不负责任的臆断，但赌徒最爱听的就是这样的话。

第五章 败局：坏在根柢

错误的北伐

所有的舆论准备都是为某种政治目的服务的。嘉泰四年（公元1204年）五月二十一日，有诏追封冤死的抗金英雄岳飞为鄂王，这无疑是侂胄决意用兵的信号。

其实在两三年前，金廷由于担心宋廷方面趁火打劫，就在沿边聚粮增戍，又禁止了襄阳榷场，中断了部分贸易，致使双方边境上的小规模冲突逐渐开始发生。但自嘉泰四年（公元1204年）起，挑衅就主要来自宋廷一方，沿边地带的宋朝军民趁着金国的内乱，不断进行骚扰活动，进一步加剧了紧张气氛。湖北节帅吴猎第一个开始筹措军务，在重镇襄阳一带蓄积钱粮、整编军队、构筑工事，率先完成了中路的准备工作。十二月，侂胄创建国用司，以宰相陈自强兼国用使，负责战时经济工作。十一日，下诏明年改元"开禧"，这是取太祖年号"开宝"与真宗年号"天禧"合并而成，其恢复祖业的寓意十分明显。新年的三月份，金人截获了一份宋廷书牒，这才得知韩侂胄已在鄂、岳一带布置了重兵。一个月后，金国边境报告说，宋军已进入秦州、巩州一带，金廷上下开始有所警觉。金章宗一方面命枢密院移文宋廷，要求宋廷按照两国和约撤出部队，另一方面命平章政事布萨揆为河南宣抚使，集诸道兵马严备。

侂胄采取了瞒天过海的手法。在布萨揆抵达汴梁后，帝国朝廷由三省及枢密院联名具文答复道:边臣生事,已行贬黜,所置兵亦已抽去。前线濠州的两位指挥官也配合朝廷佯示诚意以麻痹对手,他们派了一些当地的老百姓前去汴梁,向布萨揆报告假情报说:宋军增戍,本意是对付盗寇,且军士多为白丁,穷蹙饥疾,死者甚众,根本不能打仗。布萨揆相信了此话,松弛了防备,并把这些情况报告了燕京。

金廷主要的问题是意见不甚统一。尽管有些大臣认为宋廷意图不轨,但更多人认为南渡宋室连遭败衄,自救不暇,恐怕没有胆量叛盟。就整个金廷朝野的意见来说,确实是不愿意再与宋开战,章宗本人也同样是这个意思。于是在得到布萨揆的报告后,这年的八月,下诏罢停了河南宣抚司。九月,侂胄为了进一步探听金人动向,派陈景俊借贺正旦之名出使金国。章宗明确对陈景俊表示,河南宣抚司业已罢停,意在息战。但十二月份金廷派出的复使赵之杰却没有能很好地贯彻金帝息事宁人的主张,入见宁宗时态度倨傲,在帝国朝廷内外引起公愤。次年正月,陈景俊从金廷使还,带回了金帝明确表示的有关双方互不干涉的意向。金人的委曲涵容是数十年来前所未有的,这无疑又助长了侂胄的骄气。

与金廷的示弱相反,侂胄一直在紧锣密鼓地准备,早在去年六月,朝廷就已秘密下诏给内外诸军,正式下达了进攻的命令。七月,侂胄被加为"平章军国事",立班宰相之上,三日一朝并赴都堂治事,这就在名义上也完成了韩侂胄的领导身份。侂胄在收纳三省官印于私第的同时,又建立了一个叫"机速房"的特别机构,

第五章 败局：坏在根柢

使战时指挥大权直接掌握在自己的手中。到了开禧二年（公元1206年），事态已是一触即发。

近一年以来，整个帝国上下的气氛极度紧张凝重，大有一种山雨欲来风满楼的意味。对这件积压心中已久的事情，不少人为之慷慨激昂长吁闷气，但更有很多人惴惴不安，仿佛大难临头一般。当侂胄的开战企图明朗化以后，几乎在帝国的各个阶层都引起了抗议浪潮，最激烈的是开禧元年（公元1205年）四月武学生华岳的上书，他在切谏朝廷不宜开兵边衅的同时，甚至要天子斩韩侂胄等人以谢天下。在这种关键时刻，侂胄当然不能容忍这种行为来阻挠他的大计，于是以强硬的手段弹压反对言论，华岳也被侂胄投入大狱。

道义问题也是一个争论的焦点。一贯主张复仇的丘崈就认为，中国当示大国之体，在金人未必有意败盟的情况下，只能申儆军实以作防备，而不能率先生衅。丘崈为此坚辞了宣抚两淮的职任，在丘崈看来，金人宣抚既寝，我方亦不可轻举。丘崈的这种言论明显是"凡事礼为先"的传统观点，侂胄自然是很难理解的。

在侂胄的坚决态度下，一切都已经无法改变。从开禧二年（公元1206年）二月开始，侂胄已经不再掩饰，帝国军队开始在好几个边境地带主动进击。尽管宋军起初仍然采取一种昼伏夜出的骚扰形式，但也使金廷逐渐感到了问题的严重性。金章宗在取得殿前大臣的共识后，于三月份重新命布萨揆在汴梁设置行省，分兵屯守要害。

开禧二年（公元1206年）四月十九日也是一个帝国历史应该

记取的日子,这一天,朝廷下诏追论秦桧主和误国之罪,削夺王爵,改谥"谬丑"。制词中有道:

"一日纵敌,遂贻数世之忧;百年为墟,谁认诸人之责!"

这句义正辞严的话让无数人为之一吐积郁,一时都下之口传诵不已。在这一刻,我们的帝国无疑是激动、兴奋而又慷慨激昂的。

然而事情的发展却大大出乎侂胄的意料。本来,从四月份开始进兵后进展颇顺,山东京洛招讨使郭倪收复了泗州东西两城,江州都统使许进收复了新息县,镇江都统陈孝庆收复了虹县,光州义军收复了褒信县,只有江州都统王大节在蔡州失利。在形势大好中,侂胄自以为得计,便于五月初七请天子下诏正式对金宣战。岂料下诏之后,两淮一线宋军各部却进击不利,先后在宿州、寿州、唐州遭受重挫。丘崈受命出长两淮后又单纯退守,使得金人由守转攻,于十月份分九道南下。到了这年冬天,中路及东路宋军开始全线败退。此后,就是陕西河东招讨使吴曦于十二月据蜀叛变,使得整个战局急转直下。

吴曦是当年显赫一时的封疆大吏吴璘的后人,其父吴挺官至利州安抚使。吴氏家族世袭兵柄,长期经营四川,号称"吴家军",南渡四大将之后,也就只有吴家世代为将独守一方。吴挺死后,在丘崈的奏议下,朝廷召回了吴曦而改用他人镇蜀,这使得吴曦甚为不满,回朝后一直在上下活动,想重回四川。侂胄为了拉拢吴曦,答应了他的请求,于嘉泰元年(公元 1201 年)七月命他出任兴州都统制。放虎归山,终成后患。

吴曦节镇一地后便开始收拢军政大权,图谋不轨。开禧二年(公元1206年)三月份被命为四川宣抚副使后,进一步加紧了活动。战事开始后,吴曦一直按兵不动,并派人赴金以献关外四州的条件求封蜀王。十二月与金人达成了协议,暗中退兵,使金兵长驱直入。侂胄主持下的朝廷中枢对吴曦的不法行为反应十分迟钝,直到次年正月吴曦公开称王之前,一直都被蒙在鼓里。

半年不到的时间就证明了侂胄发动的这次北伐根本就是一场不可能取胜的战争。

侂胄并没有认识到这一点,他自认为战局的失利是国无贤才的缘故。为此他在六月罢免了两淮宣抚使邓友龙而改用丘崈后,又处理了数位丧师失地的将领,甚至把他的得力助手苏师旦除名抄家。师旦本是侂胄的门客,北伐前后一直是侂胄在军事上的主要谋士,也是力襄北伐的骨干。侂胄对他的处理固然是为了平复人心的需要,但从侧面也说明苏师旦根本就担负不了克敌制胜的重任。七月份,他又调整了中枢的人选,进而在次年正月罢免了擅自与金兵议和的丘崈而改用张岩,同时自出家财二十万补助军需,然而丝毫无济于事。

确实,正如反对开战的人早就指出过的,目前将帅乏人的情况非常严重。陆游、辛弃疾已老,叶适、丘崈等由于和侂胄观点分歧又不愿合作;而薛叔似临事无方,邓友龙柔弱乏力,两人皆不堪大用。剩下的只能是侂胄手下的一帮党徒,其中陈自强、苏师旦无能,许及之胆怯,根本不是将帅之选。等而下之者如张岩,开督府九月,耗费州县官钱三百七十万缗而未立寸功。至于叛贼吴曦则更不用说了。所有这些,都证明了帝国在人才方面的无奈现状。不过,这还只是事情的一个方面而已。

决定性的原因是帝国实在是没有能力去打赢这场战争。大的因素不论,侂胄的准备就显得过于仓促,疲敝的士气和骄惰的兵卒绝不是一朝一夕就能改变的。五月份攻宿州时,士兵乍遇暑潦就怨声载道,全无军纪,到符离后,金人本欲投降,而当地义军业已登垣肉搏,岂料官军反而妒忌其功,以箭射之自相杀戮,守城者于是不降。至于攻击不利后,更是兵败如崩,溃卒满野。如此军队又岂能与敌开战!

侂胄的用兵动机也注定了他必然错误地估计了形势。金兵在短短数月的时间里就能发动反攻,证明了辛弃疾的判断不误,敌人尚还没有达到完全崩溃的程度。叶适在侂胄决心下诏宣战时就坚决拒绝了草拟诏书的任务,他在给天子的上书中忧心忡忡地预言说,如果认为"虏已衰弱、虏有天变、虏有外患"而轻率冒进,将是一个"至险至危"的事情。当然,侂胄是绝对不可能接受这一说法的。

所有的一切都可以归结到欧阳修的那句老话上去:如果自身不具备实力,并不一定能够乘人之危。何况敌夷尚还没有困危到让你有可乘之机的地步。

开禧三年(公元1207年)初,由于内外交困特别是来自北方的压力越来越大,金人在取得胜利后便已经有意乘势收手。二月份,吴曦刚刚称王没有几天就被部将所杀,更使金章宗感到十分沮丧,议和之意遂定。对金国来说,对宋休战虽然是目前形势下唯一的选择,但它毕竟拥有胜利者的身份,就像以前一样,金廷提出了苛刻的条件。八月,宋使方信孺从金营使还,带回了对方的要求。

第一是割两淮,第二是增岁币,第三是索取归正人,第四是犒赏军银,第五——方信孺说:"第五条臣不敢言。"

侂胄坚持要他说,信孺只好嗫嚅而道:

"这第五是要太师的人头。"

侂胄气极而晕。

这当然是不可能答应的。事到如今,侂胄已经没有退路。如果说他当初是为功名地位而赌博的话,现在则是为自己的身家性命而战了。几个月不到,侂胄须发皆白。

九月初六,无奈的侂胄只得起用辛弃疾,发布诏命委任他为枢密院都承旨,希望能用弃疾的威望和才略挽回颓势。弃疾虽力主恢复,但他并不同意仓促开战,更不愿意与侂胄同流合污,所以一直被侂胄排挤在外。诏命到时,弃疾已经是重病在身,有心杀贼也无力回天,只有上表自辞,四天后即赍志而殁。九月十八日,侂胄以赵淳取代了九个月以来毫无作为的江淮制置使张岩;十月十三日,又促使天子下诏,借罪己而鼓舞士气民心,但败局已定,临事更张根本起不了任何作用。

侂胄身边的党派集团是因为相互的利益才和他走到一起的,既然这个目标已经不可能达到,侂胄也就失去了存在的意义。事实上,当敌人指名单要侂胄的人头而不问其他时,侂胄的末日就已经到了。

出身名门的礼部侍郎史弥远是京镗的心腹,素与侂胄有隙,也并不赞成侂胄的北伐。这个人工于心计,也颇有点干才,属于那种不甘趋人之后的类型。由他来成为侂胄的掘墓者并不是一个偶然。

大约是在十月底或者更早一些时候,史弥远秘密上奏宁宗,以兵兴以来士民涂炭、公私大屈为由,请天子诛杀侂胄。当时宁宗听罢不语,天子既有些不甘就此罢休的想法,同时多少也有点顾虑,毕竟侂胄不是一般人。但皇后杨氏得知后,马上就抓住这个机会。

杨氏先让皇子荣王赵曮去说服皇上,不果后又请出她的哥哥杨次山劝驾。杨次山明白宁宗的心意,因此对天子保证说,不妨选择可以信赖的大臣共同举事,这才使得宁宗的心思开始活动。次山见天子已经有意,马上返报皇后。杨氏令其择廷臣可用者,次山选择了史弥远,而弥远欣然奉命。杨氏自出御批二件,一份给史弥远,一份给左司郎官张镃,密嘱他们立即行动。不过,皇后这时并未确定一定要杀掉侂胄。

有了天子的默许和宫中的支持,弥远已无后顾之忧。他挑选了两位大臣作为重点争取对象,一是钱象祖,一是李壁,这两人都是侂胄的党徒,时下皆身为副相,特别是李壁,虽然对率先用兵心存顾虑,但最后还是迎合了侂胄之意,对金人的宣战诏书就出自他的手笔。如果能得到他们的支持,事情就成功了一半。弥远先去说服钱象祖,因为他知道这个人在某些方面与侂胄发生过抵触。果然,钱象祖一拍即合,由他出面,李壁也毫不犹豫地成为倒戈者。此事本极隐秘,惟主谋者史、李、钱数人知之。

十一月初二,侂胄在都堂对李壁道:

"听说有人要生变,公知此事否?"

李壁以为事情泄露,吓得面红耳赤,话都说不上来了。

"……恐怕,没有……没有这样的事吧……"

弥远听李壁说知此事后也十分惊恐,两人立即找到张镃,张镃道:

"势不两立,不如杀之以绝后患。"

史、李领首同意,弥远拍案对张镃道:"君不愧为将门之后,吾计已决!"张镃是南渡初期大将张俊之后,正如弥远所说,倒也真有些乃祖之风。当年若没有张俊,秦桧也未见得就能杀掉岳飞。

史、李又急趋钱象祖府第。钱象祖认为应当奏明皇帝,而史弥远、李壁均担心事情从缓会导致败覆,主张就在翌日进行。三人最终订下了计划,命令殿前司公事夏震领兵三百人埋伏在侂胄上朝的必经之地,伺机擒杀。

十一月初三,侂胄像往常一样怀着重重心事上朝,走到六部桥时,夏震率手下人拦住轿舆,厉声道:

"有旨,太师罢平章事,即日出朝!"

"有旨吾如何不知?——"

侂胄话音未尽,夏震等即抢上前,将侂胄轿乘向宫外拥去,走到玉津园夹墙中,不容侂胄分辩,一阵铁鞭乱棒将他毙命。

当史、钱两人向宁宗报告侂胄已诛后,天子还不敢相信,当确凿无疑的事实摆在他眼前时,我们的天子不能不在心底倒抽一口凉气。在宁宗看来,眼前这个满身杀气的史弥远,与那位霸道十足的韩侂胄似乎并没有太大的区别。

初五,陈自强罢相,贬永州居住;初六,苏师旦贬韶州安置,第二天被杀。几天后,邓友龙、郭倪、郭僎、张岩亦相继被贬。反戈一击的李壁因为主战的缘故也未能脱离干系,被贬抚州安置。

第二年,帝国改元"嘉定"。

雾失楼台:独裁、专权与腐败

无论韩侂胄是怎样的穷兵黩武、祸国殃民,他能在帝国久习安逸之后,毅然仗义复仇,下诏伐金,在道义上并没有错。至于说到客观上的败势,那是帝国衰敝的现实所决定的,不能由侂胄一人承当。侂胄的不幸在于他的动机既不纯净,而判断又发生失误,在错误的时间里发动了一场错误的战争。从这一点上说,他只是个失败者,但绝不应是一个罪恶者。然而我们帝国的新贵们,却在敌夷之辈的凭空要挟下,竟真的就把他的首级拱手相送。

靖康时李纲力主抵抗而深为金人所恶,朝廷也只不过是将他罢官免职。秦桧和议之心可谓坚矣,但也未至于把岳飞送给完颜宗弼。如今侂胄不仅毙命棒下,而且已盖棺入土,可在嘉定元年

(公元1208年)三月,朝廷仍然授命临安府斫棺取首,枭之两淮,此后又将侂胄、师旦之首付使送至金营,以交换淮、陕失地。可以说,韩、苏两人的头颅完全是附加的,帝国政府并没有因此而能拒绝金人增岁币三十万和一次性赔款三百万两的休战条件。

金人起初的索首之言当然不过是一种离间,与宋作战有年的金人非常清楚这一手段的效果,但他们也未必想到宋廷真的会送来侂胄的首级。年初议和时,金帅完颜匡就问过宋使王柟,对宋朝方面能否去掉韩侂胄表示怀疑。直到侂胄的死讯传来,完颜匡这才重提侂胄首级的事情,岂料王柟竟一口答应。在帝国朝会上就此事表决时,也只有一位大臣站出来说这事有伤国体,绝大多数人的意见都表示赞同。吏部尚书楼钥的话说明了一切:

"和议重事,待此而决,奸凶已毙之首,又何足惜!"

确实,当和议能够避免灾难时,天子可以下跪,土地可以割让,人民可以委弃,金帛可以资敌,则区区一个奸佞之辈的首级又值几何呢?!当政大臣史弥远之流完全有理由为秦桧被侂胄谥为"谬丑"而感到愤愤不平,早在三月初四就已经由天子下诏恢复了秦桧的王爵与赠谥。朝野公议对他们来说无足轻重,因为议论毕竟是议论,与金人的劲马硬弓相比,作用实在是太小了。重要的是金国如果能休兵罢战,帝国的政权就不至于发生危险,而统治者的利益也就能得到保证。侂胄既然愚蠢到连这一个浅显道理都不懂的程度,他也只能落下个身首异处的结局。

五月初,王柟将韩侂胄、苏师旦的首级送至燕京。初九,金章宗御应天门,备黄麾立仗仗受之,百官上表称贺。接下来悬两人首级并画像于通衢大道,令百姓纵观。此后漆此二首,藏之军器库,成为永久的战利品。仪式完成后,金帝问其大臣右司郎中王维翰道:

"宋人请和,复能背盟否?"

王维翰答得好:"宋主怠于政事,南兵佻弱,两淮兵火后,千里萧条。其臣惩杀韩侂胄、苏师旦,无敢执其咎者,其势实不足忧。唯有北方当劳圣虑。"

真是一语中的。

金人的胜利本身就很勉强,衰敝的国势更不容许它继续支撑战局。早在开禧三年(公元1207年)初,重要统帅布萨揆就已经死于军中,九月,左丞相兼元帅崇浩亦相继而殁。宿将凋零,金廷举朝惴惴,生怕宋人乘势反悔。和议能够达成,金人实在也是长吁了一口大气。而北方的情形更趋严重,新兴民族蒙古已在朔漠草原中崛起,开禧二年(公元1206年)十二月,铁木真称帝于斡离河,号曰"成吉思汗",蕲灭诸部,攻入灵州,势力渐盛,不能不给金廷以巨大的震慑。后来的事情证明,假如韩侂胄能迟至两年或三年后再发动北伐,结局将完全是另外一种样子。与侂胄在很多方面颇有一致的宁宗天子为这场北伐最后下结论道:

"恢复岂非美事,只不过未能量力而行罢了。"

世事无情,即使痛心疾首后悔不迭也不能使它重新轮回。侂胄轻率的开战导致失利,实际上就已经使朝廷永远失去了恢复祖业的机会。更严重的是,当韩侂胄被枭首委敌后,所有的正义感和原则力量已经被彻底践踏。灾难并不可怕,可怕的是精神与理念的丧失。我们的帝国依然任重而道远。

史弥远在嘉定二年(公元1209年)正月知枢密院事。任命下达的那一天,朝中唯一反对过将侂胄枭首授敌的大臣——权兵部尚书倪思入对,建议天子注意收归权柄。倪思暗示,侂胄虽诛,但枢臣犹兼宫宾,不时被宣召入宫,不是一件正常的事情。所谓枢臣,指的就是史弥远。刚刚被召回朝中的吏部侍郎娄机也向天子指出:如果权臣私意横生,必将败国殄民。娄机虽没有指名道姓,但谁都明白他的话并不单单是针对韩侂胄而发。但这些都没能影响到史弥远在这年的六月入兼副相。不幸的反而是倪思,因为指责弥远的缘故在八月份离朝出知镇江府。

十月份,朝廷中枢机构的人事调整告一段落,钱象祖为左丞相,史弥远右丞相,雷孝友知枢密事,楼钥同知枢密院事,娄机参知政事。一个月后,史弥远因丁母忧去职归治丧事,但第二年五月就起复为相。这是因为太子——也就是与皇后一起力主清除韩侂胄的皇子荣王赵曮,他在韩侂胄被杀后入为储副,初更名为"𬣙",后更名为"询"——一力建议的结果,他专门为此请示父皇,请求赐第弥远,让弥远在临安宅第中持服,以便时时咨访。这样的理由冠冕堂皇,太子现年十七岁,正是应向宰辅大臣们学习的年纪。

在这期间发生了一个小插曲。韩侂胄的一批老部下秘密联结,准备埋伏在钱塘江边的浙江亭附近,俟弥远起复回朝百官迎谒之时,举火为号,尽诛弥远以及宰执大员,然后突入大内挟下诏书。不幸的是这个政变计划被人告发,为首者罗日愿凌迟于市。弥远又专门上书宁宗解释此事道:"陛下昨诛元恶,臣获密赞,故其余党切齿。"天子尽管优诏抚慰,但弥远心里还是有些不安,他不可能不为侂胄余党可能的报复而感到担心,这件事情在某种程度上促使了弥远开始为加强自己地位而做进一步的努力。娄机在嘉定三年(公元1210年)十二月退休,一年以后,曾在诛韩事件中起了关键作用的张镃被除名置象州羁管。张镃的罢职来自于弥远的弹劾,罪名是"扇摇国本",但似乎没有丝毫的证据。从此时开始,弥远的权威不用说已经是相当可观了。

弥远的优势同样是与宫中的联系。他出入宫禁旁若无人,早已使外议哗然,当年倪思上书还很含蓄,而朝野闲话则明确说他表里杨后,可与历史上的武三思相比。传说当然未必如实,但弥远颇有倚仗杨后之处则是不言而喻的。弥远和东宫太子的关系更不是个秘密,与诸亲王皇子也都有交往。他不像韩侂胄那样是个外戚,因此在这方面尤须花费相当的功夫。弥远显然比韩侂胄要聪明许多,否则以他的资历和能力,要建立强劲的势力是不可想象的。

近五六年内帝国处于相对安逸的状态,除了境内间或有些流寇作乱外,外部方面几乎没有任何警报。金人一心对付蒙古,因此守持和议十分严谨,使天子和帝国政府感到由衷的欣慰。两淮一带虽然尚欠生聚,但对朝廷来说,只要四境安宁就是一个最大的满足。当然也有忧患之士,比如江陵镇守赵方从嘉定五年(公元1212年)起就开始在守地整治战备,既增修三海、八匮以壮山川形势，又在荆门东西两山中构筑堡垒以守遏冲。赵方坚持认为：金人北逼于蒙古，必会南迁。事情不幸为其言中。

在蒙古骑兵风卷残云般的扫荡下，金廷连年战败。嘉定七年（公元1214年）三月，又发生内变。原西京留守胡沙虎弑杀金帝完颜永济，拥立升王完颜珣即皇位，史称"金宣宗"，此时金国已无力再战，遂向蒙古求和屈服。蒙古人尚未摆脱那种旋战旋走的游牧民族固有的秉性，因此在得到相当的收获后便退出了居庸关，返回北方。金廷得以喘息后，宣宗眼见中都燕京实在守不住，便于这年的五月十一日下诏南迁汴梁。

金廷放弃北方固然是个无奈，但正如当年宋廷南渡一样，选择退避路线并不能挽救失败的命运。迁都南来，实际上就意味着把广袤的关外土地拱手资敌，既丧失了立国的基础，又大大地动摇了人心，百弊而无一利。从战略上讲，燕京固然近敌锋镝，但汴梁四战之地易攻难守，又岂是疲敝之国安身立命之处！当时就迁都问题进行辩论时，有不少大臣就主张迁往山东或者辽东，但宣宗皆不接纳，一意孤行南迁汴梁。金廷的南来对他们来说是一种逃跑，但却又一次给我们的南渡帝国带来了祸患。事情很明显，当金人受逼于蒙古而无以自处时，它必然会在宋国方面打主意，这两个同样衰颓的政权之间的争斗又将不免。

对此，临安政府有两种不同的意见。

七月，迁至汴梁的金宣宗遣使南来督促宋廷交纳两年的岁币后不久，起居舍人真德秀上疏，建议罢停岁币，修固两淮。他的理由是"此时当乘虏之将亡，亟图自立之策；不可以虏之未亡，姑为自安之计"。宁宗纳之,遂宣诸朝廷商讨。

淮西转运使乔行简不同意这个说法,他在给宰相的上书中认为:蒙古之势可忧,在这种情况下,金国就不再是仇敌而成为屏障了,因此"宜姑与币,使得拒蒙古"。

朝廷上下议论不决。

两种主张虽各有各的道理,但无疑都不可能达到效果。金国衰败之象已趋明显,它根本无力对抗强大的蒙古军队。既然其已必亡,对我们帝国所可能起到的屏蔽作用便不可能长久,贻送其资,岂非徒劳。但是,罢停岁币则必使金军南侵,以帝国目前的状态,绝难有必胜之机。事物的矛盾往往就在于此,越是无法选择,越是必须选择,岁币问题当然是个细节,但怎样应付目前的时势,却是帝国务必解决的难题。嘉定八年(公元1215年)五月,金中都燕京陷入蒙古,河北地区也随之不保,此时金国的状况,已到了和当年辽国的遭遇如出一辙的地步。真德秀在嘉定九年(公元1216年)十二月向宁宗指出了这一点,他告诫天子"宜以政和、宣和为戒",这就是说,绝不能再像徽宗皇帝那样麻木不仁。

经过激烈的争辩后,金廷终于在嘉定十年(公元1217年)四月份左右发动了南侵。

这一决定是否明智,很难一概而论。但就金国的困窘来说,选择与宋开战是唯一可行的方针。当时河北已失,山西、河东剽掠严重,各地流亡齐集河南,衣食都发生困难。另外,北面压力未减,四地暴乱不绝,局促于中原显然不是长久之计。假如能成功地向西部和南方扩地立国,这对于金国不失为一个克服危机的办

第五章 败局:坏在根柢

法。当然,能否成功又是另外一件事了。

临安朝廷只有仓促应战,在这年的六月下诏伐金。此次战役中,准备充分的襄阳方面统帅赵方首先立下了大功,在中路抵住了金人的强攻后进而反击,在嘉定十二年(公元1219年)年底彻底击溃了来犯的金军。淮东方面也有相当大的胜利,在这年的三月大败金军,使金人此后六七年内不敢再窥淮东。不过,西南战线的情况不妙,大散关两度失守,使金军连破诸州,抢掠甚夥。但就整个战线来看,宋军的防守还是取得了很大的成功,为今后的战局打下了良好的基础。

此后从嘉定十三年(公元1220年)至嘉定十六年(公元1223年)近四年中,金国一方面抵抗蒙古和西夏的两面进击,一方面不断向西、南猛攻,明显已是最后挣扎的态势。然而由于财用不济、军势已弱,加之三面作战的窘迫和内忧外患的困扰,金国连年征战毫无所得。嘉定十七年(公元1224年)三月不得不与宋停战。

我们的帝国也为此付出了沉重的代价。经济是最好的反映,开禧北伐本就耗资无算,而长达七年的往复交战又大损物力,到嘉定后期,帝国的经济情况已经非常不妙。南渡以来的现实本就是土地日蹙、赋役日重,人民伤败而官僚富腴,尽管理财实质上就近乎聚敛,但帝国还是无法遽得财力以应付战时的需要。当年的韩侂胄甚至自出家财二十万资军,可见国用的艰难。因此无奈之下,也只有饮鸩止渴,以增发楮币筹措军费,嘉定用兵期间,政府发行纸币竟达一亿四千万贯。通货膨胀,物价腾踊,其对经济民生的摧毁程度,是无法言喻的。

如果政治上再不思振作的话，后果不堪设想。

史弥远"擅自废立"的真相

当朝宰相史弥远的心思显然不在处置国事上面。身为宰辅，在十几年的时间里竟没有丝毫的建置，虽倒也无可置论，但嘉定后期帝国战事方殷，朝廷上下议论攻守和战时，宰相甚至一言不发，这不能不使人感到惊异。不过，如果认为弥远在整个宁宗后期所做的事情就是领衔修书，不断奏上宝训、会要的话，却也未必如实。弥远自有他的事情要做，而且十分投入。

嘉定十三年（公元 1220 年）八月，皇太子赵询不幸夭折是事情的关键。

宁宗后宫一直没有生育。早在即位不久的庆元四年（公元 1198 年），天子便诏育太祖后人燕懿王赵德昭的九世孙于宫中，开禧三年（公元 1207 年）底诛韩侂胄后立其为皇太子，这就是赵询。可惜的是赵询天不假寿，致使帝国的储位又成为一个问题。一贯缺乏主见的宁宗在这个时候却自作主张，故伎重演，下诏在宗族中选择合适的人选作为太子，条件是太祖的十世孙，年满十五岁以上。天子的这个做法从道理上来看似乎无可厚非，而且也有先例可循，但实质上是犯了一个重大的错误。

原因是储位之所以成为国家的根本，就在于它的唯一合法性。天子无嗣而不得已选诸宗室，这本是一种无奈的做法，因此必须明辨是非,审慎抉择,绝不能贻人以口实。宁宗的错误在于他的标准并非唯一,太祖十世孙中年满十五岁者绝非一人,这就注定了事情必然会给人造成可乘之机。

史弥远明察秋毫,立即就发现这是个十分有利的机会。弥远很清楚自己与杨后的关系并不是可以长期依恃的,当年之所以结成联盟,不过是在对待韩侂胄的问题上达成了互利的共识而已。假如不能拥有太子,就不能掌握未来,以弥远的聪明,当然不可能不意识到这一点。

为史弥远寻找人选的亲信余天锡颇费了一番周折,原因是弥远的想法非常独特,他根本就不想去找一位真正的宗室之子。弥远既是为了自己的利益而并非是为宗庙社稷着想,自然会从尽善尽美的方面去考虑问题,这似乎并不奇怪。余天锡踏破铁鞋,终于在越州绍兴有了收获。他向弥远汇报道,越州西门一位保长的两位孙子相貌独特,在当地被认为是大贵之人,也许可以作为候补人选。弥远当即嘱使天锡招来一观。

于是天锡返回越州具告这位保长,保长大喜之下,竟然隆重其事,鬻产鬻田,治衣宴客,在众目睽睽之下将两位孙子送到临安。这种有可能走漏风声的做法虽然使弥远很恼火,但他也为两兄弟特别是哥哥赵与莒的贵人之相大为惊奇。弥远善相,为此也十分自负,因此最终拍板定计。诡秘的行为之所以往往会掺杂些神异的色彩,这是因为它具有一种增强自信的客观作用。但弥远表面不动声色,立时又把两人送回,这使得一心以为福从天降的保长在姻党乡人之前丢尽了面子。但弥远的目的却达到了,他在一段时间后派遣余天锡秘密地将赵与莒接回临安,改名"贵诚",对外宣称为宗室之子,以供皇子之选。

但他的努力不幸落空,赵贵诚的大贵之相没能打动天子。嘉定十四年(公元1221年)的六月,原宗室赵希瞿嫡子、入继已故沂靖惠王赵㭽嗣子的皇侄赵贵和被选中,立为皇太子,更名为"竑",而弥远荐来的所谓宗室子赵贵诚只被补为"秉义郎",代替入为太子的赵贵和入嗣沂王。很明显,赵贵和的入选是宫中势力一意促成的结果,在太子册立的当时就有大臣指出了这一点。如果像建储这样的国家大事都不能断自宸衷而眩惑于左右近习与不法之臣,无疑是相当危险的。弥远同样为此感到忧心忡忡,当然他的出发点与别人迥乎不同。

新太子好鼓琴,弥远马上就在民间买了一位善琴的美女献于东宫,他以厚廪其家的条件,指使美人侦伺太子。弥远强调,东宫的一举一动都务须立即报告。这位美人没有辜负弥远的重望,凭着色艺俱佳而且知书慧黠的素质,立时就得到了太子的宠嬖。

消息很快就传来了,原来太子对宰相的态度近似于痛恨。美人报告说,平日太子就经常在桌几上书写宰相专权的罪恶,进而有一次指着地图中的琼、崖一带对她说,他将来得志,必定要把史弥远放逐到这里去。美人虽是女流之辈,但也知道琼、崖恶州乃是天涯海角之地,历来是贬逐奸恶的极限。惊讶之余,立即就告诉了宰相。

弥远这一惊非同小可。他万万想不到太子对他的厌恶竟会到了这样一个程度,此时的弥远显然为他在立储问题上的优柔寡

第五章 败局：坏在根柢

断十分后悔，如果早知道结局如此，他是绝不会让这位皇子就这么顺利地入居东宫的。现在事实既成，任何补救措施都已经为时已晚，唯一可做的就是寻找一个根本性的解决方法。弥远不怕冒险，也并不顾忌采取任何必要的手段，无毒不丈夫似乎是弥远一贯的信条。成功地杀掉韩侂胄锻炼了弥远的谋略和勇气，他不会就此善罢甘休。从某种角度上说，是太子把弥远逼到了痛下辣手的地步，为身家性命计，即使是再懦弱的人也会狗急跳墙，更何况把持了十几年朝政的当朝宰相！

弥远第一步考虑的当然是改易太子，为此他在净慈寺中的惠日阁秘密约见了国子监学录郑清之。弥远选择郑清之是有道理的，这个人既是他的同乡，关系也相当不错，肯定不会拒绝他的请托。弥远考虑的另外一点是清之时任清要之官，不太会引起别人的注意。

弥远道："太子不堪负荷，而入嗣沂王者甚贤。吾有意择君为讲官，深望君能善启迪之。"

这一句话就已经再明白不过了。现时的沂王嗣子是宰相所荐，举朝皆知，清之当然立刻就省悟出宰相的深意。

弥远欣然："事成之后，弥远之位就是君之位。不过话只能出于我口，入于君耳，若有一语泄漏，就是灭族之祸。"

清之如何不知，连道"不敢"。

世事变化之快超出弥远的预料，当谋废太子的行动尚还没有什么眉目时，宁宗天子就已经病重不豫了，时间是两年后的嘉定十七年（公元1224年）八月中旬，与金国停战五个月后。

弥远得知消息后立即就让郑清之前往沂王府，转告拥立之意。但出乎清之意料的是，赵贵诚听后竟然沉默不语。清之十分着急：

"丞相使清之从游殿下，相布腹心，今殿下不答一语，叫清之如何回复丞相一片苦心？"

贵诚听罢此语，拱手而言：

"绍兴老母尚在啊！"

这位骤取显贵的沂王显然是个极懂事理的人，他不是没有胆量与史弥远共图大事，而是明白福兮祸之所伏的道理，知道这一去前途未卜祸福难料，弄得不好就是满门抄斩。赵贵诚虽然不为自己担忧，也不能不为高堂老母着想，我们这位未来的天子似乎还没有利令智昏，在这种是非关头多少还能保持一些平常人的本心。不用说郑清之感到诧异，就连弥远听后也是感慨了一番。

然而事态已不容许退却，八月二十七日，宁宗在福宁殿驾崩，时年五十七岁。弥远没有为沂王的犹豫所影响，有条不紊地进行着他的计划。杨后兄长杨次山的两个儿子杨谷、杨石继其父之后成了弥远新的帮手，他们一夜七次往返于掖庭，劝说皇后支持弥远，但杨后始终不答应。两人最后在皇后面前痛哭流涕道：

"事已至此，若不立沂王，杨氏一族必无遗类了！"

直到这时杨后才终于明白事情不是她一人之力所能改变的，史弥远既有心于此，当然也就有必胜的把握。至少她已经从两位侄子口中得知，殿帅夏震又一次地站到了弥远的一边。既然现在的问题不是宗庙继嗣是否合理，而是杨氏一族的安危与否，皇后

第五章 败局:坏在根柢

已经没有选择。杨氏沉默了许久,终于缓缓而道:

"其人安在?"皇后显然还不太清楚沂王赵贵诚究竟是何许人。

殿下的史弥远立即嘱人速宣沂王,同时郑重叮咛:

"所宣者是沂靖惠王府皇子,不是东宫皇子,如要弄错,回来就把你们全部处斩!"

太子也听说了皇帝驾崩的消息,他还不知道大祸将临,犹在居处等待宣召。但久候不至,也感到有些奇怪,便到门口张望。隐隐之间,似乎看见有宫使簇拥一人疾驰而过,但天色已暝,不辨何人。太子十分疑惑,径去皇后宫中询问。

杨氏没有多说,只是拊着他的背道:

"你现在是我的儿子了!"

太子太过于懵懂了,直到最后被召入举哀时,他仍然没有明白过来。当烛影之中最终看到赵贵诚坐在御座之上后,太子犹还犯起倔强,坚不肯拜。这种人没能成为天子是必然的,被人如此轻易地玩弄于股掌之上,注定了他即使入继大宝,也不可能有太大的作为。

新帝是帝国历史上第十四位天子,后来的庙号为"理宗"。理宗最后在赵氏宗庙里占据一个牌位是十分滑稽的事情,因为他与赵氏宗族实在是毫无血缘关系。以本朝礼制谨严的程度,居然也没能避免这种悲剧,实在是令人沮丧。当然,事情能够成功最根本的因素是其中的奥秘尚不为人所知,也许除了弥远与新天子本人之外,就只有那位余天锡知道。最危险的往往也就是最安全的,弥远可谓得之。

十一月,诏改明年为"宝庆元年"。

太子于新帝即位当时被改封济王,出居湖州。权臣操纵废立如此明目张胆,这同样是本朝近三百年以来的首例,尽管朝野上下为这种恐怖行动所震慑而一时噤若寒蝉,但举国为之不平是非常明显的。当济王来到贬地湖州后,当地人潘壬与其弟潘丙、从兄潘甫把不满情绪付诸实施,他们与一位归附朝廷的义军首脑李全联系,准备谋立这位已被废黜的太子。

李全是山东潍州北海人,长于骑射、枪法高明,人称"李铁枪"。嘉定末年夫妇二人率众起义于山东,连破金兵,被朝廷授以武翼大夫、京东副总管,此刻驻扎在淮东一带。此人手中有些兵马,一直欲有所图,因而对史弥远的专权不堪顺从。潘氏兄弟的行动当然颇合他的心意,但李全为人狡猾,表面上答应了潘氏兄弟南北呼应共举大事,但实际上却按兵不动,准备坐收其利。新年的正月初九,久候李全军不至的潘壬担心事泄,遂以其党人及盐贩共千余人起事,他们打扮成李全军的装束,扬言自山东而来,乘夜突入湖州州城,挟持了济王赵竑。当潘壬等人揭榜城门历数史弥远罪责,并号称有水陆大军二十万时,湖州举城为之震动。但天明之后人们发现,所谓二十万大军竟全都是太湖渔民和一些地方巡尉之卒,不禁大大失望。很明显,潘氏兄弟这群乌合之众成不了大事。

李全的阴险是事情无成的一个方面,另外济王的不肯合作也是使这次拥立行动落败的原因。这位原太子在这个时候又一次显示出他不堪托付的庸人嘴脸,遽闻有变,竟匿于水窦之中,此后被潘壬发现而以黄袍加身时,仍号泣不从。最愚蠢的就是他竟向朝廷密报虚实,尚还幻想着能够侥幸得免。殊不知事情既然发生,他就不可能摆脱干系,潘壬兵败后,弥远借口济王有疾,派门客挟医赴湖州诊视,借机将他缢杀。

潘氏兄弟的反叛行为不可能得到公开的支持,但济王的死却可以让朝廷的反对派得到了一个突破口,起居郎魏了翁、考功员外郎洪咨夔相继上书为赵竑鸣冤,而真德秀则以此事联系目前的现实,向新帝具言治道之要,力请天子选贤任能、重振朝纲。德秀是一个时期以来朝间唯一能有所建言的大臣,他虽没有指名抨击过弥远的专权,但他也一度以挂冠而去表示自己的不合作态度。值得注意的是,此次德秀在上疏中明确提出要天子起用一些耆老之辈,就已经有点与弥远公开决裂的意味。到了这年的五月,进士邓若水在所上封事中就开始力斥史弥远之奸,甚至用了"弑"、"篡"、"攘夺"的字眼。"封事"就是密封的奏章,是群臣禀奏机密的一种方式。但这种皂囊封缄的东西依旧不能越过弥远的耳目,他不仅记下了邓若水的姓名,而且用浓笔将书中的激烈措辞一概抹去。当然抹与不抹都是无足轻重的事情,因为天子显然不会被这种言论所左右。六月,弥远加太师衔,封魏国公,柄国专权钳制内外,任用爪牙销铄正人,与当年的秦桧、韩侂胄已无二致。

毫无疑问,弥远虽然在嘉定年间当了十几年的宰辅,但真正得志是从理宗即位开始的。如果说秦桧反映的是人性之恶,而韩侂胄是人心之躁的话,则弥远无疑可以说是人之淫逸骄奢的最佳代表。整个宝庆和后来的绍定年间的现实是外部风云激荡,而内里积弊丛生,但这都被他的狡黠而一一掩盖。与前此所有的权臣所不同的是,弥远从不在国家大政上做任何决策,因而就避免了由于国事措置不当而引起的外力影响,这也许是他从韩侂胄那里得到教训的缘故。在他看来,天子既已在自己的手中,除了尽情享受这份美妙之外,又何须去做其他。

新帝理宗先天不足,这位起于民间的年轻人无法在很短时间里完全适应身份的变化所带来的那种变化的环境,自然也不可能骤然就成为一位名副其实的皇帝,显然,这一切都需要时间。当然,天子也没有必要推翻他与弥远达成的协议,从道义上说,他还必须为弥远的再造之功和拥立之德尽自己应该尽的义务。事实证明,理宗很好地报答了弥远的恩情,在此后的八年中把朝政完全交给了弥远。在这段时间里,帝国的新一代天子极为理智地把自己巧妙地藏在了幕后,他知道只要史弥远存在,自己就必须等待,这不是单单的知恩必报问题,它同时也是一个保存自己的唯一选择。这种情形一直延续到绍定六年(公元1233年)的十月二十四日,因为在这一天,宁、理两朝为相共二十七年的史弥远终于撒手人寰。第二年,理宗改元"端平",是为端平元年(公元1234年)。

即使天不寿祚,堂堂大国的败亡也绝非一日所能致。然而南渡以来退守自保不过百年,其中韩侂胄恣意妄为了十年,史弥远又浑浑噩噩了二十有七年,三十七载的岁月,岂堪蹉跎?

奸臣:翻不过去的篇章

史弥远死后,有一种舆论开始抬头。相当一批官员们提出,天下安危系于宰相一身并不是件好事,群臣养交而天子孤立则更是不可容忍。最典型的是时任礼部郎中的洪咨夔,他认为权归人主实际上比政出中书要重要得多。这位在史弥远当政时期曾一度上书抗言的大臣从内心里对大权独揽的宰相并不抱有好感,他在给理宗的奏疏中总结道:中书之臣弊端之大者有四,一是自用,二是自专,三是自私,四是自固。因此他强烈呼吁天子必须将威福操柄收还掌握,使天下在知有朝廷的同时"知有吾君"。

这种思想倾向渊源有自,韩、史以来权臣用事的经验教训太深刻了,它不能不使人们有所警觉。然而,对执政者抱有太大的期望总是十分危险的,对宰相如此,对天子更是如此。绍定六年(公元 1233 年)十月史弥远死后,理宗亲政,一反过去的沉默无为,改元更化励精图治,一时确有革新之象,但仍然没能改变帝国政治的恶性循环。

天子的毛病正在于矫枉过正。八年的刻意修炼使他逐渐对天子之道有了深入的理解,史弥远的擅权更使他有了一个强烈的比照,因此理宗亲政之后立即表现出一种唯我独尊的基本态势是不奇怪的。在朝野舆论的影响下,天子甚至于一度对朝堂宰执们持有一种强烈的怀疑态度,表现在用人方面,往往是除擢既骤,去之亦亟,任之不专,信之不笃。可见,帝国的制度不能保证折中妥协这一根本政治目标的实现,权归人主就很难做到政出中书,反之亦然。

郑清之这位史弥远操纵废立的帮凶和天子藩邸时的老师,是理宗亲临朝政之后的第一位宰相,他响应了天子更化政治的号召,以廉俭清明的作风独树一帜,并召回了真德秀、魏了翁、崔与之、徐侨、尤焴、游似、洪咨夔、杜范等一批老成持重之士,一度使天下翕然相望。然而维新之象并没有持续多久,自端平二年(公元1235年)五月真德秀去世,十二月魏了翁出朝后,这一大批正直之士又被轻易黜去。走马转蓬的朝廷宰执们相互之间门派林立,议论纷纭,而全无实效。在这种情形下,即使圣明天子扬廷出令,震撼海宇,又有何用?

短短七八年里,天下已经大变。绍定五年(公元1232年)年底,宋与蒙古达成协议联合攻金,终于使金国土崩瓦解。先是蒙古军在绍定六年(公元1233年)正月攻克汴梁,接着宋军于这年四月大败西逃的金军残余,收复邓、唐数州。端平元年(公元1234年)正月,宋、蒙两军合攻中原腹地蔡州,金室最后两位皇帝一无奈自杀,一死于敌军,金国灭亡。历史惊人的相似,正如真德秀所预见的那样,与宣和末年联金灭辽后极为相同的问题又一次摆在了帝国政府的面前。然而历史教训却没能影响宰相郑清之,他还是接受了分任京湖、淮东制置使的赵范、赵葵兄弟所提出的建议,主张乘金国之亡抚定中原，进据河关以抗蒙古，又一次走上了老路。

如果理宗稍微认真地考虑一下朝廷上下的不同意见，本来是能够避免这个错误的。当时朝堂之上也只有郑清之一人力主其说，从宰执大员到其他方面的统帅甚至包括赵氏兄弟的部将，都异口同声表示反对。他们的理由主要有两点：一是兵兴于外不能解忧于内，所得绝对不抵所失；二是内地的现实和国势确已不堪再战，北方既未能图，南方或已骚然。这些意见来自许多有经验的朝官和前线的封疆大吏，反映了内外两方面的看法，具有一定的代表性，并不是空论义理一味求安的懦弱之论。另外，从战略上考虑，用兵的谬误也显而易见，正如淮西总领吴潜所说：兴兵收复河南，"取之若易，守之实难"。若得而不能守，谋据河关岂非空谈？

然而天子的想法是"和不足恃"，这是他当初亲政时就已经牢牢树立的信念。当然，"和"是不足恃，这也同样是帝国血泪历史的经验总结，但这却不意味着一味冒进就是唯一正确的选择。取胜之道有多种，吴潜同时为郑清之所指出的"以和为形，以守为实，以战为应"就是一个不错的策略。天子有意进取是值得肯定的，不幸的是，美好的愿望代替不了严峻的现实。此次战役基本上就是以宋军完全的失败而暂告停止，自端平二年（公元1235年）起蒙古开始南进后，整个帝国便立即转成守势。

于是，四十年的战争拉开了序幕。当然，这场保家卫国的生死搏斗是无法避免的，理宗的独断只不过是过早开始了这场战事的进程而已。但是,这一决策过程所暴露出来的问题相当严重,在如此危急的情况下,天子和帝国宰臣们尚不能认真把握形势,接受谏论而勇于修正,从根本上反映了政治上的腐败已经趋于何种程度。天下的有识之士有理由相信,龙庭和都堂之上已经浮云蔽日,看不到任何希望了。就在这一年,有一位在野之士痛切地向理宗皇帝预言道:天下之势既如人之垂老得疾,实在也就无可救药。尽管我们这个迟暮的帝国又苟延残喘了将近五十载,但这仍然不失为是一个无比精确的论断。

雾失楼台,月迷津渡,迢迢银汉谁渡?

端平三年(公元1236年)后理宗又改元"嘉熙",嘉熙元年(公元1237年)二月,魏了翁死于福建安抚使任上。朝廷方面,郑清之、乔行简并相,郑性之知枢密院事。二年(公元1238年)二月,史弥远之侄史嵩之出任副相,并督视京西、荆湖南北、江西四路军事,置司于中部的鄂州,成为帝国全线的最高统帅。

史嵩之与其从父史弥远一样,好于权术而乏于实才,尽管当年曾率军与蒙古军合破蔡州,但并没有证据表明他具有担当帝国最高统帅的素质。此人之所以能出长要职,同样来自于天子的赏识。端平议战时,嵩之曾反对郑清之出兵,师溃之后,理宗在反对派中独独想起了他,一擢再擢,直至此职。嵩之赴任之后未改初衷,立主和议,在军事措置上也并无建树。这年九月,蒙军以和议要挟不果,以八十万大军包围庐州,被守将杜杲击败,但嵩之作为最高节帅也得到了天子奖揄。此后,杰出大将孟珙转战收复襄阳,克复夔州,取得开战以来的重大胜利,嵩之自然也有一份功劳,由此挂衔宰相,封公赏爵。两年后的嘉熙四年(公元 1240 年)三月,被天子召回临安,在接下去的淳祐期间独相近四年。

嵩之为相期间并无实绩,然而自恃边功,骄狂日盛,引起了广泛的不满。淳祐四年(公元 1244 年)九月,他的父亲病故,本应卸职丁忧,然而嵩之贪恋权位,竟援引战时特例自我起复。一百四十四位太学生伏阙上书,指责他席宠怙势,殄灭天良,从而导致了一场声势浩大的学潮。本朝注重教育,国家地方学校林立,学生亦有忠谠直言、为国尽忠的优良品质,眼睛里容不得半点虚伪,因此对嵩之的刻意之奸愤愤不平。而嵩之做法低劣,也给了他们宣泄对权相不满的机会,于是这场风波越闹越大,连不少朝官也参与进来。虽有天子一力袒护,但无奈压力太大,嵩之只有停职归丧。

淳祐年间的几次风波明显表现出朝野士人对政治状况的不满情绪。史嵩之事件后,一批元老与名望之士相继召用,都堂之中如宰相范钟、杜范,参知政事李性传以及时号"端平六君子"的国子祭酒徐元杰、侍御史刘汉弼等人都深孚众望。如果对政治革新的期望过于迫切,人们对事情本身意义的注重就会取代对实际效果的判断,因此朝廷新政者发布一系列措施后,临安士民竟欢呼载道,对更新后的人事表示出了绝对的支持。

然而此后却发生了一系列莫名其妙的怪事,先是淳祐五年(公元 1245 年)四月杜范病卒,入相仅八十天;两个月后,徐元杰在一天夜里也突然暴疾而亡。太学、京学、武学三学学生相继伏阙上书,对徐元杰的暴死表示怀疑,请求朝廷查验真相。但临安府立案后尚无结论,刘汉弼竟又得肿疾死去。人们进一步怀疑三位宰臣之死有很大的可能是被人下毒所致,霎时之间,临安物论沸腾,都堂会食无敢下箸者。紧接着,史嵩之的侄子史璟卿又成为第四位暴死者,这下舆论矛头开始指向史嵩之,因为大家都知道璟卿曾上书谏责嵩之,并曾吁请天子尽去群小、召用君子,改弦易辙戮力王事。然而因为证据不足,最后仍不了了之。

史嵩之因为受了这件事情的影响,服丧期满后最终未能被起复。淳祐七年(1247年)四月,郑清之再相。清之以拥立之功被天子在史弥远之后委以极高的信任,初相端平也能有清明之誉,但此际入相时,他已经七十二岁了,年衰齿暮,根本无力主政。一位前年曾参与临安学潮的布衣之士郑起登门怒骂清之道:

"端平败相,何堪再坏天下!"这是借他轻率北进之败指责他不知羞耻。

清之气极,执郑起下狱,其母、妹及子郑思肖也被牵连,一时舆论大哗。临安尹也觉得事情过分,只拘禁了郑起一夜就将他放走。但清之犹有未甘,使手下多方搜索郑起,务求泄愤。他的做法激起了更大的愤怒。清之号"安晚",时人做诗讥之道:"先生自号为安晚,晚节胡为不自安?"嬉笑怒骂可谓鞭辟入里。清之为相数年,政事多出于其侄孙,乏善可陈,自非奇怪。

淳祐七年(公元1247年)到十年(公元1250年),赵葵出长军事,以枢密使兼参知政事。吴潜、陈、史宅之、谢方叔、别之杰等人先后入居执政。这个时期基本上是新贵当政的局面,颇符合理宗独操国柄的初衷。淳祐九年(公元1249年)十一月,理宗下诏训诫道,今后士庶上书倘涉私邪,朋奸罔上妄肆雌黄,一律严加追究。这道禁令虽说是天子加强权威一贯做法的延续,也从侧面反映出朝野上下门庭崖岸,党派分歧的现状。

淳祐年间由于两位杰出将领孟珙、余玠的努力,帝国得以与蒙古大军相互对峙在长江沿线。特别是两人先后经营四川——这个古往今来历代王朝最后和最坚固的堡垒——十分成功,不仅击退来犯之敌,犹能整军抚民、治城聚粮,最终使巴蜀之地成为帝国的一个主要依靠。可惜的是孟珙囿于困窘现实而无法伸志,于淳祐六年(公元1246年)悒郁病故,使危难的帝国又损失了一位肱股之才。耐人寻味的是,蒙古军始终都把入蜀放在重要的地位,从淳祐十一年(公元1251年)开始,它在不放弃对四川一带施展压力的同时,竟绕道攻击南方的大理国,此后又入侵西南诸部,明显采取了一条南北夹击的策略。

淳祐十二年(公元1252年)年底理宗再次改元"宝祐"。后来的近十年是理宗政治走向彻底腐败的最后完成阶段。当政二十五年后的理宗,已逐渐从早年的阴影中解脱出来,开始真正懂得了身为人主的乐趣。当一个人终于找到他真正的归宿后,也就无须再用面具藏住他原有的本性。圣人说五十而知天命,也许天命的神威只是让我们的天子懂得生也有涯的悲哀而已。旧年除夕,理宗把一位临安城里的名妓唐安伦召入了宫中,在与这位歌色绝伦的可人缠绵尽欢中,迎来了宝祐时代。

有官员上书道:陛下坏三十年清修之操,都是左右宦官如董宋臣之流引诱的结果。在那个时代,即使坚持原则也不得不采用这种委婉的方式,以推过于人的手法来表示对天子的规劝和讽谏,可见我们的制度从根子上讲是为天子服务的。因此理宗不仅没有能避免权相重新出现的悲剧,而且竟容忍了近幸用事泛滥成灾,并不完全是他的过错,制度和它造就的天子本身应该负全部的责任。

长有一副蓝色面皮的丁大全唯一可自恃的东西,就是与宫中的关系。其中渊源,也不过就是他娶的妻子曾经是某外戚家的婢女而已。然而仅仅如此,大全就能因缘取宠,博升高位,并得以交结了内侍卢允升、董宋臣。就本朝历史来看,单凭这一点背景似乎不足以胆大妄为,但大全却能开一个先例。他在宝祐三年(公元1255年)六月入居右司谏后不到一年,就因私结宰相董槐不果而心怀怨恨,上章劾奏,极尽诋毁之能事。令人难以相信的是,复章未下,他竟然调兵百余人冲入相府强执董槐入大理寺。若非恃宠在身,何来如此嚣张气焰。朝野并非没有人反对权臣当道、奸佞柄国的丑恶政治,但正如秦桧,韩侂胄以及史弥远的旧例一样,天子既然刻意委信其人,其所作所为就无道理可讲。

另一位人物贾似道更是等而下之。此人本是里巷轻薄之徒,从小就胸无大志,日行游博,不事操行。但因为其姊入宫有宠于理宗,似道由此跃入龙门,从淳祐三年(公元1243年)升为户部侍郎后,短短数年间就成为封疆大员,淳祐十年(公元1250年)领镇两淮时也不过只有三十岁。出身卑贱者若不能勤于克己,便不免

第五章 败局:坏在根柢

堕入卑鄙,似道的人生信条就是凭借恩宠,及时行乐,因此从不检点行为。就连理宗也知道,西湖上终夜不熄的灯火楼船,除了似道绝不会是旁人。其实,上有好之下必甚焉,似道的无行不过是天子荒逸的一个延伸而已,难怪天子对此从来都是愠而不责。风气的败坏是政治腐朽的最好注脚,君臣淫靡如此,国事复能何为。

丁大全罢于只有一年时间的"开庆"元年(公元1259年)九月。大全去位,贾似道立即就除拜右丞相兼枢密使,此后又将恪守忠直的左相吴潜排挤出朝,开始独领朝纲。此时,蒙古大军在西路取得重大战果后又从东路渡淮南侵,这年二月趋犯京湖,进围长江中游的战略重镇鄂州。似道受命危难之际的表现是可以想象的,入援鄂州后,果然置国家安危于不顾,竟私许割地称臣以求妥协。所幸蒙古内部纷争突起,在鄂州宋军的顽强抗击下又无法遽得全胜,不得已在开庆元年(公元1259年)十一月合军北归,似道恐怕无论如何都没有想到凭空就捞到了一件盖世伟业。年底,似道上表天子,自伐其肃清之捷。失去判断力的理宗龙颜大喜,以再造之功加似道太傅并召班师,同时敕命改元为"景定"。这是理宗最后一个年号。

时势已使人不得不发出季世之叹。

杜范曾对帝国军队的状况做过一个精确的总结:首先是边方帅臣丧尽德操,"黄金不用于反间敌人,而用以刺探朝事;厚赐不用于士兵,而用以交通权贵";其次是"赏罚颠倒,威令慢亵",最后导致重任者怙权攘夺,禁兵骄悍难制,兵盗群聚,相为剽劫。军队有名无实,则难当卫国之任,这是最危险的事情。问题绝非仅仅如此,在淳祐年间,杜范对国家的民事状况同样也有一份详尽的报告,报告中的描述更是令人触目惊心:

"旱暵荐至,人无粒食;楮券猥轻,物价腾涌;行都之内,气象萧条,左渐近辅,殍尸盈道。"

如此情形下,贾似道之流犹在歌舞逍遥不舍昼夜,正因了那句"今日有贫国,有贫民,而无贫士大夫"的精辟之论。主修宁、理两朝实录国史的黄震在后来也说,国家大弊有四:民穷、财匮、兵弱、士大夫无耻,真可谓英雄所见略同。

帝国半壁江山固然富庶丰饶,但历经战乱之后,土地日蹙人民益伤,最后以一百余郡之残力,养赡二万四千余员之冗官犹且不足,又遑论日渐繁重的军费。本朝由于冗官冗军的先天弊病使财政问题在二百年前就已经趋于严重,南渡以来休战之后稍有改观,但同样未能避免重蹈覆辙。问题出在帝国既未能统筹安排开战的时机和规模,就只能长久实行重税重赋的刻薄手段,天下财帛并非取之不尽,于是推剥朘削只能解一时之急而不能消永久之痛。

对王安石理财的否定使南渡帝国在经济制度上无所更张,使伤贫而不夺富的不平等的现象纤毫未变,以至于生齿之民日烦,而权势之家日盛,兼并既滋,百姓益贫。四海之民既不再有应得的权利,又何意克尽应有的义务?

相当一个时期以来,忠臣义士们对帝国的病象的慷慨陈辞,始终不绝如缕。畅言忧患从来都不是隔岸观火般的幸灾乐祸,而是一种激扬人心以作最后一搏的真诚呼唤。所谓壮士拂剑、浩然弥哀,其中既有对大道日丧的激愤与悲伤,然而更多的是对积健为雄、横绝太空的向往和期待。

第六章 天下：谁宾谁主

水天空阔，恨东风，不借世间英物。
蜀鸟吴花残照里，忍见荒城颓壁。
铜雀春情，金人秋泪，此恨凭谁雪。
堂堂剑气，斗牛空认奇杰。

——邓剡

走向中国:文明的必由之路

地分南北,人有东西。先辈们囿于一井之天,以四海之中之大者自居,把周边他族蔑称之曰"夷狄",显然是有失公允的。不过,这种情绪也并非空穴来风,塞外大小诸族特别是西、北强劲剽悍之辈,以弦弓毒矢强弱相并,不能驯受教化而又常为中国之患,却也是不争的事实。三代有猃狁,秦汉有匈奴;隋唐之间,突厥为大,其后则有吐蕃、回鹘之强。五代之际,名见中国者尤多,其中以契丹最盛,降至本朝而不衰。此后党项、女直以及蒙古又相继而起,为害酷烈,日甚一日,最终甚至发展到了危及我泱泱大国的地步。

求取生存是一切侵掠的主要动机。游牧之族逐水草随寒暑、食兽肉饮其汁,完全以畜牧为生,因此受气候环境的影响绝大。如果一旦发生干旱而使畜群倒毙,只有另辟他径以自救,这种办法一是寻找新的水丰草美之地,一是向他族掠夺资产。显然,缺乏物质蓄聚是其中的关键,当然这又是畜牧本身的生产方式所决定的。以畜牧为本的社会对天灾的应对能力实在是非常脆弱而有限,气候变迁之外,诸如瘟疫、人口膨胀也都会带来致命的问题。这一切都迫使他们不得不仰仗于物产丰饶的农业之国,以获取牛羊以外的其他基本生活资料。假如不能以公平的贸易而达到目的,也只有采取战争的方式。

中国王朝在认识上一直存在着一个相当严重的误区,君臣士庶只看到了夷狄之辈"被发左衽,人面兽心"、"苟利所在,不知礼义"的一面,而没有发现他们不得已而诉诸武力的一面。因此在攻伐不成之后,便采取建城立垣的闭关政策,几乎完全杜绝了与关外诸族的贸易或者只进行非常有限的交换,这就使得游牧社会无法用和平方式取得物质的补充。历代的圣贤们认为中国以田耕为本而自给自足,从根本上讲不需要对外贸易,没有意识到贸易在维护和平上的极端重要性。执政者自恃于国力的强盛,一直把互市也就是相互贸易当作是要挟夷狄的一个手段,却从来没有把它视作是一种自避隐患的良策。殊不知,一旦抵御入侵的能力有所降低时,就无法不被为生存所迫的外族盗掠侵驱。这个问题终于在本朝走向了极端。从这个意义上来说,一道长城或许还是罪魁祸首,如果放弃政治偏见而开放边境,允许双方的自由贸易,在互利的情况下保证对彼辈欠缺物资的供应,应该是能够避免兵戎相见的。

早先的中国典籍里找不到"蒙古"的名称,这是本朝以来才有的译名,同时先后还有许多其他的称呼,如萌骨子、朦骨、蒙国斯等。其中的原因一方面是蒙古族的最后形成时间相对较晚,另一方面也是由于这个部族的活动地区十分遥远,大致在今天贝加尔湖以南,西起阿尔泰山东至大兴安岭一线,这个广袤的区域北是山岭牧地,南方则是平坦的草原。也许只有国力强盛的唐朝时期,中原帝国的版图才有及于此。本朝北有契丹,西有吐蕃、党项,基本上没能涉足戈壁和草原,因此无缘得知其间的情形是很自然的。实际上,自从唐朝时期鼎盛一时的东、西突厥逐渐没落,回鹘人又迁出后,那一带的情况就一度晦暗不明,一直到成吉思汗的崛起为止。

当然,仔细考察起来也能发现一些蛛丝马迹。唐五代时有人就记载道,北方的夷狄中室韦部较盛,其中有一支称作"蒙兀室韦",这可能就是后来的"蒙古"之称。不过,名称不是主要的问题,因为一个新兴的部族绝不可能从天而降,它自有其源远流长的历史过程,尽管我们对这一过程并不能做到了如指掌。从民族的角度上说,生活在该区域的许多部落都属于同一个大民族,也就是后来我们所称的"蒙古"族,与突厥族及属于通古斯族的契丹、女直既有相似之处,也有一定的不同。契丹、女直处于这一地区的边缘,因而得以与中国较早接触,也正是由于契丹的强盛,使蒙古地区的突厥余族被清除,蒙古各族才得以重新活动,开始沿额尔古纳河西迁至斡难河一带。关于这次西迁,蒙古族有一个古老的传说道:一对受天命而生的夫妻"苍狼"和"白鹿"渡过腾吉思湖来到了斡难河源头,生子名"巴塔赤罕",就是他们的第一代祖先。如果这个传说属实,那么蒙古重新兴起并最终形成一个完整民族的时间确实相当之晚,因为耶律阿保机直到公元924年才驱逐了该地区的突厥族。

一个小而微的部落在相对较短的时间里变成一个强大的民族,就一定是融合了其他部落而成为一个共同体的缘故,蒙古当然也不例外。这要归功于一个伟大的人物,这就是公元1162年亦即宋朝纪年的绍兴三十二年生于斡难河畔的铁木真。铁木真出生的年代,正是蒙古诸部激烈争战的融合时期。铁木真九岁时,身为蒙古乞颜部首领的父亲就在部落战争中死去,铁木真与他的母亲和兄弟们不断受到敌人的袭击,十几年里九死一生。艰难困苦,玉汝于成,铁木真正是在血与火的岁月里成长起来,生活磨炼出他的坚强意志和非凡性格,也教会了他应付时世的智慧和计谋,因此使他最终成为草原民族豪放气概和顽强精神的杰出代表。到了四十岁时,铁木真已经基本统一了蒙古草原上的各个部落,建立了一支强大的军队。公元1206年也就是韩侂胄伐金的开禧二年,铁木真在斡难河召集诸弟、诸子、驸马、部族奴隶以及各部首领召开议事会议,在这次会议上,铁木真接受了"成吉思汗"的称号,树九游白旗,正式建立蒙古帝国。"汗"原是部落首长之意,北方诸族都以此词来称谓本族的君主;"成吉思"的具体含义已无从得知,但它是一种最高权威的尊称则是没有疑问的。"成吉思汗"铁木真的诞生,是世界范围内震天动地的大事。

成吉思汗首先进攻的是西夏和西辽,后者是辽国灭亡后契丹残部西迁后建立的政权,在取得胜势后立即就转向了金国。蒙古对金人的仇恨是简直就可以说是与生俱来,因为金廷长期以来一直对蒙古各部采取极端的压迫政策,甚至在灭辽后,出于对北方各部的恐惧感,每三年出兵掳掠杀戮一次,谓之"灭丁"。如此残酷的灭绝行径,不可能不激起蒙古人的反抗,成吉思汗从嘉定四年(公元1211年)开始伐金后,举国之力几乎全部投入到这场战争中。以蒙古强大的势力,屡弱的金国已根本不是对手,四年后就丢掉了中都而被迫南迁汴梁。

很显然,在这个时候蒙古人尚未完全意识到他们对中原的兴趣,也尚未摆脱游牧民族掠夺的禀性。克服金中都后,成吉思汗带着大批战利品回到了怯绿河上的宫帐中,依旧过着他们传统的游徙生活。大约在两年后,一个偶然的事件促使成吉思汗转而向西,对中亚大国花剌子模帝国展开了征讨。值得注意的是,这场争斗的最初起因也是由于贸易上的纠纷酿成的,这再次证明草原帝国的彼此征伐和物质需求之间的某种天然联系。

这场西征几乎荡平了整个中亚地区,蒙古军队最远一直推进到印度河和克里米亚半岛的第聂伯河。成吉思汗杰出的军事才能在这次西征中得到了淋漓尽致的发挥,蒙古军队也从中得到了充分的锻炼,这场战争同时也使蒙古帝国获取了极大的物质利益,虽然这对于其他族群来说是一个莫大的痛苦。成吉思汗所禀持的那种摧毁一切、消灭一切的信条,其实也是长期以来饱受压迫的民族心理的必然反映,但他能把这种心态发展到攻取天下的高度,这对于蒙古民族来说,却不失为是一个伟大的贡献。不过,雄才大略无与伦比的成吉思汗仍旧只是局限在以弓马取天下的范畴里而已,他还没能认识到的一个简单道理是:屠杀并不能解决一切问题。

在征伐金国并占领中都燕京后,成吉思汗听说了一位契丹贵族后裔耶律楚材的名声,并于三年后将他召到帐前,向这位博学之士讨教命相占星之术。耶律楚材出身于一个完全汉化的契丹人家庭,长期侨居中原,已经成了一个地道的中国士人。然而他对于蒙古帝国的巨大影响当时并没有显露出来,因为成吉思汗除了术数之外,对耶律楚材的儒学并不感兴趣。

此外,成吉思汗还接触过一位具有相当文化素养的汉人,这就是长春真人邱处机,全真教的掌门人。全真教是道教的一个门派,在金国入主中原后发展兴盛,到了邱处机时,门徒遍及整个北方,具有相当的影响。成吉思汗同样是在燕京听说了这位长春真人的名声,不惜派人万里迢迢把他请到了西征行营。与召见耶律楚材的性质相同,他此次的目的是想请求这位仙风道骨的真人教给他长生不老之术。嘉定十五年(公元1222年)四月,真人在路上走了一年又两个月后,到达了蒙古御营并随之北上。很难猜测真人不畏艰难长途跋涉应召蒙古大汗的动机,因为他自始至终都没有响应过金廷和南渡宋朝的征召。虽然真人知道了成吉思汗的动机后十分失望,但这位道行高深的人并没有以丹鼎灵药之术来迎合蒙古大汗,相反代之以诚恳的劝说,希望他能接受道家的理论而不嗜杀戮。真人强调说,只有清心寡欲才能长生,敬天爱民才能一统天下。显然,成吉思汗并未能为他的高深理论所说服,尽管他始终对真人保持了一种敬重和推崇的态度。宝庆三年(公元1227年)在围攻西夏时,成吉思汗带着遗憾不幸去世,因为他对宿敌金国尚未在他的手中被征服而耿耿于怀。这是颇令人沮丧的事情,假如成吉思汗能够亲自来到中原的话,蒙古帝国所能取得的光辉业绩或许还要更为巨大。

成吉思汗西征后,把灭金的任务交给了太师木黎华,命他负责太行以南的军务。正是木黎华迈出了蒙古民族走向成熟的第一步,他在经略中原的过程中渐渐认识到屠杀抄掠的落后,从而采取占领求治的政策。他的军队纪律肃然,甚为占领区的吏民所欢迎,也为一大批汉人世族所拥护。这一切都为新一代蒙古大汗,成吉思汗的第三子窝阔台灭掉金国打下了良好的基础。

窝阔台在位期间,蒙古帝国已经发生了重大转变,基本开始了从游牧部族向文明国家的过渡,这个过程是所有南进民族取得胜利的必由之路,也是一个历史的必然。耶律楚材在其中发挥了重要的影响。不过,过分夸大个人的作用显然是不符事实的,蒙古人一旦从北方来到中原,它就必须适应环境的变化,也无法避免环境的熏陶,因此耶律楚材所采取的定税赋、立造式、榷宣课、分郡县、籍户口、理诉讼、别军民、设科举等等措施,无非是出于现实的需要而已。是病弱的宋王朝提供了这样一种机会,使契丹、女直以及最后的蒙古人越过长城来到了这个田园之邦,最终成为历史的幸运儿。客观地说,假如我们的帝国像汉、唐那般强大,大多数游牧之族必然还将保持着被发文身、饮血茹毛的状态。可见,融合是多么的重要和伟大。

窝阔台的早死带来了这个庞大帝国的内乱。成吉思汗有四个嫡子,长子术赤、次子察合台、三子窝阔台、四子拖雷,四个儿子都得到了相当可观的封地,而窝阔台则被他指定为继承人。窝阔台死后,先是皇后摄政三年,此后长子贵由继位,不料两年后死于巡幸途中。此后,诸王之间展开了激烈的争斗,拖雷一系向汗位发出了有力的挑战。三年后,年富力强的拖雷长子蒙哥在得到了相当广泛的支持下,登上了汗位。这次政局动荡持续了近十年,不仅使蒙古帝国的中央集权遭到了破坏,也在一定程度上延缓了蒙古向南方的进攻步伐。蒙哥即位后重新开始了对宋廷的进攻,他本人亲率大军侵入四川,派其弟忽必烈从中路攻击。不幸的是蒙古军队尚没能适应在崎岖山区的作战,屡受顿挫,蒙哥也于开庆元年(公元1259年)七月死于合州城下。此时忽必烈已到达长江北岸,他本来无意半道而辍,因此仍然渡江围攻鄂州。但到了十一月份,突然传来了其弟阿里不哥谋取汗位的消息,忽必烈在部属的劝说下终于决定回朝争夺汗位,并于月底匆匆北返。由于这个意外原因,我们的大宋帝国才得以又延续了二十年。

翌年三月初一,忽必烈在蒙古帝国最高政事会议上战胜了自己的弟弟阿里不哥,被推举成为新的蒙古大汗,时年四十四岁。在一定意义上,忽必烈才是一位真正具有了入主中国能力的领袖,他早年受命经略中原,此后又转战西南灭掉了宋室的南方藩国大理国,文治武功,高标一时。他的即位,标志着蒙古帝国自北向南战略转移的最后完成。此后的数年中,忽必烈平定内乱,加强集权,同时在燕京营造国都,建立年号,推行汉制,承认汉人文化特别是儒学的正统地位,使原本游移不定的蒙古帝国在中原站稳了脚跟。

忽必烈受他的母亲影响很深。这位贵族出身的王后与她的丈夫拖雷一样,在国家政坛上享有很高的威望,寡居以后她被封在了原属金朝的真定路,以立学养士之政享誉一府五州。忽必烈正是在这个时候开始了与汉人士子的接触,并渐渐形成了一个幕僚集团。古人称天子未即位前所居之藩邸为"潜邸",这是取"潜龙在渊"的意思。忽必烈登基后,他的这个智囊团被人称为"潜邸旧臣"。这个集团的出现最初是来自于一位僧人的建议,这位很有名望的高僧劝说忽必烈"求天下大贤硕儒,问以古今治乱兴亡之事",有志于天下的忽必烈采纳了这个提议。宋淳祐十一年(公元1251年),忽必烈在蒙哥即位后受命经略汉地,在金莲川设立幕府,开始四方延揽人才,标志着这个集团的正式形成。"潜邸旧臣"的人数众多,高峰时期达到六七十人,大多是富于才学和经世之术的汉人世族士子,蒙古人只占很小一部分。此后忽必烈能够成功地治理汉地,夺取汗位,战胜蒙古保守势力而趋于汉地文明,这个集团起了一个不同寻常的作用。

忽必烈的第一个年号是"中统",中统二年(宋景定二年,公元1261年),他在中央政府设立了"劝农司",鼓励百姓开垦荒田、种植农桑,并且禁止了蒙古人占田放牧的旧有做法。这对于蒙古民族来说,同样是一个难能可贵的贡献,较之他的祖父伟大的成吉思汗,似乎也毫不逊色。

从此,中国大家庭中又多了一个新的成员。

第六章 天下：谁宾谁主

回到临安来，我们帝国的气氛依旧萧索。理宗皇帝于景定五年（公元1264年）十月二十六日驾崩升遐，享年六十一岁。皇太子赵禥即位，后来的庙号为"度宗"。第二年，改元"咸淳"，当朝首相仍然是贾似道。

似道知道自己之所以能够取信人主、威震朝野，完全是因为鄂州解围的结果。从那时开始，似道就已懂得了如何利用外敌的威胁来为自己谋得利益。虽然他本人远远算不上是个勇敢的人，但有时也常常为帝国内部的恐惧心态而感到好笑。似道很清楚，运用之妙存乎一心，只要刻意而为，世间的任何事情都可以加以利用。咸淳元年（公元1265年）年初，理宗山陵事竣，似道便突然不告而别，回到越州故里。同时密令手下诈报道：蒙古军队正在向下沱猛攻。下沱是江陵府上游的一个重要集镇。

果然朝廷大骇，天子百官手足无措。度宗与太后先后手诏谕敕似道，希望他能立即回朝应付时局。似道当然暗暗窃喜，洋洋自得地回到临安。这是似道给度宗皇帝的一个下马威，他要让年仅二十六岁的新天子知道，没有他这位辅弼大臣，帝位是不可能获得安稳的。显然，他的目的已经达到。四月，贾似道被加衔太师，封魏国公，权威达到顶点。新帝每次朝会必答拜，称之曰"师臣"而不称其名。至于朝廷百僚，则尊称为"周公"。这实在也是一件荒唐透顶的事情。

咸淳三年（公元1267年）二月，似道再次故弄玄虚，上疏天子乞求卸职归养，顿时又让度宗龙颜大惊。天子命大臣与宫侍传旨似道表示固留，一日之内来了四五批，至于派中使赴似道府第宣慰加赐,更是走马不歇。度宗为了不让似道离朝,甚至命人卧于第外日夜守之。天子对宰相如此圣恩隆渥固然前所未有,但身为人主如此谦卑无奈也是亘古罕见的。最后,特授似道平章军国重事,一月三赴经筵,三日一朝,治事都堂,这就是明文确立了他的最高宰辅地位。此外,赐第于西湖葛岭,迎养其中。

然而似道每隔五日才上朝一次,而且是乘舟泛湖而来,优哉游哉,轻松闲适。都堂则从来不去,凡有公事处理,则由吏员抱牍就第呈署。大小朝政,一切委之于门客廖莹中和堂吏翁应龙。朝廷的其他宰执大臣,基本上已形同虚设。似道虽然深居简出,但他同秦桧一样,善于将人性中的丑恶因素充分调动起来。朝间贿赂贪污、徇私舞弊、欺上瞒下的风气大盛之时,当然也就是独裁者最安稳最放心的时刻。

自开庆元年忽必烈从鄂州退军后,蒙古帝国近九年之内没有进兵南下。这个新造之邦的版图太大了,当它把重心转移到中原时,无疑需要集中精力修整内部,积聚新的力量。不过,从它以往的进取精神和强大的实力来看,自然是不会就此裹足不前的。咸淳三年(公元 1267 年)十一月,一位宋朝降将刘整向忽必烈陈言道:

"自古帝王非四海一家者,不为正统。"

作为降将的刘整有这样的言论不足奇怪,因为他所投靠的新朝若非堂堂正朔,自己就难免成为乱臣贼子,所以他当然希望蒙古君王能够一统天下。而忽必烈接受这样的理论就更为正常,他既然有意领受儒学的指导,也就首先必须树立自己的正统地位。

否则的话,他就把蒙古帝国放在了夷狄的位置上而自绝于他一贯向往的中国大地了。

不过,事情也并非如此绝对。假如七年前忽必烈派往宋廷的使者不是因为贾似道的拘留而使鄂州达成的协议实施,蒙古朝廷得到了岁币二十万两银绢的利益后是否还会刻意南下?这个问题倒也颇令人困惑。但有一点可以肯定,正如辽、金对待南渡帝国的一贯态度一样,蒙古人同样不会仅仅满足于金银玉帛,南下只不过是迟早的事情而已。真正的问题在于,如果局势一旦缓和并持续较长的时间,双方是否会发生势力消长的变化呢?即使我们的帝国已经垂老欲朽,但成吉思汗的事业也绝不会永远年轻。

假设毕竟是假设,对我们的帝国来说,生死决战已经无法避免。

市井无赖贾似道

决定性的战役首先在襄阳打响。

回顾帝国抵抗北方侵略的百年历史,特别是对双方的攻守战略进行一番总结,就可以发现这绝非是一个偶然。除了早年的完颜宗弼曾单兵直突两浙追击高宗皇帝外,金兵数度南下基本上选择了三路并进的策略:西攻巴蜀,中取京湖,东侵淮东。如此全面进攻虽能给帝国防线造成极大的震慑,但敌军本身也存在着兵力分散,不能相互支援的弊病。相反,川陕固守要津,轻易不能克服,中部有长江天险,也可有效遏制入侵势头,因此两路呼应,还能乘隙各个击破来犯之敌。淮东虽最不易守,但地域广阔、水网密布,敌军一旦进入到江、淮之间,兵势很难展开,十分容易陷入进退两难的境地。事实证明,金人的攻击方略存在着很大的问题。

初期蒙军以伐蜀为主,这明显出于包抄战略的考虑:以长江上游为目标实施重点打击,然后转而向中下游开进。当时蒙古大汗蒙哥的计划可谓相当周全,自己亲率大军攻蜀,同时派忽必烈围攻鄂州进行牵制,使中路宋军不能轻易支援上游,以保证侧翼的胜利。这个战略比金人进了一步,但实际效果也不甚理想。主要的原因是四川一带易守难攻,很难在短时间内一举肃清,因此大军主力无法抽身沿江而下。蒙军既然不能形成对长江防线的有效突破,即使当初内部不发生变故,也不可能实现从西往东扫清宋朝的初衷。

从实际情况上看,南渡帝国的四川和两淮都曾先后失地丧师并一度退守,四川甚至在蒙军的进攻下失掉了成都,但中路的长江防线始终没有被敌军攻破。这个防区包括江北的襄阳、荆门,沿江的鄂州、江陵,几个重镇形成有力的掎角之势,互为依托而以长江天堑为核心,扼守着整个帝国的正面。其中,襄阳府最为关键,它位于汉水之畔,是江防的前哨,维系着整个中部的安危,只要它没有被攻破,沿江防线不仅不会失守,同时还能够三面出击,与各个战场保持有机的联系。最强劲的也就是最重要的,这个道理毋需详说。

第六章 天下：谁宾谁主

正是刘整为忽必烈指出了这一点。

此人是河南人，有机谋，善骑射，因避乱而从金地来到南方，很快就成为孟珙手下数得上的一员将领，鄂州解围后升为知泸州军州事。贾似道当权，大力排斥异己特别是前线诸将，刘整因不附和也在名单之中。景定二年（公元1261年）六月，蜀帅俞兴在似道的授意下诬构刘整，刘整上诉于朝未能如愿，不得已降蒙。刘整是前沿防务的重要将领，他对于帝国的军事虚实情况实在是太了解了，投降之初便向蒙古军成都经略使刘嶷和盘托出。与刘嶷的大喜过望相反，当有人将刘整叛变的情况报告贾似道，提出帝国军事机密有可能因此而泄露时，似道却全然没有加以理会。

咸淳三年（公元1267年）十一月二十七日，刘整在燕京向忽必烈建议伐宋的同时，提出了先攻襄阳的计划：

"攻宋方略，宜先攻襄阳。若得襄阳，则浮汉入江，宋国可平。"

这无疑击到了要害之处。其中的关键是"浮汉入江"四个字，襄阳一得，即可沿汉水入江；沿江东下，整个两浙便尽在彀中。顺水而下的威力是巨大的，自古以来北方王朝克服江南偏安政权，大都采取了这条方针，本朝太祖平定南方诸藩，也曾走过这条路。就目前情形来看，四川宋军实力业已削弱，根本无力出峡东援；而下游宋军出兵增援，由于是溯江而上，兵势又要打上很大的折扣。可见，从中路进击是十分正确的方针。

当然，也并非只有刘整一人认识到襄阳的战略地位。此地原已沦陷金国，端平元年（公元1233年）金廷覆灭后，宋廷江陵制帅李曾伯就立即予以修复，屯驻重兵，重筑为强镇。与此同时，蒙古军中也有人意识到襄阳的重要，有一位将领就曾向当时的大汗蒙哥建议攻取襄阳。此人名李桢，是当时蒙军的前左右司郎中，他认为襄阳乃吴、蜀之要冲，江南之咽喉，得之则可为他日取宋之资。英雄所见略同，即此之谓。

忽必烈接受了刘整的方案可以说是他一生中许多成功的决策之一。到目前为止他还没有犯过严重的错误，这也是他最终成为一代雄主的原因所在。其时在燕京朝廷上不是没人反对这个策略，但忽必烈并未因此而改作他计，在后来近五年中，蒙古帝国的最高决策层始终没有放弃初衷，这显然也是忽必烈意志坚定的表现。在这一点上，新兴的蒙古帝国无疑要优于当年的辽、金许多，后者都因为暂时的顿挫和眼前的利益而使图宋方略虎头蛇尾，并渐渐消弭于无形。

刘整提出建议约一个月后，忽必烈诏征诸路兵马，以阿朮、刘整为统帅率军向襄阳进发，拉开了南进的序幕。同月，宋廷以吕文焕出知襄阳府兼京西安抚使。

蒙、宋正面边境上的第一大镇襄阳位于汉水南滨，三面环水，与北岸的樊城隔水相望，所以又合称"襄樊"。两城相倚而立，互为依托，确实是一个极佳的攻守要地。不过，蒙古在这里也有些基础。

那是景定四年（公元1263年）时的事。当时的襄阳镇帅是吕文德，此人早年随赵葵抗击蒙古，累立战功，后来也曾参与了保卫四川及鄂州的战役。文德虽有些才勇,但判断力并不高明,也就是在老帅宿将被贾似道锄诛略尽的情况下才成为宋廷的主要大将。刘整很清楚他的为人,向忽必烈建议说,可以用小利诱使他犯错。这一招确实高明,蒙古派出的使者用一条玉带和一番花言巧语就骗取了吕文德的同意,在襄阳城外宋境内建立了一个榷场也就是贸易场所,此后筑土为墙,内建城堡,俨然成了一个军事要塞。等到文德明白过来,后悔也已经晚了。

咸淳四年(公元1268年)八月,阿术率蒙古大军首先抵达襄樊。九月,刘整也来到前线,他首先做的事情就是制造战舰、训练水兵,并以五千战船、七万水军的规模开始了具体实施。蒙古铁骑的威力是不言自明的,成吉思汗和他的后代们之所以能够扫荡中亚、廓清四合,靠的就是一支劲弓铁马的骑兵。可现在对宋作战,单靠骑兵显然是不够的,刘整很清楚这一点。

阿术同样也是一位有眼光的军事统帅,他在观察了襄樊地形后发现,襄樊一带获得后方如荆门军、江陵府粮草支援的主要渠道就是汉水,如果切断了这条补给线,无疑就是第一个胜利。于是,阿术立即在白河口、鹿门山两处建筑城堡,扼断了河道。

吕文焕见状十分惊惧,立即以蜡书密报时任帝国军事统帅的胞兄吕文德。岂料文德见书后勃然大怒,他不好责备他的弟弟,便对来人大骂:

"你这是妄言邀功!即使有之,也是假城。"文德似乎对襄阳的物质储备甚有信心,认为襄、樊不仅城池坚深,而且军储至少可支十年,区区两三城堡奈何不了襄樊防守,"回去转告吕六,坚守即可。若刘整胆敢进犯,俟春水来时,吾自率军前往,只怕彼时敌军早已闻风而遁了。"

对文德的大言不惭,朝野有识之士都感到十分可笑。但除了无奈之外,也没有办法改变执政者的固执己见。

九月底,汉水已经被完全切断,襄、樊基本上就成了孤城。

十一月,不甘就此困守的襄樊诸军向沿山蒙古各寨主动出击,希望能夺回对汉水出口的控制,但立即就被蒙军击败,死伤惨重。第二年咸淳五年(公元1269年)五月,阿朮自白河进围樊城,三月初一,进驻鹿门山城堡。十七日,京湖都统制张世杰在赤滩浦阻击来犯蒙军,又遭失利,使阿朮首先完成了对樊城的全面包围。

消息传到临安,朝廷群臣纷纷提议枢密都承旨高达可以承当赴援之责。御史李旺把众人的看法面呈贾似道,但似道不同意:"如果用高达入援,吕文焕怎么办?"似道习惯于玩弄权术,因此他对将领之间争功邀赏的不良习气倒也甚为清楚。不过,似道的真实动机并不在此,他内心里根本就不想增援襄阳。似道一直在天子面前把目前的战况捂得严严实实,大动干戈必然使事态沸沸扬扬,这显然对他的专权不利。

真不明白在这个关键时刻吕文焕如何还有心思去考虑他的既得利益。他在襄阳听说了高达将要到来的误传后,竟然十分不快。照他的想法,襄阳是他的防区,如果接受高达,则势必证明自己的无能,这是无论如何都不堪忍受的事情。于是文焕在门客的出谋划策下,向朝廷谎报大捷,以此来沮消临安起用高达入襄的想法。果然,贾似道本就无心增援,见到奏报后便顺水推舟,基本上放弃了对襄阳蒙军的主动出击。直到此时,贾似道仍没有把襄阳的安危放在心上,他似乎认为这仍不过是一个局部边境战役而已。天子则更不必说,他实际上已经成为似道手中的傀儡,既不知道天下之事,也无心去担忧国是。

在咸淳五年(公元1269年)一年当中,唯一一位贯彻命令实施增援的将领是沿江制置副使夏贵,他在春汛到来水涨船高之际,以轻兵简舟载运粮草突至襄阳城下。但因为惧怕蒙军掩袭,夏贵只能与城头的吕文焕交语而还,没能达到增援的目标。七月份,汉水一带大雨淋漓,夏贵乘势把水军拉到汉水东岸,在略事佯攻后突然转趋西岸的新城,企图攻破这个襄阳后背的要塞。然而夏贵的意图早已被阿术识破,他不动声色,将水师主力埋伏在虎尾洲,以逸待劳等着夏贵上钩。夏贵决策失误,结果被蒙军大败,损失战舰五十余艘,士卒战死溺毙者不计其数。贾似道的女婿范文虎受命率军入援夏贵,在灌子滩亦被蒙军击败,文虎自己以轻舟遁走。这一仗透露出来的消息是:刘整训练的蒙古水军不仅已经适应了大江大河上的作战,而且在数量及装备上也超过了对手,开始具备与宋军水师全面抗衡的实力。帝国军队在战术上的唯一长处也被敌军制服,如果不在战略规划和主观意志上有所弥补,实在也就无法逃脱失败的命运。

咸淳五年(公元1269年)十二月,吕文德在深深的自责中郁郁成疾,背发疽疮而死。他始终不能为当年允许蒙古人设置榷场的错误而释怀,临终前常常自言自语的一句话就是:"误国家者我也!"其实,他如果早一点识破蒙军合围襄阳的计划,采取必要的措施保障汉水的畅通,也就没有必要为前一件事情后悔。吕文德念念不忘榷场之事而丝毫没有意识到他后来的轻敌之谬,再次证明他并不是一个军事统帅的合格人选。

文德死后,范文虎被贾似道任命为殿前副都指挥使,总领禁军。这个人当然比吕文德还要逊色许多,因为他既不具备军事才能,道德品质上也有很大的问题。严格地说,文虎与他的岳父在某些方面简直就是一丘之貉,后来襄阳的失守从某种程度上讲就是他一手造成的。

咸淳六年(公元1270年)正月,帝国面临的严峻态势已经无法回避了。贾似道终于开始部署决战规划,起用高达为湖北安抚使知鄂州,孙虎臣为淮东安抚使知淮安,吕文福为淮西安抚副使兼知庐州,吴革为沿江宣抚使,黄万石为沿江制置使。同时以李庭芝为京湖制置大使,负责增援襄阳。此时襄阳被围业已两年。

李庭芝原来也是孟珙部下,是一位忠勇有为之士,孟珙死后将他推荐给贾似道,在军事设置方面对似道有过不少襄助。开庆元年(公元1259年)后主管两淮制置司,成绩卓著,声名斐然,被朝野视为良将佳选。此际出任增援重任,确也是众望所归。

但范文虎却极为不满,他在给贾似道的信中说:

"末将率数万兵马进发襄阳,一战可平,只求不受别人节制。如此则事成之后,功业自归恩相。"言下之意,就是不愿庭芝抢功。

似道当然高兴,女婿的功劳也就是自己的功劳,他又何尝希望庭芝独建奇功。于是,似道立即升衔文虎为福州观察使,指使他从中掣肘庭芝。似道此时的地位权势已经俨然就是天子,他以一己之好随心所欲,宗庙社稷的安危存亡不在他的考虑之中。如此君不君、臣不臣,国家本身自然也就失去了存在的意义。

虽然我们不能把亡国之责全推到一两个人身上,但奸佞之辈的胡作非为却能够加速败亡的进程,这也就是奸人不生于乱世则为害不烈的道理。遗憾的是,这个悲剧似乎总是无法避免,衰世与奸佞实在就是一个不可分割的同一体,衰世必然滋生奸恶,而奸恶只有在疲敝之世才能为所欲为。

襄阳之战:帝国的最后一搏

李庭芝到任以后,屡屡约请范文虎共同举兵入援襄阳,但文虎就是不予理睬,他以取旨未到为借口,一直按兵不动。在时势岌岌可危之际,文虎依旧日日与妓妾、嬖幸击鞠宴饮为乐,不仅未把李庭芝看在眼里,丝毫也没有把襄阳放在心上。文虎勒兵不进,李庭芝也就巧妇难炊,增援之事一拖就是近一年。

在此期间,朝廷也有不少人为襄、樊的安危忧心忡忡,左丞相江万里就曾屡请贾似道增兵入援。然而江万里这个人虽不失忠直,但魄力不够,在似道的沮骇下,最后只有力请外任来逃避现实,并未能在朝堂之上尽到自己的义务。先后离朝的还有王应麟、文天祥等人,都因为力主入援襄阳而被似道排斥。如此一来,朝间仅剩的一些端方忠勇之士也被贬逐略尽，国事遂益无可为。咸淳六年（公元1270年）二月，襄阳守军竭尽全力，派出步骑兵万余人、战船百余艘攻打万山一带，又被蒙军击败。与帝国的迟缓动作相反的是，阿术与刘整仍然在紧张地打造战舰、操练水军，并加强了对襄、樊的压迫程度。到了八月份，襄、樊被围已近三年，渐渐也有疲敝之态。

但我们的宰相贾似道却仍在临安葛岭的府第中逍遥自在，大兴土木，挥金如土，极尽奢侈之能事。在新造的"半闲堂"中，似道挂起了自己的肖像，在像下时时与道士们挥麈闲谈，探究性命之术。似道好色，倡优乃至尼姑貌美者，无不纳入后闱，宫人叶氏有美色，竟然也被他取作姬妾。似道累月不朝，但却常常与群妾踞地而坐，斗蟋蟀为戏。此外，他最喜欢的消遣是收集宝玩，为此建造了一个"多宝阁"，一日一登，迷而忘返。似道嗜于古玩器物的程度近似于疯狂，甚至为了一条陪葬的玉带，竟将功臣大将余玠的墓冢挖开。这位集军政大权于一身、掌握生杀大权的宰相在他的威福臻于鼎盛之时，已经完全暴露出他那种市井无赖的固有禀性。

现在的贾似道已经可以入朝不拜，这是开国元勋才能享受的崇高礼遇。不仅如此，退朝之际，天子犹还必须起立避席，目送他出殿以后才能坐下。很明显，似道不仅成为帝国实际的主宰者，甚至在名义上也凌驾于天子之上，任何一位挟权自重、作威作福的权臣都不可能做到这一点。无须怀疑的是，贾似道既是个轻薄无行之徒，他自然就不会具备士大夫们才有的那种传统理念和道德原则。

就在八月份的一天,度宗问他:

"襄阳已被围三年,如之奈何?"

似道故作诧异:"北兵早已退走,陛下何出此言?"

天子无知,实话实答:"适有女嫔言之。"

似道岂能放过,逼着度宗说出这位宫嫔的姓名,随后立即赐死。自此之后,边事虽急,也无人再敢饶舌。

似道的所作所为常能使天下臣民们想起秦桧、韩侂胄以及史弥远。令他们感到困惑无比的是:从历史事实来看,早年的权臣奸相都曾无一例外地激起了强烈的反抗,如何眼下竟水波不兴?这个问题同样使后人百思难解,他们在痛责这位奸佞之臣的同时,常常也不免感慨万千。尽管这许多疑问都各有各的道理,但却无疑都是庸人自扰,因为其中的道理并不复杂。

牵制政治独裁的唯一力量是军队,如果武装势力不足以与政治权威相抗衡,或者其本身已经被某位独裁者所掌握,那它就不仅不能制约政治,相反却还能成为政治压迫的帮凶。贾似道虽没有能完全控制军队,但帝国的武装力量早已非同往日,握兵大将既然不能立寸功于外,又何以威胁权相?而士子们永远都是手无寸铁,他们的全部所有不过是心中的一腔忠诚而已,书生意气可以指点江山,却无法做到诛桀伐纣,一切都要靠武力来解决问题。最悲哀的是,帝国武将的懦弱并不完全体现在对付敌寇方面,他们在专横霸道的独裁者面前同样胆小如鼠,为了逃避迫害,最后竟还不得不选择投降的道路。那位掉转矛头的刘整不是第一位,当然也不是最后一位。

咸淳六年(公元 1270 年)十二月,一名蒙军将领张弘范突然发现了襄阳久围不下的一个重要原因。原来,汉水补给线虽被切断,出口也被堵死,但并没有做得很彻底,背后的江陵、上游的归州与襄阳之间始终有零散宋军来往。特别是襄阳西面的粮道被蒙军所忽视,使得间断的补给仍能达于围城之中。于是张弘范郑重向蒙军统帅部提出:筑堡万山以绝其西,立栅灌子滩以绝其东,从根子上切断襄阳与外部的联系。这个建议被采纳,襄、樊终于陷入了真正的苦战。

翌年五月,忽必烈调整了战略,在西线开辟了第二战场。另遣两路兵马扫荡四川,一路由赛典赤、郑鼎率领水陆军西击嘉定;一路由汪良臣、彭天祥、札剌不花等从重庆、泸州、汝州等地顺流而下沿途巡击,意在牵制上游宋军,进一步肃清襄阳的侧翼。忽必烈始终没有在东部动手,这是因为蒙军的优势在西面,攻打襄阳的目的就是为了将来的东下,因此便把两浙先放在了一边。这是一个集中兵力的明智之策,但能否实现的关键还是襄阳战役的成败。

襄阳军民的意志力和战斗精神是无可争辩的。他们以孤城寡力独挡数倍于己的汹汹之敌,并能成功坚守了四年,这本身就是一个胜利。由于蒙军的重重包围,襄、樊两城顽强抵抗的情况未能被外人了解,但其中的艰苦卓绝可想而知。在久候援军不至的情况下,他们甚至没有放弃主动进攻,在这一年中仍然发动了多次出击,但几乎全遭败绩,七月份的一次战斗一下就牺牲了二千余人。值得庆幸的是,襄阳府丰赡的储备和便利的地形有力地保证了他们的抗战,否则襄、樊就会像历史上所有的孤城一样,最后城未破,粮先绝,酿成屠马割尸、易子而食的千古悲剧。

西路蒙军开始行动后,范文虎终于率领两淮水师近十万人的大军慢慢靠近了鹿门山,当时正是多雨的六月,汉水大涨溢出岸堤,对逆水的宋军十分不利。文虎本无谋略,更不能应变,被夹江而阵的阿朮水军一举击溃,十万之众丢船卸甲狼狈而逃,将不计其数的舟船甲仗白白资敌。

在咸淳七年(公元1271年)中,蒙古帝国在军事上并没有取得空前的胜绩,主要原因就是襄阳尚没能攻破。但燕京政府在各个方面都获取了宝贵的经验,它的政治、经济已经渐渐地步入正轨,入居中原后近十年的努力也已使北方的民生状况大大改善,具备了一统天下的思想和物质基础。这一年的十一月十五日,忽必烈改国号为"大元",这是取汉家经典《周易》所谓"大哉乾元"的意思,代表着一种"本源"和"博大"之意。此后又将首都燕京改名"大都",当九游白旗飘扬在大都宫殿之上时,忽必烈就从一位马上帝国的大汗变成了一位立足大地坐北朝南的王朝天子。卧榻之侧岂容他人酣睡,这不仅是本朝太祖的高见,也是所有有志于天下者的共同意识。在登基这一天,大元皇帝忽必烈凝眸之处,一定就是千里以外的襄阳。

到了咸淳八年(公元1272年)四月,襄、樊陷入重围已经接近五年。两城之中虽然不乏粮食,但盐、布等物资业已告罄,军民困顿之态亦愈趋严重。最主要的是,援军始终不至给了守军上下以极大的压力,长此以往,后果不堪设想。面对如此情形,樊城主将张汉英决定再次向朝廷求救。五月,他招募了一位泅水高手,将蜡书藏在发髻里,头顶浮草,顺水漂下。

泅到汉水隘口时,元军守卒见水面上漂来一大堆积草,便钩之上岸以作柴薪,结果发现了藏在草下的报信者。元军由此获知了张汉英给朝廷的书信,立即在郢州、邓州方向重兵布防,使最后的一条进援之路亦被断绝。

李庭芝本已到达了郢州,由于力量有限,重点仍是放在了防守而不是进攻上。此时,庭芝也感到情况已日趋严重,绝不能再事延缓,于是立即采取了措施。他先是悄悄地将部队向襄阳附近移动,然后出重赏招募当地义勇。庭芝很清楚地知道,自己这支军队不仅兵员不足,战斗力也十分有限,为了弥补缺憾,只有利用熟悉地形的当地民兵。庭芝一次就成功地招集了三千名骁悍善战的义卒,委任其中两位智勇双全的首领张贵、张善为都统,率领这支敢死队向襄阳突袭。

庭芝训道:"此去有死无生,非出于自愿者请离去,不要坏了大事。"

出乎意料的是,众人无不感奋,没有一人离开队伍。

在一个水急夜黑的晚上,这支突击队驾船出发,船中各置火炮、火枪、炽炭、巨斧、劲弓,首尾结阵,乘风而进,首先在磨洪滩与元军船队遭遇。义军击断铁,冲破围堵,与敌军转战二百余里,所向披靡,于黎明时顺利抵达襄阳。襄阳绝援已久,闻知援军大至,无不踊跃过望,一时士气大振,人人奋勇争先,将尾随的元军击退。在此次战役中,元军损失惨重,但义军方面也有相当死伤,张善身中四枪六剑,堕水阵亡。这是襄阳围困以来唯一一次成功的救援,但因缺乏后续攻击,也不可能解决根本问题。

完成任务后,张贵犹想杀回郢州,吕文焕认为敌众我寡,此去凶多吉少,不如一起留在襄阳固守。但张贵自恃其勇,坚欲回师。于是,他先派两人泅水赴郢州向范文虎求救,约其军在龙尾洲接应,自己于九月初九告别文焕,乘夜东下。张贵此军依然英勇,一路断破围,奋勇向前,阿尤、刘整亲率水师邀击,亦不能挡。经过一番苦战,张贵船队终于在半夜时分渐渐接近了龙尾洲。

岂料范文虎的接应之军早在两天前就莫名其妙地撤走,而元军得到降卒密报,也已知道了张贵的计划,并在此地伏下重兵张网以待。张贵不知就里,见龙尾洲水面火光通明,以为是接应宋军,喜跃而进,结果被元军舰队迎个正着。张贵全军覆没,自己身被数十伤,力不能支,遂被擒获。张贵被俘以后,犹不失忠贞不屈的高尚节操,坚不肯降,数天后被杀。当阿尤将张贵的尸体送到襄阳城后,城内顿时一片痛哭之声。

从表面看,范文虎的逃跑直接导致了张贵的失利。但严格说来,李庭芝没有接踵其后乘胜进攻而失去了一个绝好的战机,却是襄阳之围未能缓解的主要原因。当然,也许庭芝确实有他的难处,然而张善、张贵能不惜生命以卵击石,庭芝又岂可以孤军深入为意?贪生怕死的范文虎不能为国分忧是很自然的,这种人已不足与论。而庭芝之辈自许以身委国,竟也优柔寡断不能慷慨赴难,这就注定襄阳的失守只不过是个时间问题。

元军最后能攻破襄阳也有几个战术上的因素,一是阿尤、刘整采取了分割击破的策略,先烧毁了襄、樊之间的浮桥以断其联络,然后力攻樊城,终于在咸淳九年(公元1273年)正月攻破樊城。樊城一下,襄阳失去依靠,遂成瓮中之鳖。第二是元军采用了新型火炮,这种火炮来自西域,威力巨大,元军以此轰击城垣,炮起郭毁。拿下樊城后,元军又以此炮转轰襄阳,使城内城垣楼阁,摧折几尽。宋军从未见过如此厉害的武器,士气大折,军心动摇,并已开始出现逾墙而降的现象。

吕文焕方寸已乱,每次巡城,总是恸哭而下。朝中贾似道接到急报,一方面假惺惺上表请行,另一方面讽使御史上章固留,依旧不以襄阳安危为意。城外宋军诸部,既无心赴援,也毫无办法可想。咸淳九年(公元1273年)二月二十七日,走投无路的吕文焕在元军的招抚下,开门投降。

虽然襄阳的失守并不是文焕的罪过,而坚守孤城五年之久,望眼欲穿一兵未至,他内心的怨恨委屈也确实不难理解。但身为饱受国恩的重兵大将,以个人情怨而抛弃宗庙社稷,这就不能令人原谅。至少樊城就是一个绝好的对照,城破之后,守军犹坚持巷战,将领如范天顺、牛富都自绝而亡,以"生为宋臣、死为宋鬼"的豪迈证实他们对祖国的忠诚。文焕即使做不到这一点,起码也不至于入降以后就倒戈相向,自请为元军前锋去攻打郢州。也许文焕是为范文虎、李庭芝的见死不救而愤愤难平,但一个受过礼义教育的人应该懂得,国家的利益在任何时候、任何情形下都是高于一切的。也正是这一点,才可以成为是非标准最终极的试金石,古往今来的忠贤愚恶,都会在它的鉴别下泾渭分明。

襄阳的失守宛如一声惊雷,滚过死水一般的临安。

文天祥:殉国的开始

贾似道对度宗道:"臣屡请巡边,陛下不许。向使臣早出,事当绝不至此。"

在我们这个世界上,越是无赖之极,往往就越能生存。尤其是在极易摒弃道德因素的政治领域内,为了达到目的,可以不择手段,无论这种手段是翻云覆雨还是指鹿为马。同时,政治的目的和标准从来就不是一成不变的,掌握权力者各有各的意图和追求,正直之士向往真理,奸佞之徒属意私欲。既然世上的芸芸众生无法做到老死不相往来,政治就成为必需,而丑恶也就应运而生。

显然,帝国上下已经无心去探讨谁是谁非的大道理了,所以似道的荒谬既不可恨,也不可叹。现在的问题是如何布置防务,这是摆在眼皮底下的事情,否则就是大军一到,灰飞烟灭。

朝野上下纷纷献上守备之策。四川制置司首先发来奏报,声称获取了刘整的一批私人奏稿,其中提到了攻取江南的策略,建议朝廷早做防备。这次度宗皇帝亲眼看到了这份奏疏,于是下令在淮东清口一线筑城以备。不过,东面的元军虽然大兵压境,但却始终没有动作。

四月,汪立信、赵潜被起用为京湖制置使和淮西总领兼沿江制置使,负责西线和建康防务。六月,曾在四川任职的一位官员张梦发提出应急三策:一是锁汉江口岸;二是扼守荆门与当阳交界的玉泉山;三是在上游峡州以下联置堡寨,保聚流民,且守且耕。张梦发此策很实用,也极有战略价值,其核心就是加固长江中上游防备,坚决堵住元军的沿江东进。然而贾似道偏偏就压下了这份极重要的奏疏,转让京湖制置司审度。遗憾的是,京湖制置使汪立信也没有丝毫采纳,原因是这位耿介正直并还算有点头脑的人有他自己的看法。

汪立信在给天子的奏疏中一方面痛责贾似道、范文虎之流,另一方面也提出应急之策。他认为,应将内地之兵尽数遣出,汰去老弱可得五十万,相距百里而屯,如此往来游徼,刁斗相闻,既可使粮饷不绝,又能互相应援,此乃战守并用之上策。汪立信同时提出,许输岁币以缓其师,二三年后再作主张,这是中策。立信没有明言他的下策,只是在疏中愤激而言道:"二策不果,则天不佑我,那就准备衔璧舆榇之礼吧。"古者国君死时口中含玉,"衔璧"即指国君战败出降以示亡国当死;"舆榇"就是载棺以随,古之士子于国亡之际往往如是,同样表示决死之意。可是汪立信有心殉国,贾似道却不想同归于尽,他见到立信的奏疏后勃然大怒,掷之于地,高声大骂:

"瞎贼汪竟敢狂言如此!"立信一目微眇,所以似道这样骂他。

立信无疑犯了一个错误。他不知道在贾似道当国的情况下,这个尽遣举国之力的做法是不可能实现的,更不是他一人所能决策的。相反,张梦发的计策属于具体军务处置,并且在他的管辖范围之内,立信完全有可能自我筹备而不通过贾似道。归根结底,有谋者无权,有权者无谋,我们的帝国焉得不败!

咸淳十年(公元1274年)七月,度宗皇帝由于纵欲过度英年早逝,年三十三岁。此际度宗三子俱幼,国事艰难,须赖长君,而建国公赵昰年长,照理可以从权入继。然而贾似道单单拥立了年仅四岁的皇太子赵㬎,用意不言自明。初九,新帝即位,后来的庙号为"恭帝"。太皇太后临朝听政,但实际上帝国的最高权威已经不复存在。

占据襄阳后,元廷上下纷纷建议早日下诏正式伐宋。前线大将阿术等人向忽必烈奏报道:汉水上流已为我有,顺流长驱,宋国可平。他们都认为,通过几年的战斗已发现宋军弱于往昔,灭宋良机正在此时。忽必烈召来平章军国事史天泽商议,史天泽也同意大家的看法,表示混同海内的时刻已经到来。于是,大元天子忽必烈在咸淳十年(公元1274年)正月定下了决策。

当月,忽必烈就签发了增兵十万的命令,二月,又下诏在汴梁增造八百艘战船;三月,在荆湖、淮西分别设立行省,荆湖行省由老臣伯颜、史天泽并为左丞相,阿术为平章政事,阿尔哈雅为右丞,吕文焕为参知政事;淮西行省由哈达为左丞相,刘整为左丞,达春、董文炳为参知政事。六月,正式下诏伐宋,借口是贾似道悔约祸民。这是度宗死前一个月的事情,但不清楚我们的天子是否知道了这件事情。

七月二十一日,伯颜辞陛赴任,大元天子专门谕敕道:

"古者善取江南者只有曹彬。你能做到不嗜杀戮,就是我的曹彬。"

曹彬乃本朝开国大将,取西蜀灭南唐,都能禁军屠掠、抚民安邦,曾被太祖给予甚高的评价。忽必烈能诫谕部将效仿曹彬,不管后来的实际效果如何,这位新朝天子甚有本朝太祖之风是没有异议的。

九月,元军在襄阳完成了集结。伯颜兵分两路,一路由自己与阿朮率军沿襄阳入汉水渡长江,以吕文焕为水师先锋。另一路由博罗欢率领取道枣阳陆路径取淮河,以刘整骑兵为先锋:这一战略部署具有相当的水平。

坐襄阳而望临安,无非两条路:左沿淮水南岸趋扬州,自镇江渡江取建康,由建康下逼两浙;右沿汉水下郢州、鄂州入长江,沿江水陆并进而趋江州、池州,与左路会合于建康,即可进取临安。伯颜把大军主力放在了右路,左路方面以牵制为主,战略目标是力保两路大军在江南的会师。到了这年的十二月,伯颜大军就已经控制了长江中游地区,开始泛江东下,新年的正月逼近了池州。毫无疑问,较诸当年的完颜宗弼自建康奔袭临安之举来说,元军这次的攻势,在各个方面都要超过前者不啻百千倍。

一路之上,除了郢州及青山矶一带抵抗较烈外,其他宋军基本上是望风披靡。复州知州翟贵、鄂州守将张晏然、黄州守将陈奕、蕲州知州管景模以及改知安庆军的范文虎等率皆投降。尤其是范文虎,尚未接战就主动投敌。两位有战功的方面统帅张世杰、夏贵也兵败而退,其余城镇堡寨,差不多也都被一扫而尽。元军取得了辉煌的战果。元军沿江而下的始作俑者是刘整,因此他力请参与右路的进攻,以实现他建功的宿愿,但伯颜却把他派往了左路。刘整看到元军进展神速,而吕文焕立下头功,万分遗憾,竟至于发愤成疾不治而亡。从中可以看出的是,元军甚至包括宋廷降将的迫切心情和取胜欲望是如何的强烈。

宋室已将新年改元"德祐"。天既不庇,德又何祐?从年号上都可以看出宋廷的无奈。一直阳奉阴违的贾似道听说刘整已死,竟然也胆大起来,亲率精兵十三万出征,月底抵达芜湖。但他做的第一件事情还是立即遣使议和,可伯颜未予接受。

二月初二,起复为江淮招讨使的汪立信受命奔赴建康,在芜湖与似道相遇。似道这时已为亲眼所见的局势所震慑,见到立信竟放声大哭,表示悔不当初之意。立信十分鄙夷,冷冷而言:

"平章公,还能再骂一次瞎贼汪吗?"

似道哪里还能答话,只得讪讪而问立信此去何往。

汪立信没有正面看他:"江南已无寸土干净,吾只不过是找一块赵家土地赴死而已。总之要死得分明罢了!"言罢即去。立信最后实现了他的诺言,在来到建康后见事无可为,率部数千人北上高邮抗击渡淮元军。宋军芜湖兵溃后,立信遣散僚佐,嘱以家事,慷慨而绝。

似道不久就在伯颜大军攻击下一败涂地,其本人退居到李庭芝驻守的扬州,上书太皇太后请迁都以避,未得响应。月底,似道被同样万般无奈的临安朝廷解除了职务。三月,伯颜军进占建康,除遣军攻击扬州外,同时分兵合围临安。

大局已定。

临安城里的朝廷百官已开始作鸟兽散,纷纷出城逃逸。太皇太后在三月十九日下诏痛责接踵宵遁的大小官员,这道诏书说得倒也十分贴切:

> 我朝三百余年,待士大夫不薄。吾与嗣君,遭家多难,尔小大臣,不能出一策以救时艰,内则畔官离次,外则委印弃城。避难偷生,尚何人为!亦何以见先帝于地下乎?

平心而论,本朝的士大夫并非都是无耻之辈。即从眼前来看,弃城投敌、畔官离次者有之,但急难赴义、慷慨勤王者也不在少数。关键的责任还在天子身上。正直忠勇之士既不能参与国是,那么帝国朝堂之上尽是无耻之徒也就不足为怪。太皇太后下诏切责臣子固然不失道理,但其实更应该罪责的是先帝先君。

七月,忽必烈下令在鄂州、江州的元军分兵进击,一取荆湖腹地,一取江西,配合建康伯颜军从三个方向进攻临安。同时又命阿尤继续攻击扬州,阻挠淮南宋军南下。九月,淮南元军攻克泰州,大将孙虎臣自杀殉国;南进元军也已进围常州,临安危在旦夕。

八月二十六日,擢为为兵部侍郎的文天祥从江西赣州来到临安。

第六章 天下：谁宾谁主

文天祥本来是个普通官员，宝祐四年（公元1256年）进士第一，及第后恰逢父丧，直至开庆元年（公元1259年）方补授为承事郎、签书宁海军节度判官事。这一年，天祥曾上书请斩宦官董宋臣，但疏入不报。此后十几年里，他在朝内外先后任职，咸淳六年（公元1270年）因得罪贾似道而罢职，此后起复为江西提点刑狱事。天祥在朝中虽没有太大的影响，但他的声名仍很卓著，当年殿上试策时，天祥不为草稿，洋洋万余言一挥而就，理宗皇帝亲拔为第一。考官王应麟评价道："此卷古谊若龟鉴，忠肝如铁石。"这句话同样也可以用来形容天祥的道德节操。忠臣节士绝不是一日养成的，文天祥也同样如此，只不过此前尚未表现出来而已。德祐元年（公元1275年）正月十三日，天祥接到了去年七月太皇太后所下的征兵勤王哀痛诏和召他入赴临安的别旨，立即招募义士，并自出家资助军，三天后就在江西起兵，并日夜就道直奔临安。然而到了吉州时，沿途的不少守将却十分不满他一力出击的激进态度，向朝廷诬报天祥此军乃乌合之众，不堪大任，宰相陈宜中于是下令不许前来行在。后来出于舆论的压力，朝廷虽然终于批准天祥入卫皇驾，但这已经使他在外耽搁了近三个月的时间。

此时临安朝堂中差不多已经空无一人。原先的两位宰相陈宜中与王熵因意见不合都先后离去，直到十月份，陈宜中才响应诏命回朝，与留梦炎同时入相。天祥来朝后，随即建议重新布置政治军事，主张将境域划为四大区域，各个集中兵力以抗敌锋。这本来不失为一个可行的应急方略，但朝廷议论下来，却认为过于迂阔。从这件事反映出来的情况看，朝廷决策层显然已经非常矛盾,既想守住最后防线,也有就此投降的意思,否则如何对主动应战之策给予"迂阔"的评价？要想在这种危急时刻力挽狂澜,只有死战到底一条路可走。方法虽不是主要问题,但斗志可鼓而不可泄,如果此际上书言战犹还遭受指责,那实在也就无事可为了。

事实也正是如此。十一月元军攻破临安正面的屏障独松关后,朝廷已经手足无措,只有选择乞和之道。文天祥所提出的以目前残存三四万勤王兵与敌一搏的主张,更不可能得到陈宜中等人的首肯。十二月,临安正式派遣工部侍郎柳岳出使求和,但伯颜未予理睬。元军打到平江府后,陈宜中再遣柳岳径赴大都求乞,走到高邮时为民众所杀。德祐二年(公元1276年)正月初,临安大内慈元殿上,文官只剩下了六七个人。此刻,太皇太后方才接受了天祥的主张,派遣诸王分赴福州、泉州。这虽然出自保存宗脉的考虑,但客观上却也达到了分镇境内的目的。否则,临安一陷,帝国也就寿终正寝了。

太皇太后虽是一介女流,但在关键时刻倒还有些倔强。大臣日请东走,她就是不答应,似乎也有点与临安共存亡的想法。不过,太皇太后尽管不失勇气,但仍然不敢死战,数度拒绝了文天祥与另一位领将张世杰召义兵背城死守的建议。可见她或许还是对敌人抱有一线希望,至少幻想着能够以不惜屈辱奉表称臣来逃避灾难。但是,她本人也许可以全首退处,我们的帝国怎么办呢？

德祐二年(公元1276年)正月十八日,太皇太后派监察御史杨应奎奉国玺降表向伯颜无条件投降。伯颜接受降表,要宋廷宰相来营商议具体事宜。当夜,陈宜中就逃往温州,张世杰也退走海上。其他宰执无人愿意出面，天祥只有出来主持残局。但他辞去了宰相衔，而以资政殿学士的旧职出使，想在最后时刻保留一些帝国的颜面，用心可谓良苦。

天祥一去就被拘执，并被伯颜送往北方。所幸在三月初一走到真州时，借机逃离了虎口。同时，伯颜进驻临安，将宋室幼帝及皇太后全氏等皇族遣送燕京，唯有太皇太后以疾暂留。

崖山海战：最后的悲壮

至此，大宋帝国差不多就可以说走到了尽头。

三百年的岁月两分天下，一分归于东京，一分归于临安。由此看来，王朝兴衰并不完全系于地域之多寡，就是与外敌是否强大似乎也没有决定性的联系。历史虽不乏机遇巧合，但所有震天动地的变故背后也都能找到一些必然。因此，一切的一切都在于我们自身。所以回首往事之时，实在也用不着悲哀。惆怅因缘、喟叹世事从来都是懦弱者的表现，真的勇士，就必须抛弃无谓的空想，敢于直面惨淡的现实，用一点一滴的努力去重塑自我、再造乾坤。说实在的，我们的帝国就是因为缺乏实干的精神土壤，才落到今天这步田地。尽管灾难唤醒了沉睡，但毕竟是太晚了。

太皇太后嘱使南行的益王赵昰、广王赵昺分别只有七岁和四岁，在禁兵保护下经过千辛万苦，于德祐二年（公元1276年）闰三月到达温州。第一批闻讯赶来的大臣有礼部侍郎陆秀夫和殿前指挥使苏刘义,接着宰相陈宜中和少傅张世杰分别从清澳和定海被招至两王行营。这一条逃奔路径几乎就是当年高宗皇帝走过的老路,温州江心寺里尚还保存着南奔时的御座,众人在此会面,免不了大哭一场。收泪之后,一致推举益王为"天下兵马都元帅",广王副之,发兵除吏,传檄天下,并准备开赴入闽。其过程似乎也与当年高宗在应天受命危难时同出一辙,但此际时势已有根本不同,他们显然也不会再有高宗那样的运气。

文天祥从真州脱逃后本无意南下。当时扬州及所属高邮、宝应、真、通、泰州等仍在拒守,因此淮南尚有可为。天祥先是分别联络李庭芝和夏贵,试图举兵以兴恢复。但此时夏贵已经降敌,而李庭芝得书后却不相信天祥真能从敌营脱逃,反而谕使部下杀掉天祥。于是天祥只有转奔扬州,由于庭芝下令防区戒严闭城,天祥至城下而不敢进,又转去高邮。途中迷路,几被元军擒获。历经艰险,方于三月二十四日到达通州,巧遇商船,遂偕入海,四月八日到达温州,立即上书劝进。国不可一日无主,在天祥看来,只要天子仍在,帝国就仍有希望。

五月一日,赴难众臣拥益王登极于福州,改元"景炎",史称"端宗"。七岁儿童当然无法主持政务,因此国事皆决于陈宜中。文天祥则辞去相位,外赴江西,经略帝国腹地的抗元战事。在元军紧逼之下,福建行营一再南迁,自十一月起,陈宜中等不得不奉驾入海,在泉、潮、惠州一带辗转漂泊,完全就是苟延残喘,不仅谈不上振作恢复,即使谋求容身之地似乎也不可得。

只有文天祥以他的报国热诚和急难精神,给疲敝的帝国重新鼓舞起一些斗志。他于这年的七月到达南剑州,开设督府,传檄起兵,一时福建、江西两地云起响应。元军数路进击闽、广使形势恶化以后,天祥在景炎二年(公元1277年)初转战到漳州及梅州一带。五月,又引兵越岭复还江西,终于在江西掀起一场抗战高潮。先是进入会昌,进击零都,取得大捷;此后在六月进入兴国,七月进至赣州城下。与此同时,其部下各军连克江西四县,声威所及,达于江北、淮南,各地起兵者纷纷不绝。

整个帝国腹区,包括江北、淮南甚至巴蜀,仍然还存在着相当规模的抵抗力量。然而星星之火欲成燎原之势,非有强大的号召力而不能成。流亡朝廷已远在海上,根本不能担负鼓舞天下的重责,所以文天祥奋而跃起,四方顿时响应。但是暴风骤雨来之既快,去之亦急,关键是天祥的力量实在是微弱而不足道。各地相互支援的通道早被元军切断,初看起来似乎四方旌旗犹在,但其实是四分五裂一盘散沙,因此天祥所能起到的作用,也就仅仅局限在表面的影响而已。

元军在这年上半年进攻缓慢是由于北方出现了一些变故,但从七月开始,又加紧了对江西、两广的围剿。元将李恒亲率大军入援江西,直趋文天祥而来。天祥没有料到李恒进兵神速,仓促应战,结果全军覆没,他的妻子和两个儿子尽遭毒手。时间是景炎二年(公元1277年)的八月十七日。此后天祥退走汀州,收拾残部,屯兵于南岭。景炎三年(公元1278年)二月,天祥又转至潮、惠,探访朝廷下落。

与此同时,元军翻越大庾岭向南追击流亡宋廷,迫使端宗行营一再迁徙。

在逃亡路上,众皆惶惶失态,独有陆秀夫仍然朝服持笏,不以风尘仆仆为意。但秀夫有时悲从中来,潸然泪下,竟能将一袭衣袍尽数染湿。左右观之,无不恸哭失声。就这样,帝国的末代朝廷在一路清泪中走秀山、赴井澳、奔山入海,仓皇逃窜。景炎三年(公元1278年)四月,年幼的端宗殂于碙州,时年十一岁。天子一死,众臣多欲散去,陆秀夫厉声而言:

"度宗一子尚在,如何能弃而不顾!古人有一旅成中兴者,今百官具备,士卒数万,若天不绝宋,岂非一国?"

明知不可为而为之,这是一种愚拗,但也是一种挚诚,在危急存亡之秋,这更是一种超绝的精神,绝不可以不名事理而一笑置之。在秀夫的鼓励下,留守众臣再拥赵昺为帝,改元"祥兴",这就是大宋的最后一代天子。说实话,从恭帝开始,就已经无法再在宗庙中为自己找到一个位置了,因为宗庙社稷早成瓦砾。皮之不存,毛将焉附,所以后人实在也无法称呼这位末代皇帝,只能直呼其名,称之为"帝昺",这也就是亡国之痛中的一端。六月,行营再迁至新会县厓山时,天祥终于得以和陆秀夫接通消息,但两人互读书信,也只有长叹而已。此时陈宜中已遁走,天子身边也只有陆秀夫和张世杰两位辅臣。厓山在县城以北八十里的大海之上,张世杰认为有天险可守,入山伐木,大造行宫,存储衣粮,整理战备,准备建立一个海外小国。如此一来,这个流亡朝廷除了延续宗脉的作用外,已经没有任何意义。

祥兴元年(公元1278年)十二月,文天祥在海丰五坡岭突遇敌军,吞毒未死,被元军所执。第二年正月,主持两广军务的元军大将张弘范由潮阳港入海,探听到帝昺在厓山的消息,立即扬帆而至,但在海上却无奈张世杰。最后李恒军从广州赶到,与弘范合力围打孤岛厓山,终于在二月初二击溃世杰之军。

正是日暮时分,世杰大势已去。他来到帝昺居所,欲携天子乘舟逃遁。陆秀夫认为此去未卜,不愿帝国天子再遭凌辱,坚不同意,最后背负帝昺跳海而亡。

陆秀夫的舍身求义和威武不屈,谱就了我们帝国最后的辉煌。

昨夜西风凋碧树,独上高楼,望尽天涯路。

中国人第一次真正感到了亡国之恸,第一次真正体察到为异族战胜的耻辱。泽畔之吟,出于憔悴;穷途散发,岂效嵇阮。严格地说,这一次的痛楚和悲哀是前所未有的。在慷慨就义的悲壮中,在凄怨不甘的无奈中,在眺望故国家园和精神故乡中,最后一代的帝国臣民用心血写下了一部动人心魄的心史。

文天祥最后被押解至大都,元廷上下极尽威胁利诱,亦未能使之丝毫屈服,三年后被杀,时年四十八岁。他的名句"人生自古谁无死,留取丹心照汗青",就是这部心史的最好写照。

大宋王朝灭亡了,对自身文化过分的自信和依赖使它遭受了前所未有的血泪痛苦。但是,第一次被异族统治的中国却像一所被人打开了大门的学校,以无与伦比的灿烂文明和博大胸怀教育和融会了所有走进这个光辉殿堂的人,达成了前贤古哲殷殷期盼的"来中国则中国之"的理想目标。"厓山之后无中国"是囿于族类的庸人之见,此辈既难理解"天下一家"的至上情怀,也不了解历史的真相,更不知道其实正是宋代的独特精神,奠定了中国从此以后的长期统一和稳固。

汉唐以后不再有汉唐,但宋以后中国却永远是中国。

初版后记

本书是《日落九世纪——大唐帝国的衰亡》的姐妹篇。

尽管两书的构思、起草几乎可以说是同时进行的,但直到《日落九世纪》竣稿近一年后,本书才终于得以完成。其中的原因,主要是本人的学力和才识实在有限,面对史料繁富、异见纷纭、号称难治的宋史,每每有力不从心之感。实际上,为了寻找对宋朝历史的真切感受,在已经完成本书总体框架后,我又不得不将主要的宋史典籍重新阅读一遍,然而结果却是既未能解决旧有的未知和疑惑,又使我更加迷茫而不知所措。虽然人们常说"前人未必是,后人未必非",但最后的成稿中这许多矛盾武断、疏陋浅薄之处,却无疑还是本人力不能逮的结果,尽管我深深地知道历史并不可能有一个最后的结论,就像真理永远不可能被完全接近一样。

另外,有一个问题也使我时常停笔深思,那就是:探究学术的目的究竟何在?贤者谆谆:小而言之,是为经世致用;大而言之,是为道德人心。可如果固守在象牙塔中寻章摘句,老死于雕虫之业,似乎与此相距甚远。而为了博取职称、地位以证明自己的高雅，则更与原则所提出的要求有着天壤之别。闵予小子，道行疏浅，但却也不敢效仿那些沾沾自喜于雕琢琐碎的衮衮诸公们，我敢说他们不仅是忘记了学术的崇高责任，而且根本就缺乏承担道义的智慧与力量；此辈鄙视奔波红尘的芸芸众生，可他们本身的功利之心却比任何人都要来得强烈。可悲的是，本人虽不惮于堕入错解经义的野狐禅，但却自感无力去抗拒正统力量的狮子吼，所以不免于低首踟蹰、辗转反侧，在迷途中彷徨徘徊。这个难题不仅现在让我困惑，也许还将继续使我困惑下去。

一切的一切都是一个偶然。假如十三年前不是信笔涂抹了一张表格，假如九年前不是凭着少年意气而孜孜追求，假如七年前的那个炎热难捱的夏天能够离乡远去，假如五年前的那个繁星闪烁的秋夜能够果敢选择，我就绝不会有今天的困惑与苦恼。也许命运本就是一个充满着迷茫和痛苦的过程，每一次十字街头的彷徨都决定了一生的无奈，这些无奈交织在一起，便使我们无法回头，只有面向未知的前方，行行复行行。

需要说明的是，为了保持体例的同一，我不得不忍痛删去了近百条注释。因此许多参考借鉴他人研究成果的地方，未能得到应有的说明。我愿意借此机会向各位前辈大师和海内外当代学人，如王云五、钱穆、范文澜、邓之诚、陈登原、唐圭璋、侯外庐、谭其骧、程千帆、朱东润、聂崇岐、金性尧、陈乐素、韩儒林、邓广铭、漆侠、朱瑞熙、程应镠、沈起炜、张家驹、郦家驹、周宝珠、王瑞采、蔡美彪、姜书阁、范寿康、曾枣庄、顾吉辰、徐远和、任崇岳、张邦炜、陈植锷、吴松弟,以及刘子键、李则芬、林天蔚、张峻荣、萧启庆、加藤繁、费正清等诸先生,致以最崇高的敬意,没有他们近乎完美的研究成果,我将一事无成。另外,同门学长巩本栋兄的《北宋党争与文学》、严杰兄的《欧阳修年谱》、程章灿兄的《刘克庄年谱》、张宏生兄的《江湖诗派研究》等著,也给了我莫大的帮助,在这里一并向他们表示谢意。

我还要向业师周勋初先生致以诚挚的感谢,没有他的鼓励和教导,我是没有勇气再去修改和完成这部狗尾续貂之作的。同样我还要把这本小书献给业已荣退的卞孝萱师,借此感谢他长期以来的关怀和教诲。

本书原拟名为《西风碧树——大宋帝国的衰亡》,出版社出于更为切题、发行征订以及能为更多的读者一目了然的动机,确定了现在这一书名。虽然差强人意,但鉴于如此多的现实理由,这或许也无妨是一个选择。

乙亥仲夏,作者识于金陵城西